中国基本单位统计年鉴

CHINA BASIC STATISTICAL UNITS YEARBOOK

1999

国家统计局普查中心编

Compiled by
Census Center
National Bureau of Statistics

中国统计出版社
China Statistics Press

(京)新登字 041 号

图书在版编目(CIP)数据

中国基本单位统计年鉴－1999/国家统计局普查中心编.
－北京:中国统计出版社,2000.4
ISBN 7-5037-3179-6/D·108

Ⅰ.中…
Ⅱ.国…
Ⅲ.组织机构-统计资料-中国-1999-年鉴
Ⅳ.D62-66

中国版本图书馆 CIP 数据核字(2000)第 21820 号

中国基本单位统计年鉴－1999

作　者/国家统计局普查中心编
责任编辑/陈悟朝
封面设计/张　冰
出版发行/中国统计出版社
通信地址/北京市三里河月坛南街 75 号　邮政编码/100826
办公地址/北京市丰台区西三环南路甲 6 号
电　话/(010)63459084、63266600-22500(发行部)
印　刷/科伦克三莱印务(北京)有限公司
经　销/新华书店
开　本/787×1092mm　1/16
字　数/468 千字
印　张/19.5
印　数/1－1000 册
版　别/2000 年 4 月第 1 版
版　次/2000 年 4 月第 1 次印刷
书　号/ISBN 7-5037-3179-6/D·108
定　价/86.00 元

《中国基本单位统计年鉴—1999》编辑人员名单

顾　　问：卢春恒

总 编 辑：李纲

副总编辑：杨宽宽　冶静怡　戈闻喜

编辑人员：方　健　冶静怡　戈闻喜

冯晓静　宋雪清　张丽娟

编 者 说 明

《中国基本单位统计年鉴-1999》是继 1996 年全国基本单位普查资料后，又一部反映中华人民共和国各类基本单位情况的资料性年刊。本书分为三部分，第一部分和第二部分是对近两年来全国各类单位按地区、行业、登记注册类型和从业人员、营业收入规模等进行各种分组和汇总而成的综合资料；第三部分收录了 1999 年全国部分限额以上工业企业、建筑业企业、批发零售贸易业企业和餐饮业企业名录。资料内容系统、新颖，具有较强的实用性，是各级政府和经济管理部门进行宏观管理和制定政策的可靠依据，是进行城市规划建设和企业生产经营、投资、咨询的重要参考资料，也是科研机构及大专院校进行科研和教学活动的重要参考资料。

为了使读者能够更好地使用本资料，对有关问题作如下说明：

一、《中国基本单位统计年鉴-1999》收集的数据，其中 1996 年数据取自于第一次全国基本单位普查资料，1997 年、1998 年数据取自于基本单位统计年报资料。

二、本资料的汇总范围为我国除农户和个体工商户以外的所有从事社会经济活动的法人单位，不包括香港和澳门特别行政区以及台湾省。

三、本资料限额以上企业范围是：

工业企业： 全部国有工业企业法人单位及年销售收入 500 万元以上的非国有工业企业法人单位。

建筑业企业：资质等级四级及以上的建筑业企业法人单位。

批发业企业：年销售额 2000 万元及以上，且年末从业人员为 20 人及以上的批发业企业法人单位。

零售业企业：年销售额 500 万元及以上，且年末从业人员为 60 人及以上的零售业企业法人单位。

餐饮业企业：年营业额 200 万元及以上，且年末从业人员为 40 人及以上的餐饮业企业法人单位。

四、本资料中“国有经济控股企业”是指“国有及国有控股企业”。

五、考虑到按地区进行国民经济核算的需要，对金融、保险业的县一级机构和邮电业的县一级机构均视为法人单位统计。

目　录

第三部分 1998 年部分限额以上企业名录一览表（按行业大类索引）

CONTENTS

Part 1 Institutional units

Part 2 Enterprises above designated size

第一部分

全部法人单位

1-1 全部法人单位按行业门类分组的单位数

行业门类	代码	法人单位数（个）		
		1996年	1997年	1998年
总计		4402276	4344278	4417508
农、林、牧渔业	A	142003	142557	139496
采掘业	B	102454	101469	106272
制造业	C	1275912	1238692	1309299
电力、煤气及水的生产和供应业	D	27078	26670	26712
建筑业	E	126704	125471	125533
地质勘探业、水利管理业	F	20858	20821	21104
交通运输、仓储及邮电通信业	G	62793	61713	62559
批发和零售贸易、餐饮业	H	742608	731866	726655
金融、保险业	I	73824	74054	73941
房地产业	J	39693	40903	44606
社会服务业	K	154697	153461	160825
卫生、体育和社会浮力业	L	116075	116167	116604
教育、文化艺术及广播电影电视业	M	267591	265168	266837
科学研究和综合技术服务业	N	46335	47694	47986
国家机关、政党机关和社会团体	O	1163943	1158144	1148491
其他行业	P	39708	39428	40588

1-2 全部法人单位按行业大类、

（1998年）

行业大类	代码	法人单位数（个）	北京	天津	河北	山西
总计	0000	4417508	86803	63082	186924	127038
农业	0100	21237	325	40	2274	994
林业	0200	18624	60	25	269	395
畜牧业	0300	10717	324	32	410	350
渔业	0400	9114	48	43	174	36
农、林、牧、渔服务业	0500	79804	510	296	1750	1718
煤炭采选业	0600	39435	186	12	1154	6089
石油和天然气开采业	0700	293	1	28	3	
黑色金属矿采选业	0800	6498	20	1	1265	987
有色金属矿采选业	0900	8674	16		429	132
非金属矿采选业	1000	46946	270	104	2116	1227
其他矿采选业	1100	419	2	3	24	5
木材及竹材采运业	1200	4007			6	4
食品加工业	1300	106266	545	743	5807	2255
食品制造业	1400	46988	633	717	2384	1032
饮料制造业	1500	36965	242	263	833	345
烟草加工业	1600	620	3	3	8	6
纺织业	1700	60079	521	958	3545	464
服装及其他纤维制品制造业	1800	57529	942	1270	1801	420
皮革、毛皮、羽绒及其制品业	1900	29676	177	348	1123	150
木材加工及竹、藤、棕、草制品业	2000	45281	243	327	1277	247
家具制造业	2100	31116	529	260	1131	379
造纸及纸制品业	2200	36753	506	732	2429	886
印刷业、记录媒介的复制	2300	33627	981	673	1335	669
文教体育用品制造业	2400	16700	227	391	294	82
石油加工及炼焦业	2500	7131	100	112	381	2004
化学原料及化学制品制造业	2600	63210	1278	2051	3205	1355
医药制造业	2700	9085	223	232	316	212
化学纤维制造业	2800	3474	45	84	174	14
橡胶制品业	2900	12613	132	401	845	130
塑料制品业	3000	58598	726	1074	2730	460
非金属矿物制品业	3100	230117	1725	1193	11436	7824

地区分组的单位数

内蒙古	辽宁	吉林	黑龙江	上海	江苏	浙江	安徽	福建	江西	山东
70125	185661	78722	115522	268738	310479	261452	209026	175461	119468	304643
269	575	368	565	738	638	328	807	510	2937	367
376	428	464	651	122	244	223	1843	249	5138	310
245	542	459	442	697	267	262	525	182	422	556
59	432	117	176	458	764	377	1201	276	1175	680
2298	3758	3378	2284	1740	8860	1910	2773	844	2835	2140
951	965	417	1152	2	188	84	761	1144	2668	760
1	4	17	9	4	1	2				14
86	558	37	10	2	24	9	241	730	52	192
177	543	96	134	1	21	75	391	477	429	449
437	2641	729	860	11	1757	2079	3881	6443	1562	3087
2	7	7	2	3	8	32		87	26	15
26	31	71	95		4	14	18	2397	268	3
937	3619	774	3143	962	4188	3182	12227	11361	4208	9317
359	1427	549	1531	1372	2036	1842	2259	9894	631	4851
324	1184	746	1309	395	1173	1855	1917	9628	627	1613
4	10	10	20	9	14	10	21	122	12	25
418	1465	356	679	3613	8809	8299	2200	4149	627	5029
295	1777	471	687	5909	4921	6050	1348	6567	600	2804
188	605	189	355	1542	2440	5210	904	2940	294	1578
303	2330	1169	2871	1238	1945	2551	3221	7744	2131	2636
224	579	261	502	1685	1462	1362	1686	2659	957	2901
200	1132	438	561	1405	2224	2892	1528	1570	702	3222
389	1478	852	863	2308	3491	3064	1080	1586	514	2196
38	278	97	162	1471	1564	2020	646	3151	211	713
106	699	95	273	207	517	118	73	19	40	522
408	3304	969	1238	3333	8621	3819	2334	2955	1080	5066
89	482	410	213	538	717	728	416	353	155	462
4	123	29	26	247	702	375	199	154	17	376
44	766	199	226	941	1300	1622	395	1076	125	1338
266	2089	667	844	3638	5774	8973	2756	2421	517	4301
2259	6537	2429	3416	2788	14111	8624	24834	5212	8978	22524

1-2 全部法人单位按行业大类、

续1　　　　　　　　　　　　　　　　　　　　　　　　　　（1998年）

行业大类	代码	河南	湖北	湖南	广东	广西
总计	0000	232761	168747	182118	334434	95249
农业	0100	1330	985	1872	1042	451
林业	0200	611	714	1783	539	700
畜牧业	0300	2656	155	206	423	150
渔业	0400	435	449	593	866	169
农、林、牧、渔服务业	0500	3572	3592	1550	2114	3018
煤炭采选业	0600	2946	1669	5517	297	641
石油和天然气开采业	0700	4	2		7	
黑色金属矿采选业	0800	328	353	651	165	177
有色金属矿采选业	0900	815	283	1279	494	430
非金属矿采选业	1000	2575	2543	3964	3140	790
其他矿采选业	1100	26	31	38	12	34
木材及竹材采运业	1200	2	39	266	108	48
食品加工业	1300	9272	7361	5944	4847	852
食品制造业	1400	2752	1419	1206	3845	716
饮料制造业	1500	1455	2347	1319	1500	672
烟草加工业	1600	47	29	23	44	19
纺织业	1700	2639	1824	865	9109	370
服装及其他纤维制品制造业	1800	1426	1858	944	13603	387
皮革、毛皮、羽绒及其制品业	1900	1542	506	976	5621	194
木材加工及竹、藤、棕、草制品业	2000	1978	1445	2751	2922	1451
家具制造业	2100	1875	1630	1445	4781	433
造纸及纸制品业	2200	3012	1462	1643	4480	724
印刷业、记录媒介的复制	2300	1477	993	1112	4016	560
文教体育用品制造业	2400	352	198	300	3623	89
石油加工及炼焦业	2500	477	102	122	167	29
化学原料及化学制品制造业	2600	4486	2043	2042	4583	970
医药制造业	2700	513	291	195	817	225
化学纤维制造业	2800	121	67	61	473	27
橡胶制品业	2900	494	209	194	983	92
塑料制品业	3000	2614	1328	1155	11131	731
非金属矿物制品业	3100	28551	12417	14963	13627	3410

地区分组的单位数

海南	重庆	四川	贵州	云南	西藏	陕西	甘肃	青海	宁夏	新疆
17051	78022	234507	70743	81013			75515	19285	12018	53115
250	331	708	95	493			309	70	87	373
201	199	775	63	167			590	75	62	124
50	57	232	39	125			209	110	40	305
71	115	124	6	46			38	4	16	34
230	3899	9751	3667	3324			1675	517	244	1864
1	1450	5578	928	699			560	45	122	628
1	2	19		2			24	2	1	9
1	28	237	45	129			33	7	1	36
61	13	410	144	472			284	36	1	61
61	779	2887	285	444			498	134	69	241
	1	11	15	4				2	1	2
14	9	278	59	108			9	6		17
163	1186	7712	492	693			1138	143	169	569
125	428	1589	168	564			656	69	109	317
66	752	4234	382	752			209	28	37	165
1	12	27	29	42			34	1	2	12
33	607	1506	80	180			297	62	49	325
52	297	1062	98	337			222	55	64	177
16	358	1324	77	189			236	60	52	160
73	220	1536	192	640			246	20	20	70
72	290	1611	86	350			281	22	52	148
46	326	1421	166	365			281	20	57	159
77	411	1243	273	458			261	53	83	238
11	107	238	40	73			51	8	21	30
1	33	287	94	54			89	4	20	102
125	845	2696	523	901			744	92	140	342
76	133	467	96	153			100	10	21	71
7	15	52	2	12			11		1	6
28	196	287	70	125			48	10	16	32
56	661	1455	183	460			322	23	68	221
293	2814	12524	1035	2111			2586	322	407	1113

1-2 全部法人单位按行业大类、

续2

（1998年）

行业大类	代码	法人单位数（个）	北京	天津	河北	山西
黑色金属冶炼及压延加工业	3200	15778	77	386	1893	1788
有色金属冶炼及压延加工业	3300	10952	146	272	558	220
金属制品业	3400	88885	2235	2720	4690	1453
普通机械制造业	3500	81651	1241	2026	3969	1792
专用设备制造业	3600	43999	956	1147	1720	709
交通运输设备制造业	3700	49020	1331	1938	2033	744
电气机械及器材制造业	4000	49110	889	1362	1755	368
电子及通信设备制造业	4100	19958	724	663	458	83
仪器仪表及文化、办公用机械制造	4200	12748	438	584	240	95
其他制造业	4300	51206	588	846	1603	387
电力、蒸汽、热水的生产和供应业	4400	18344	65	96	327	303
煤气生产和供应业	4500	862	9	25	38	24
自来水的生产和供应业	4600	7506	12	16	124	134
土木工程建筑业	4700	90131	1411	1035	2971	1826
线路、管道和设备安装	4800	14546	731	649	238	321
装修装饰业	4900	20856	1002	647	195	257
地质勘探业	5000	2648	54	42	93	102
水利管理业	5100	18456	196	189	362	550
铁路运输业	5200	548	22	23	88	8
汽车运输业	5300	21916	422	555	652	711
管道运输业	5400	46	2	3	1	
水上运输业	5500	4997	10	26	7	2
航空运输业	5600	191	20	8	4	2
交通运输辅助业	5700	20886	225	551	532	436
其他交通运输业	5800	322	19	8	5	3
仓储业	5900	7581	206	424	157	224
邮电通信业	6000	6072	85	183	333	225
食品、饮料、烟草和家庭日用品批发业	6100	178076	4949	3598	5204	2914
能源、材料和机械电子设备批发业	6200	186637	4727	3536	4000	3954
其他批发业	6300	39928	775	474	1916	561
零售业	6400	268103	11722	6287	8478	7797
商业经纪与代理业	6500	3307	69	573	20	38

地区分组的单位数

内蒙古	辽宁	吉林	黑龙江	上海	江苏	浙江	安徽	福建	江西	山东
287	1372	211	238	446	1275	689	477	260	199	753
150	712	91	96	619	1514	897	317	60	174	398
703	4631	977	1721	8589	10019	9088	2882	1714	869	7139
623	7646	1188	1728	6264	11752	12391	2911	667	846	6880
259	2729	678	1386	3821	6597	4947	1442	415	520	3763
327	2786	1040	1019	3513	4900	6247	1329	1122	756	3938
211	2714	524	994	5531	7535	7798	1609	636	392	2577
66	632	150	170	2347	3150	2420	332	469	129	632
26	888	158	217	1921	1553	1954	355	381	92	544
334	1052	237	417	2182	3382	4832	2502	8783	1288	4436
176	337	295	255	68	445	1150	675	1429	1241	312
10	33	11	13	57	121	59	28	9	11	64
85	135	83	109	227	1087	546	310	230	148	167
1246	3644	1112	2406	3851	5694	3890	8580	2313	2064	10093
164	1293	325	689	2208	1283	879	326	256	139	1083
159	1021	254	438	2916	1774	1460	683	311	197	2006
90	134	82	135	83	104	115	84	65	72	125
505	1024	862	556	242	2279	559	1020	340	464	619
3	15	10	14	27	35	69	9	9	5	8
275	1009	327	586	1328	1506	1195	1863	715	780	1634
1	5	3	2	4	4	1				3
	76	6	34	610	726	322	841	167	169	150
2	7	2	7	21	17	1	5	5	4	5
360	1243	343	648	1602	1748	1292	954	483	905	822
2	8	2	3	30	43	8	5	10	5	8
76	461	180	227	1371	535	458	261	152	159	507
222	143	107	216	366	211	413	102	161	170	243
2226	8657	3067	4956	32666	15139	10726	6650	4919	3957	10454
1742	15783	2722	5213	38448	17603	11934	4734	4988	2947	10969
564	1984	642	1142	5680	2626	2190	2122	1132	1278	2327
4605	12578	5735	8585	37946	18010	9965	9179	7954	6010	13031
15	387	6	99	263	231	91	125		23	173

1-2 全部法人单位按行业大类、

续3 （1998年）

行业大类	代码	河南	湖北	湖南	广东	广西
黑色金属冶炼及压延加工业	3200	967	449	413	938	219
有色金属冶炼及压延加工业	3300	903	213	642	1037	223
金属制品业	3400	3217	2437	2078	12173	994
普通机械制造业	3500	3941	1790	2299	3664	824
专用设备制造业	3600	3184	1031	1127	2633	574
交通运输设备制造业	3700	1963	1617	1354	3906	761
电气机械及器材制造业	4000	1694	714	926	7319	408
电子及通信设备制造业	4100	250	239	237	5388	151
仪器仪表及文化、办公用机械制造	4200	297	200	148	1568	75
其他制造业	4300	2668	1225	3027	6258	726
电力、蒸汽、热水的生产和供应业	4400	464	842	1341	2984	551
煤气生产和供应业	4500	26	37	15	96	10
自来水的生产和供应业	4600	168	738	360	966	310
土木工程建筑业	4700	5095	4932	6775	4993	1233
线路、管道和设备安装	4800	420	203	192	1467	134
装修装饰业	4900	519	509	172	3441	271
地质勘探业	5000	143	106	65	185	91
水利管理业	5100	890	1061	685	966	616
铁路运输业	5200	44	4	11	57	21
汽车运输业	5300	873	1032	823	1601	459
管道运输业	5400	3	2		3	
水上运输业	5500	32	366	195	593	206
航空运输业	5600	2	6	3	33	6
交通运输辅助业	5700	827	933	673	1965	554
其他交通运输业	5800	10	60	5	38	5
仓储业	5900	394	102	134	662	93
邮电通信业	6000	318	189	209	691	151
食品、饮料、烟草和家庭日用品批发业	6100	6223	4484	3543	17612	3379
能源、材料和机械电子设备批发业	6200	5856	4028	2485	13367	3693
其他批发业	6300	2263	1183	936	3663	968
零售业	6400	9789	8943	6442	23392	6212
商业经纪与代理业	6500	41	79	25	808	57

地区分组的单位数

海南	重庆	四川	贵州	云南	西藏	陕西	甘肃	青海	宁夏	新疆
8	190	814	242	324			209	74	54	102
12	131	385	223	405			150	40	34	59
102	903	2661	291	1065			790	121	142	495
24	1236	2338	210	552			421	58	97	196
57	452	1376	118	341			322	43	60	131
127	1602	1936	280	705			318	81	79	209
40	440	1126	106	246			198	20	59	120
31	144	463	46	55			32	2	10	16
10	281	209	24	74			29	4	19	9
61	435	1537	186	302			536	85	45	129
109	428	2074	458	668			239	80	29	269
14	21	94	5	6			6		1	5
38	152	651	154	164			83	30	14	89
364	1319	4143	608	1902			1418	286	490	799
78	157	325	53	229			97	30	87	109
126	246	474	24	468			123	41	126	115
35	22	133	49	106			72	42	19	95
87	338	689	948	527			406	137	52	340
1	7	12	7	8			8	2	1	17
83	404	907	105	406			384	97	72	369
		1					2	1	1	2
70	204	140	9	17			2		3	
7	1	2	2	4			4	1	1	5
118	457	942	304	413			323	126	55	392
	3	11		6			3	1		12
15	55	190	42	76			115	18	13	62
77	72	236	164	225			125	91	48	132
973	2083	5157	1436	3173			1954	426	727	1982
726	2004	5655	903	3623			1376	849	996	2090
259	361	1260	449	755			435	108	156	619
993	3693	10113	2493	6133			3983	1851	1359	3740
35	18	39	1	10			9	8	1	17

1-2 全部法人单位按行业大类、

续4

（1998年）

行业大类	代码	法人单位数（个）	北京	天津	河北	山西
餐饮业	6700	50604	2717	954	1313	1026
金融业	6800	67730	594	360	4625	2845
保险业	7000	6211	54	47	261	232
房地产开发与经营业	7200	30555	600	558	518	344
房地产管理业	7300	10988	742	329	186	128
房地产代理与经纪业	7400	3063	90	67	32	32
公共设施服务业	7500	22155	1278	534	468	491
居民服务业	7600	28194	1531	668	532	500
旅馆业	7800	28666	1623	511	697	712
租赁服务业	7900	2602	329	144	24	42
旅游业	8000	5204	301	83	110	72
娱乐服务业	8100	9179	269	123	76	129
信息、咨询服务业	8200	43228	4507	804	484	749
计算机应用服务业	8300	7510	1592	275	49	65
其他社会服务业	8400	14087	1153	305	214	202
卫生	8500	100131	633	751	5174	3239
体育	8600	2097	107	39	58	57
社会福利保障业	8700	14376	160	101	534	389
教育	8900	215530	2843	2201	6777	6046
文化艺术业	9000	33947	945	274	729	1029
广播电影电视业	9100	17360	159	94	419	393
科学研究业	9200	8208	538	120	204	223
综合技术服务业	9300	39778	4922	2013	769	863
国家机关	9400	241462	1589	1378	10864	10058
政党机关	9500	34156	110	121	1396	1592
社会团体	9600	41877	469	300	892	1569
基层群众自治组织	9700	830996	8959	5933	52767	34286
其他行业	9900	40588	1082	687	1153	820

地区分组的单位数

内蒙古	辽宁	吉林	黑龙江	上海	江苏	浙江	安徽	福建	江西	山东
724	3033	765	1457	6594	3103	2017	2203	1094	1106	4394
1843	2510	1185	1623	1324	2571	2996	3041	2539	2276	3192
220	260	136	270	134	234	207	260	177	231	352
208	1384	446	370	4696	1920	2016	792	1387	534	1269
201	585	266	366	2444	1061	517	246	358	193	301
24	66	41	47	994	121	128	70	114	40	96
382	1202	561	786	2148	1899	1277	691	360	524	1067
366	1910	473	845	3991	2202	1621	1050	1260	360	1124
493	1470	681	1010	1855	1734	1672	1177	1236	732	1530
27	126	24	38	240	218	180	54	128	19	134
80	190	89	84	428	302	352	132	220	71	293
93	305	91	213	1355	791	638	168	631	85	156
557	1849	747	915	7485	3474	2300	1259	1372	518	2239
42	364	64	105	1758	277	283	145	155	30	261
164	745	253	466	2198	1419	795	520	232	224	538
2230	3704	1744	2387	1082	3688	3670	7633	1897	2915	3692
49	92	62	70	236	158	103	50	48	33	90
368	751	782	399	772	1190	665	539	413	885	691
4648	6451	4432	4923	4440	10287	8151	13497	4473	6262	6785
762	961	779	705	1184	2014	1580	1078	785	725	1098
405	620	571	448	576	1883	856	711	555	456	498
191	477	256	293	639	445	315	320	233	206	376
678	2448	864	1108	4102	2798	1816	1177	939	692	1734
7171	8106	5747	9262	2535	12278	7021	9961	6527	7623	12071
994	899	659	1068	394	3434	996	1442	1154	1425	1687
1966	1326	655	1078	2800	3521	3046	1462	2324	996	1483
17549	26371	16951	24173	7175	40623	47139	33069	16521	23171	90281
390	1941	1095	1382	2531	5148	2516	1079	1273	1183	1294

1-2 全部法人单位按行业大类、

续5 （1998年）

行业大类	代码	河南	湖北	湖南	广东	广西
餐饮业	6700	2094	2949	1070	4261	939
金融业	6800	3316	1904	4522	3923	1736
保险业	7000	367	257	301	478	168
房地产开发与经营业	7200	1121	1182	745	6141	936
房地产管理业	7300	212	242	152	1312	221
房地产代理与经纪业	7400	57	42	26	583	63
公共设施服务业	7500	804	881	731	2134	436
居民服务业	7600	914	576	294	4088	508
旅馆业	7800	1677	930	628	2151	874
租赁服务业	7900	151	16	13	251	24
旅游业	8000	175	133	132	655	177
娱乐服务业	8100	236	158	108	1496	163
信息、咨询服务业	8200	1263	649	576	5144	653
计算机应用服务业	8300	112	49	23	1139	80
其他社会服务业	8400	533	345	301	1266	284
卫生	8500	4039	3129	3788	4250	2883
体育	8600	63	72	60	199	54
社会福利保障业	8700	546	599	459	682	295
教育	8900	8932	10872	6955	14312	8309
文化艺术业	9000	1240	1183	819	1369	887
广播电影电视业	9100	698	1046	423	1111	550
科学研究业	9200	316	332	251	504	267
综合技术服务业	9300	1263	1063	824	2434	833
国家机关	9400	12290	12529	10503	12702	11571
政党机关	9500	1763	1055	1391	1621	1224
社会团体	9600	1461	1394	1276	2388	1554
基层群众自治组织	9700	51938	35903	51545	27818	15606
其他行业	9900	1300	1152	1871	6170	1419

地区分组的单位数

海南	重庆	四川	贵州	云南	西藏	陕西	甘肃	青海	宁夏	新疆
223	764	2105	193	545			345	124	195	419
334	2478	6559	956	2114			1728	361	220	903
42	108	293	160	247			191	73	44	160
847	487	237	362	371			161	66	39	208
121	72	184	60	92			102	14	37	59
12	30	98	9	48			17	11	5	7
131	393	843	315	517			230	68	112	298
105	396	821	155	418			202	45	71	318
407	372	1081	224	869			531	139	120	448
26	37	113	11	57			16	1	9	44
222	119	152	34	272			68	20	10	83
66	164	472	13	225			124	23	16	113
179	711	1341	167	680			393	76	142	546
24	68	117	8	59			30	2	19	46
69	174	332	99	179			100	33	33	166
490	2357	8795	2872	2598			2328	490	308	1262
10	28	105	47	47			36	12	15	32
72	377	813	169	361			183	82	49	238
1375	4602	13156	5105	4897			6703	877	608	3786
166	613	2085	410	932			3544	1917	182	3000
85	731	1211	772	535			298	112	83	383
91	104	448	117	198			157	44	58	150
271	632	1342	376	907			555	174	199	619
1373	5024	17200	8591	9785			7282	2466	1357	6968
181	529	2198	886	1439			1385	475	207	1110
184	948	2187	511	1080			1989	327	161	685
2816	21114	60023	27848	13678			19990	4378	724	10237
186	129	1810	900	397			611	112	112	150

1-3 全部法人单位按三次产业、地区分组的单位数

(1998年)

地　区	代码	法人单位数(个)	第一产业	第二产业	第三产业
全　国	00	4417508	59692	1567816	2790000
北　京	11	86803	757	22137	63909
天　津	12	63082	140	26392	36550
河　北	13	186924	3127	68870	114927
山　西	14	127038	1775	37885	87378
内蒙古	15	70125	949	13365	55811
辽　宁	21	185661	1977	66266	117418
吉　林	22	78722	1408	19421	57893
黑龙江	23	115522	1834	33090	80598
上　海	31	268738	2015	78186	188537
江　苏	32	310479	1913	130096	178470
浙　江	33	261452	1190	124140	136122
安　徽	34	209026	4376	90097	114553
福　建	35	175461	1217	103895	70349
江　西	36	119468	9672	36498	73298
山　东	37	304643	1913	120786	181944
河　南	41	232761	5032	97568	130161
湖　北	42	168747	2303	59632	106812
湖　南	43	182118	4454	70093	107571
广　东	44	334434	2870	153232	178332
广　西	45	95249	1470	21536	72243
海　南	46	17051	572	2662	13817
重　庆	50	78022	702	20138	57182
四　川	51	234507	1839	71309	161359
贵　州	52	70743	203	8591	61949
云　南	53	81013	831	17829	62353
西　藏	54				
陕　西	61				
甘　肃	62	75515	1146	14194	60175
青　海	63	19285	259	2229	16797
宁　夏	64	12018	205	2930	8883
新　疆	65	53115	836	8103	44176

1-4 全部法人单位按行业小类分组的单位数

（1998年）

行业小类	代码	法人单位数（个）	从事单一活动或位于一个地点的法人单位	从事多种活动或位于多个地点的法人单位
总计	0000	4417508	4007458	410050
农、林、牧渔业	AAAA	139496	131387	8109
农业	0100	21237	19476	1761
种植业	0110	20611	18865	1746
其他农业	0190	626	611	15
林业	0200	18624	17511	1113
畜牧业	0300	10717	10259	458
牲畜饲养放牧业	0310	5726	5400	326
家禽饲养业	0320	4252	4140	112
狩猎业	0330	71	67	4
其他畜牧业	0390	668	652	16
渔业	0400	9114	8811	303
海洋渔业	0410	1808	1679	129
海水养殖业	0411	1374	1296	78
海洋捕捞业	0412	434	383	51
淡水渔业	0420	7306	7132	174
淡水养殖业	0421	7168	7007	161
淡水捕捞业	0422	138	125	13
农、林、牧、渔服务业	0500	79804	75330	4474
农业服务业	0510	41795	38954	2841
林业服务业	0520	8311	7963	348
畜牧兽医服务业	0530	23035	22108	927
渔业服务业	0540	3015	2884	131
其他农、林、牧、渔服务业	0590	3648	3421	227
采掘业	BBBB	106272	104283	1989
煤炭采选业	0600	39435	38423	1012
煤炭开采业	0610	37920	36958	962
煤炭洗选业	0620	1515	1465	50

1-4 全部法人单位按行业小类分组的单位数

续 1　　　　（1998年）

行业小类	代码	法人单位数（个）	从事单一活动或位于一个地点的法人单位	从事多种活动或位于多个地点的法人单位
石油和天然气开采业	0700	293	261	32
天然原油开采业	0710	256	228	28
天然气开采业	0720	27	23	4
油页岩开采业	0730	10	10	
黑色金属矿采选业	0800	6498	6413	85
铁矿采选业	0810	5460	5393	67
其他黑色金属矿采选业	0820	1038	1020	18
锰矿采选业	0821	1018	1003	15
铬矿采选业	0822	20	17	3
有色金属矿采选业	0900	8674	8434	240
重有色金属矿采选业	0910	3776	3655	121
铜矿采选业	0911	1045	1005	40
铅锌矿采选业	0912	1641	1594	47
镍钴矿采选业	0914	11	10	1
锡矿采选业	0915	539	514	25
锑矿采选业	0916	404	398	6
汞矿采选业	0917	11	10	1
其他重有色金属矿采选业	0919	125	124	1
轻有色金属矿采选业	0930	795	792	3
铝矿采选业	0931	383	383	
镁矿采选业	0932	135	133	2
钛矿采选业	0933	206	206	
其他轻有色金属矿采选业	0939	71	70	1
贵金属矿采选业	0950	3090	3008	82
金矿采选业	0951	3031	2954	77
银矿采选业	0952	53	49	4
其他贵金属矿采选业	0959	6	5	1
稀有稀土金属矿采选业	0960	1013	979	34

1-4 全部法人单位按行业小类分组的单位数

续 2　　　　　　　　　　（1998年）

行业小类	代码	法人单位数（个）	从事单一活动或位于一个地点的法人单位	从事多种活动或位于多个地点的法人单位
钨钼矿采选业	0961	559	534	25
稀有高熔点金属矿采选业	0963	34	32	2
稀散金属矿采选业	0964	7	7	
非金属矿采选业	1000	46946	46587	359
土砂石开采业	1010	37243	37076	167
石灰石开采业	1011	7904	7918	-14
建筑装饰用石开采业	1012	12836	12788	48
耐火土石开采业	1013	1469	1462	7
其他土砂石开采业	1019	15034	14908	126
化学矿采选业	1020	2444	2376	68
硫矿采选业	1021	1153	1126	27
磷矿采选业	1022	613	583	30
天然钾盐采选业	1023	27	26	1
硼矿采选业	1024	88	88	
其他化学矿采选业	1029	563	553	10
采盐业	1030	932	877	55
海盐业	1031	710	680	30
湖盐业	1032	56	49	7
井盐业	1033	128	119	9
矿盐业	1034	38	29	9
其他非金属矿采选业	1090	6327	6258	69
石棉采选业	1091	161	149	12
云母采选业	1092	57	53	4
石墨采选业	1093	369	366	3
石膏采选业	1094	616	604	12
宝石、玉石采选业	1095	116	113	3
水晶采选业	1096	18	18	
滑石采选业	1097	429	424	5

1-4 全部法人单位按行业小类分组的单位数

续 3　　　　　　　　　　（1998年）

行业小类	代码	法人单位数（个）	从事单一活动或位于一个地点的法人单位	从事多种活动或位于多个地点的法人单位
其他类未包括的非金属矿采选业	1099	4561	4531	30
木材及竹材采运业	1200	4007	3751	256
木材采运业	1210	3777	3524	253
竹材采运业	1220	230	227	3
制造业	CCCC	1309299	1280719	28580
食品加工业	1300	106266	104489	1777
粮食及饲料加工业	1310	64897	64033	864
碾米业	1311	25149	24962	187
磨粉业	1312	23272	22978	294
面、米制品业	1313	5620	5522	98
配合及混合饲料制造业	1314	8100	7833	267
蛋白饲料制造业	1315	786	780	6
水产饲料制造业	1317	894	892	2
其他饲料制造业	1319	1076	1066	10
植物油加工业	1320	14879	14615	264
食用植物油加工业	1321	14315	14057	258
非食用植物油加工业	1322	564	558	6
制糖业	1330	1036	934	102
甘蔗糖业	1331	657	599	58
甜菜糖业	1332	123	80	43
加工糖业	1334	256	255	1
屠宰及肉类蛋类加工业	1340	9713	9363	350
屠宰业	1341	2833	2709	124
肉制品加工业	1342	5522	5317	205
肉类副产品加工业	1343	852	843	9
蛋品加工业	1344	506	494	12
水产品加工业	1350	7232	7104	128
冷冻水产品加工业	1351	5138	5038	100

1-4 全部法人单位按行业小类分组的单位数

续 4　　　　(1998年)

行业小类	代码	法人单位数(个)	从事单一活动或位于一个地点的法人单位	从事多种活动或位于多个地点的法人单位
干制水产品加工业	1352	830	822	8
腌制水产品加工业	1353	232	228	4
鱼糜及鱼糜制品加工业	1354	219	217	2
其它水产品加工业	1359	813	799	14
盐加工业	1360	243	235	8
其他食品加工业	1390	8266	8205	61
食品制造业	1400	46988	45825	1163
糕点、糖果制造业	1410	17064	16568	496
糖果业	1411	3052	2984	68
糕点业	1412	5861	5569	292
饼干业	1413	1740	1708	32
方便主食品业	1414	1832	1773	59
蜜饯业	1415	3455	3428	27
其他糕点、糖果制品业	1419	1124	1106	18
乳制品制造业	1420	990	927	63
罐头食品制造业	1430	6023	5966	57
肉类罐头制造业	1431	286	272	14
禽类罐头制造业	1432	87	86	1
水产罐头制造业	1433	178	171	7
水果罐头制造业	1434	1608	1594	14
蔬菜罐头制造业	1435	3052	3041	11
其他罐头食品制造业	1439	812	802	10
发酵制品业	1440	949	921	28
氨基酸制造业	1441	94	93	1
味精制造业	1442	173	158	15
柠檬酸制造业	1443	61	59	2
酵母制品业	1444	227	221	6
酶制剂制造业	1445	155	155	

1-4 全部法人单位按行业小类分组的单位数

续 5　　　　　　（1998年）

行业小类	代码	法人单位数（个）	从事单一活动或位于一个地点的法人单位	从事多种活动或位于多个地点的法人单位
其他发酵制品业	1449	239	235	4
调味品制造业	1450	7096	6832	264
酱油、酱类制造业	1451	4215	4012	203
食醋制造业	1452	719	687	32
调味料制造业	1453	1154	1141	13
调味油制造业	1454	249	242	7
其他调味品制造业	1459	759	750	9
其他食品制造业	1490	14866	14611	255
豆制品制造业	1491	2428	2357	71
淀粉及淀粉制品业	1492	5390	5354	36
代乳品制造业	1493	89	86	3
制冰业	1495	697	692	5
淀粉糖业	1497	269	263	6
冷冻饮品制造业	1498	2587	2503	84
其他类未包括的食品制造业	1499	3406	3356	50
饮料制造业	1500	36965	36239	726
酒精及饮料酒制造业	1510	15038	14595	443
酒精制造业	1511	479	453	26
白酒制造业	1512	10841	10557	284
啤酒制造业	1513	1099	1030	69
黄酒制造业	1514	1497	1466	31
葡萄酒制造业	1515	264	249	15
果露酒制造业	1516	858	840	18
软饮料制造业	1520	8844	8666	178
碳酸饮料制造业	1521	3335	3262	73
天然矿泉水制造业	1522	2027	1989	38
果菜汁饮料制造业	1523	1691	1660	31
固体饮料制造业	1524	738	723	15

1-4 全部法人单位按行业小类分组的单位数

续 6　　　　　　　　　　　　（1998年）

行业小类	代码	法人单位数（个）	从事单一活动或位于一个地点的法人单位	从事多种活动或位于多个地点的法人单位
其他软饮料制造业	1529	1053	1032	21
制茶业	1550	11610	11526	84
其他饮料制造业	1590	1473	1452	21
烟草加工业	1600	620	551	69
烟叶复烤业	1610	219	213	6
卷烟制造业	1620	264	205	59
其他烟草加工业	1690	137	133	4
纺织业	1700	60079	58448	1631
纤维原料初步加工业	1710	4153	3935	218
轧花业	1711	2204	2010	194
洗毛业	1712	305	300	5
亚麻纤维初步加工业	1713	215	211	4
苎麻纤维初步加工业	1714	217	215	2
其他纤维原料初步加工业	1719	1212	1199	13
棉纺织业	1720	21800	21128	672
棉纺业	1721	3655	3413	242
棉织业	1722	6833	6667	166
印染业	1723	3292	3206	86
棉制品业	1724	4395	4287	108
棉线带制造业	1725	2132	2093	39
帘子布制造业	1726	304	297	7
其他棉纺织业	1729	1189	1165	24
毛纺织业	1740	6859	6685	174
毛条加工业	1741	443	430	13
毛纺业	1742	2266	2171	95
毛织业	1743	2823	2783	40
毛染整业	1744	436	431	5
工业用呢、工业用毡制造业	1745	326	320	6

1-4 全部法人单位按行业小类分组的单位数

续 7

（1998年）

行业小类	代码	法人单位数（个）	从事单一活动或位于一个地点的法人单位	从事多种活动或位于多个地点的法人单位
其他毛纺织业	1749	565	550	15
麻纺织业	1760	997	966	31
苎麻纺织业	1761	208	198	10
亚麻纺织业	1762	122	118	4
黄、洋、青麻纺织业	1763	377	366	11
其他麻纺织业	1769	290	284	6
丝绢纺织业	1770	7266	7098	168
缫丝业	1771	1572	1524	48
绢纺业	1772	398	389	9
丝织业	1773	3337	3271	66
丝印染业	1774	565	549	16
丝制品业	1775	993	973	20
其他丝绢纺织业	1779	401	392	9
针织品业	1780	15668	15346	322
棉针织品业	1781	6074	5910	164
毛针织品业	1782	6284	6192	92
丝针织品业	1783	1150	1127	23
其他针织品业	1789	2160	2117	43
其他纺织业	1790	3336	3290	46
服装及其他纤维制品制造业	1800	57529	56212	1317
服装制造业	1810	47023	45868	1155
制帽业	1820	942	928	14
制鞋业	1830	6105	6017	88
其他纤维制品制造业	1890	3459	3399	60
皮革、毛皮、羽绒及其制品业	1900	29676	29178	498
制革业	1910	3544	3483	61
轻革业	1911	2544	2498	46
重革业	1912	189	187	2

1-4 全部法人单位按行业小类分组的单位数

续 8　　　　　　　　　　（1998年）

行业小类	代码	法人单位数（个）	从事单一活动或位于一个地点的法人单位	从事多种活动或位于多个地点的法人单位
其他制革业	1919	811	798	13
皮革制品制造业	1920	22107	21729	378
皮鞋制造业	1921	12957	12738	219
革皮服装制造业	1923	2571	2514	57
皮箱制造业	1924	1021	1004	17
皮包制造业	1925	2900	2853	47
其他类未包括的皮革制品业	1929	2658	2620	38
毛皮鞣制及制品业	1930	1783	1760	23
毛皮鞣制业	1931	751	746	5
毛皮服装业	1932	388	376	12
其他毛皮制品业	1939	644	638	6
羽毛（绒）及制品业	1950	2242	2206	36
羽毛（绒）加工业	1951	993	989	4
羽毛（绒）制品业	1952	1249	1217	32
木材加工及竹、藤、棕、草制品业	2000	45281	44754	527
锯材、木片加工业	2010	13135	12980	155
锯材加工业	2011	10804	10664	140
木片加工业	2012	2331	2316	15
人造板制造业	2020	5795	5688	107
胶合板制造业	2021	3090	3039	51
纤维板制造业	2022	459	436	23
刨花板制造业	2023	846	837	9
其他人造板制造业	2029	1400	1376	24
木制品业	2030	18448	18207	241
生产用木制品业	2031	12445	12271	174
生活用木制品业	2033	6003	5936	67
竹、藤、棕、草制品业	2040	7903	7879	24
家具制造业	2100	31116	30525	591

1-4 全部法人单位按行业小类分组的单位数

续 9　　　　　　　　（1998年）

行业小类	代码	法人单位数（个）	从事单一活动或位于一个地点的法人单位	从事多种活动或位于多个地点的法人单位
木制家具制造业	2110	24261	23788	473
竹、藤家具制造业	2120	1271	1264	7
金属家具制造业	2130	2564	2505	59
塑料家具制造业	2140	152	151	1
其他家具制造业	2190	2868	2817	51
造纸及纸制品业	2200	36753	36152	601
纸浆制造业	2210	648	639	9
造纸业	2220	15299	15034	265
机制纸及纸板制造业	2221	12530	12289	241
手工纸制造业	2223	1032	1029	3
加工纸制造业	2224	1737	1716	21
纸制品业	2230	20806	20479	327
	2300	33627	32659	968
印刷业	2310	33404	32442	962
书、报、刊印刷业	2311	8043	7746	297
包装装潢印刷业	2312	7296	7108	188
其他印刷业	2319	18065	17588	477
记录媒介的复制	2320	223	217	6
文教体育用品制造业	2400	16700	16430	270
文化用品制造业	2410	7726	7589	137
文具制造业	2411	2190	2146	44
本册制造业	2413	2916	2880	36
笔制造业	2415	1323	1291	32
教学标本、模型制造业	2417	456	446	10
其他文化用品制造业	2419	841	826	15
体育用品制造业	2420	1929	1900	29
球类制造业	2421	402	396	6
体育器材制造业	2423	785	774	11

1-4 全部法人单位按行业小类分组的单位数

续10　　　　　　　　（1998年）

行业小类	代码	法人单位数（个）	从事单一活动或位于一个地点的法人单位	从事多种活动或位于多个地点的法人单位
其他体育用品制造业	2429	742	730	12
乐器及其他文娱用品制造业	2430	597	580	17
中乐器制造业	2431	136	131	5
西乐器制造业	2433	221	214	7
电子乐器制造业	2435	47	44	3
其他乐器及文娱用品制造业	2439	193	191	2
玩具制造业	2440	5737	5668	69
游艺器材制造业	2450	229	222	7
其他类未包括的文教体育用品制造	2490	482	471	11
石油加工及炼焦业	2500	7131	6919	212
人造原油生产业	2510	143	137	6
原油加工业	2520	1777	1701	76
石油制品业	2530	2061	1988	73
炼焦业	2570	3150	3093	57
化学原料及化学制品制造业	2600	63210	61443	1767
基本化学原料制造业	2610	11556	11215	341
无机酸制造业	2611	1669	1636	33
烧碱制造业	2613	623	585	38
纯碱制造业	2615	753	727	26
无机盐制造业	2617	4111	3992	119
其他基本化学原料制造业	2619	4400	4275	125
化学肥料制造业	2620	6323	5980	343
氮肥制造业	2621	984	790	194
磷肥制造业	2622	1907	1835	72
钾肥制造业	2623	90	87	3
复合肥料制造业	2624	2059	2010	49
微量元素肥料制造业	2625	225	222	3
其他化学肥料制造业	2629	1058	1036	22

1-4 全部法人单位按行业小类分组的单位数

续11　　　　　　　　（1998年）

行业小类	代码	法人单位数（个）	从事单一活动或位于一个地点的法人单位	从事多种活动或位于多个地点的法人单位
化学农药制造业	2630	1911	1847	64
农药原药制造业	2631	643	614	29
农药制剂制造业	2633	1268	1233	35
有机化学产品制造业	2650	16289	15910	379
有机化工原料制造业	2651	2969	2876	93
涂料制造业	2652	7917	7745	172
油墨制造业	2653	903	893	10
颜料制造业	2654	1061	1039	22
染料制造业	2655	1208	1177	31
其他有机化学产品制造业	2659	2231	2180	51
合成材料制造业	2660	4397	4288	109
聚烯烃塑料制造业	2661	520	504	16
热固性树脂及塑料制造业	2662	735	721	14
工程塑料制造业	2663	614	596	18
功能高分子制造业	2664	591	578	13
有机硅氟材料制造业	2665	284	275	9
合成橡胶制造业	2666	655	645	10
合成纤维单（聚合）体制造业	2667	199	189	10
其他合成材料制造业	2669	799	780	19
专用化学产品制造业	2670	13340	13009	331
化学试剂、助剂制造业	2671	5540	5409	131
专项化学用品制造业	2672	3706	3617	89
林产化学产品制造业	2673	1546	1522	24
炸药及火工产品制造业	2674	736	677	59
信息化学品制造业	2675	665	653	12
放射化学产品制造业	2676	21	21	
添加剂制造业	2677	1126	1110	16
日用化学产品制造业	2680	9394	9194	200

1-4 全部法人单位按行业小类分组的单位数

续12　　　　　　　　　　（1998年）

行业小类	代码	法　人 单位数 （个）	从事单一活动 或位于一个地 点的法人单位	从事多种活动 或位于多个地 点的法人单位
肥皂及皂粉、合成洗涤剂制造业	2681	3072	3003	69
合成脂肪酸制造业	2682	139	134	5
硬脂酸、硬化油制造业	2683	336	329	7
香料、香精制造业	2684	952	937	15
化妆品制造业	2685	1936	1890	46
牙膏制造业	2686	77	74	3
火柴制造业	2687	250	236	14
动物胶制造业	2688	588	580	8
其他日用化学产品制造业	2689	2044	2011	33
医药制造业	2700	9085	8676	409
化学药品原药制造业	2710	1758	1667	91
化学药品制剂制造业	2720	2137	2024	113
中药材及中成药加工业	2730	3133	3002	131
动物药品制造业	2740	1070	1031	39
生物制品业	2750	987	952	35
化学纤维制造业	2800	3474	3361	113
纤维素纤维制造业	2810	684	659	25
化纤浆粕制造业	2811	144	137	7
粘胶纤维制造业	2812	347	332	15
其他纤维素纤维制造业	2819	193	190	3
合成纤维制造业	2820	1791	1719	72
锦纶纤维制造业	2821	196	183	13
涤纶纤维制造业	2822	772	736	36
腈纶纤维制造业	2823	109	103	6
维纶纤维制造业	2824	72	69	3
其他合成纤维制造业	2829	642	628	14
渔具及渔具材料制造业	2850	999	983	16
渔具用丝制造业	2851	50	48	2

1-4 全部法人单位按行业小类分组的单位数

续13　　　　　　　　　　(1998年)

行业小类	代码	法人单位数(个)	从事单一活动或位于一个地点的法人单位	从事多种活动或位于多个地点的法人单位
渔具用线制造业	2852	37	37	
渔具用绳制造业	2853	106	105	1
渔网制造业	2854	521	514	7
其他渔具制造业	2859	285	279	6
橡胶制品业	2900	12613	12257	356
轮胎制造业	2910	533	494	39
力车胎制造业	2920	239	224	15
橡胶板、管、带制造业	2930	2107	2031	76
橡胶零件制品业	2940	2845	2769	76
再生橡胶制造业	2950	792	779	13
橡胶靴鞋制造业	2960	1390	1345	45
日用橡胶制品业	2970	1219	1193	26
橡胶制品翻修业	2980	623	608	15
轮胎翻新业	2981	462	448	14
其他橡胶制品翻修业	2989	161	160	1
其他橡胶制品业	2990	2865	2814	51
塑料制品业	3000	58598	57708	890
塑料薄膜制造业	3010	4925	4782	143
塑料板、管、棒材制造业	3020	6052	5928	124
塑料丝、绳及编织品制造业	3030	9732	9575	157
泡沫塑料及人造革、合成革制造业	3040	4438	4355	83
塑料包装箱及容器制造业	3050	3876	3812	64
塑料鞋制造业	3060	3316	3299	17
日用塑料杂品制造业	3070	5583	5523	60
塑料零件制造业	3080	4368	4318	50
其他塑料制品业	3090	16308	16116	192
非金属矿物制品业	3100	230117	228048	2069
水泥制造业	3110	10205	9722	483

1-4 全部法人单位按行业小类分组的单位数

续14　　　　　　　　（1998年）

行业小类	代码	法人单位数（个）	从事单一活动或位于一个地点的法人单位	从事多种活动或位于多个地点的法人单位
水泥制品和石棉水泥制品业	3120	45453	45120	333
水泥制品业	3121	17941	17783	158
砼结构构件制造业	3123	25732	25596	136
石棉水泥制品业	3124	994	967	27
其他水泥制品业	3129	786	774	12
砖瓦、石灰和轻质建筑材料制造业	3130	136657	136061	596
砖瓦制造业	3131	99121	98794	327
石灰制造业	3132	9260	9235	25
建筑用石加工业	3133	17869	17781	88
轻质建筑材料制造业	3134	2585	2550	35
防水密封建筑材料制造业	3135	2246	2203	43
隔热保温材料制造业	3136	2753	2702	51
其他砖瓦、石灰和轻质建筑材料制	3139	2823	2796	27
玻璃及玻璃制品业	3140	6853	6685	168
建筑用玻璃制品业	3141	1136	1096	40
工业技术用玻璃制造业	3142	643	622	21
光学玻璃制造业	3143	314	308	6
玻璃仪器制造业	3145	529	525	4
日用玻璃制品业	3147	2538	2484	54
玻璃保温容器制造业	3148	267	253	14
其他玻璃及玻璃制品业	3149	1426	1397	29
陶瓷制品业	3150	12264	12108	156
建筑、卫生陶瓷制造业	3151	3920	3856	64
工业用陶瓷制造业	3153	1239	1220	19
日用陶瓷制造业	3155	6446	6375	71
其他陶瓷制品业	3159	659	657	2
耐火材料制品业	3160	7912	7798	114
石棉制品业	3161	1367	1339	28

1-4 全部法人单位按行业小类分组的单位数

续15　　　　　　　　　（1998年）

行业小类	代码	法人单位数（个）	从事单一活动或位于一个地点的法人单位	从事多种活动或位于多个地点的法人单位
云母制品业	3163	230	226	4
其他耐火材料制品业	3169	6315	6233	82
石墨及碳素制品业	3170	2012	1980	32
冶金用碳素制品业	3171	845	825	20
电工用碳素制品业	3172	324	317	7
其他石墨及碳素制品业	3179	843	838	5
矿物纤维及其制品业	3180	4133	4026	107
玻璃纤维及其制品业	3181	1439	1416	23
玻璃钢制品业	3182	2513	2436	77
其他矿物纤维及其制品业	3189	181	174	7
其他类未包括的非金属矿物制品业	3190	4628	4548	80
黑色金属冶炼及压延加工业	3200	15778	15278	500
炼铁业	3210	4086	3982	104
炼钢业	3220	1871	1792	79
钢压延加工业	3240	8200	7938	262
铁合金冶炼业	3260	1621	1566	55
有色金属冶炼及压延加工业	3300	10952	10603	349
重有色金属冶炼业	3310	3276	3178	98
铜冶炼业	3311	1154	1115	39
铅锌冶炼业	3312	1030	998	32
镍钴冶炼业	3314	65	60	5
锡冶炼业	3316	96	87	9
锑冶炼业	3317	529	521	8
汞冶炼业	3318	14	12	2
其他重有色金属冶炼业	3319	388	385	3
轻有色金属冶炼业	3320	1988	1933	55
铝冶炼业	3321	1131	1094	37
镁冶炼业	3322	517	507	10

1-4 全部法人单位按行业小类分组的单位数

续16　　　　　　　　　　（1998年）

行业小类	代码	法人单位数（个）	从事单一活动或位于一个地点的法人单位	从事多种活动或位于多个地点的法人单位
钛冶炼业	3323	71	68	3
其他轻有色金属冶炼业	3329	269	264	5
贵金属冶炼业	3330	368	355	13
金冶炼业	3331	254	244	10
银冶炼业	3332	46	45	1
其他贵金属冶炼业	3339	68	66	2
稀有稀土金属冶炼业	3340	590	571	19
钨钼冶炼业	3341	170	164	6
其他稀有稀土金属冶炼业	3349	420	407	13
有色金属合金业	3360	531	518	13
有色金属压延加工业	3380	4199	4048	151
重有色金属压延加工业	3381	2027	1941	86
轻有色金属压延加工业	3383	1925	1867	58
贵金属压延加工业	3385	73	72	1
稀有稀土金属压延加工业	3387	174	168	6
金属制品业	3400	88885	87026	1859
金属结构制造业	3410	6836	6637	199
铸铁管制造业	3420	3859	3799	60
工具制造业	3430	10973	10738	235
切削工具制造业	3431	2360	2291	69
模具制造业	3434	4964	4886	78
手工具制造业	3435	2930	2858	72
其他工具制造业	3439	719	703	16
集装箱和金属包装物品制造业	3440	4715	4608	107
集装箱制造业	3441	181	173	8
金属包装物品及容器制造业	3442	4534	4435	99
金属丝绳及其制品业	3450	6956	6780	176
建筑用金属制品业	3460	18558	18134	424

1-4 全部法人单位按行业小类分组的单位数

续17 （1998年）

行业小类	代码	法人单位数（个）	从事单一活动或位于一个地点的法人单位	从事多种活动或位于多个地点的法人单位
建筑小五金制造业	3461	3712	3648	64
水暖管道零件制造业	3463	3410	3355	55
金属门窗制造业	3465	10116	9847	269
其他建筑用金属制品业	3469	1320	1284	36
金属表面处理及热处理业	3470	7069	6982	87
日用金属制品业	3480	18886	18508	378
搪瓷制造业	3481	623	593	30
铝制品业	3482	3803	3731	72
不锈钢制品业	3483	3473	3407	66
刀剪制造业	3484	938	927	11
制锁业	3485	1511	1470	41
炊事用具制造业	3486	2484	2418	66
燃气用具制造业	3487	1150	1123	27
理发用具制造业	3488	286	283	3
其他日用金属制品业	3489	4618	4556	62
其他金属制品业	3490	11033	10840	193
铁制小农具制造业	3491	4625	4572	53
焊条制造业	3495	745	708	37
其他类未包括的金属制品业	3499	5663	5560	103
普通机械制造业	3500	81651	79251	2400
锅炉及原动机制造业	3510	5346	5056	290
锅炉制造业	3511	2387	2274	113
内燃机制造业	3512	426	369	57
汽轮机制造业	3513	98	88	10
水轮机制造业	3514	66	60	6
内燃机零部件及配件制造业	3515	1906	1819	87
其他锅炉及原动机制造业	3519	463	446	17
金属加工机械制造业	3520	9536	9172	364

1-4 全部法人单位按行业小类分组的单位数

续18　　　　　　　　（1998年）

行业小类	代码	法人单位数（个）	从事单一活动或位于一个地点的法人单位	从事多种活动或位于多个地点的法人单位
金属切削机床制造业	3521	1611	1514	97
锻压设备制造业	3523	864	804	60
铸造机械制造业	3525	1548	1513	35
机床附件制造业	3526	835	800	35
其他金属加工机械制造业	3529	4678	4541	137
通用设备制造业	3530	11198	10669	529
起重运输设备制造业	3531	2120	1983	137
工矿车辆制造业	3532	288	267	21
泵制造业	3533	3226	3092	134
风机制造业	3534	1074	1034	40
气体压缩机及气体分离设备制造业	3535	860	814	46
冷冻设备制造业	3536	920	878	42
风动工具制造业	3537	249	235	14
电动工具制造业	3538	837	805	32
其他通用设备制造业	3539	1624	1561	63
轴承、阀门制造业	3540	6267	6083	184
轴承制造业	3541	2275	2170	105
阀门制造业	3542	3992	3913	79
其他通用零部件制造业	3560	19016	18534	482
液压件及液力件制造业	3561	1792	1726	66
气动元件制造业	3562	926	896	30
密封件制造业	3563	906	891	15
粉末冶金制品业	3564	933	921	12
紧固件制造业	3565	6020	5867	153
弹簧制造业	3566	1750	1713	37
链条制造业	3567	575	546	29
齿轮制造业	3568	806	789	17
其他类未包括的通用零部件制造业	3569	5308	5185	123

1-4 全部法人单位按行业小类分组的单位数

续19　　　　　　　　（1998年）

行业小类	代码	法人单位数（个）	从事单一活动或位于一个地点的法人单位	从事多种活动或位于多个地点的法人单位
铸锻件制造业	3570	22955	22647	308
铸件制造业	3571	19887	19636	251
锻件制造业	3572	3068	3011	57
普通机械修理业	3580	2961	2877	84
其他普通机械制造业	3590	4372	4213	159
专用设备制造业	3600	43999	42192	1807
冶金、矿山、机电工业专用设备制	3610	4322	4072	250
矿山设备制造业	3611	1848	1696	152
冶金工业专用设备制造业	3613	661	623	38
电工专用设备制造业	3615	305	298	7
电子工业专用设备制造业	3617	645	628	17
其他机电工业专用设备制造业	3619	863	827	36
石化及其他工业专用设备制造业	3620	6056	5788	268
石油工业专用设备制造业	3621	793	728	65
化学工业专用设备制造业	3622	950	906	44
化学纤维工业专用设备制造业	3623	136	132	4
橡胶工业专用设备制造业	3624	335	315	20
塑料工业专用设备制造业	3625	978	955	23
森林工业专用设备制造业	3626	293	273	20
印刷工业专用设备制造业	3627	695	662	33
制药工业专用设备制造业	3628	328	315	13
建筑材料及其他非金属矿物制品专	3629	1548	1502	46
轻纺工业专用设备制造业	3630	9014	8679	335
食品、饮料、烟草工业专用设备制	3631	1471	1425	46
粮油工业专用设备制造业	3632	1042	983	59
饲料工业专用设备制造业	3633	158	143	15
包装工业专用设备制造业	3634	602	579	23
纺织、服装、皮革工业专用设备制	3635	3936	3789	147

1-4 全部法人单位按行业小类分组的单位数

续20 （1998年）

行业小类	代码	法人单位数（个）	从事单一活动或位于一个地点的法人单位	从事多种活动或位于多个地点的法人单位
照明器具工业专用设备制造业	3636	474	471	3
日用硅酸制品工业专用设备制造业	3637	163	157	6
制浆、造纸工业专用设备制造业	3638	704	677	27
日用化学工业专用设备制造业	3639	464	455	9
农、林、牧、渔、水利业机械制造	3640	7541	7223	318
拖拉机制造业	3641	312	275	37
机械化农机具制造业	3642	2658	2544	114
营林机械制造业	3643	56	54	2
畜牧机械制造业	3644	161	154	7
渔业机械制造业	3645	158	153	5
水利机械制造业	3646	243	235	8
拖拉机配件制造业	3647	2084	2014	70
其他农、林、牧、渔、水利业机械	3649	1869	1794	75
医疗器械制造业	3650	3240	3128	112
手术器械制造业	3651	269	256	13
医疗仪器、设备制造业	3652	1204	1151	53
诊断用品制造业	3653	281	272	9
医用材料及医疗用品制造业	3654	1385	1354	31
假肢、矫形器制造业	3655	101	95	6
其他专用设备制造业	3670	7603	7261	342
建筑机械制造业	3671	1209	1112	97
地质专用设备制造业	3672	137	120	17
畜牧兽医医疗器械制造业	3673	24	23	1
缝纫机制造业	3674	873	842	31
商业、饮食业、服务业专用机械制	3675	448	418	30
邮政机械及器材制造业	3676	88	86	2
环境保护机械制造业	3677	1919	1874	45
社会公共安全设备及器材制造业	3678	1199	1145	54

1-4 全部法人单位按行业小类分组的单位数

续21　　　　　　　　　　（1998年）

行业小类	代码	法人单位数（个）	从事单一活动或位于一个地点的法人单位	从事多种活动或位于多个地点的法人单位
其他类未包括的专用设备制造业	3679	1706	1641	65
专用机械设备修理业	3680	6223	6041	182
工业专用设备修理业	3681	945	881	64
农、林、牧、渔、水利机械修理业	3683	3455	3407	48
医疗器械修理业	3685	95	90	5
其他专用机械设备修理业	3689	1728	1663	65
交通运输设备制造业	3700	49020	47002	2018
铁路运输设备制造业	3710	1271	1173	98
机车制造业	3711	27	22	5
客车制造业	3712	36	33	3
货车制造业	3713	42	34	8
机车车辆配件制造业	3714	654	610	44
铁路信号设备制造业	3715	83	78	5
铁路专用设备制造业	3716	108	98	10
铁路专用器材制造业	3717	234	215	19
其他铁路运输设备制造业	3719	87	83	4
汽车制造业	3720	14764	14180	584
载重汽车制造业	3721	193	165	28
客车制造业	3722	188	162	26
小轿车制造业	3723	60	58	2
微型汽车制造业	3724	84	76	8
特种车辆及改装汽车制造业	3725	723	642	81
汽车车身制造业	3726	306	289	17
汽车零部件及配件制造业	3727	13210	12788	422
摩托车制造业	3730	4224	4128	96
摩托车整车制造业	3731	474	451	23
摩托车零部件及配件制造业	3732	3750	3677	73
自行车制造业	3740	2269	2197	72

1-4 全部法人单位按行业小类分组的单位数

续22　　　　　　　　（1998年）

行业小类	代码	法人单位数（个）	从事单一活动或位于一个地点的法人单位	从事多种活动或位于多个地点的法人单位
电车制造业	3750	28	28	
船舶制造业	3760	1375	1279	96
海洋运输船制造业	3761	150	127	23
内河船制造业	3762	675	638	37
渔轮制造业	3763	195	187	8
船舶机械设备制造业	3764	347	320	27
海洋石油平台制造业	3765	8	7	1
航空航天器制造业	3770	225	125	100
飞机制造业	3771	138	65	73
其他航空航天器制造业	3779	87	60	27
交通运输设备修理业	3780	24664	23700	964
铁路运输设备修理业	3781	397	345	52
汽车修理业	3782	20712	19899	813
摩托车修理业	3783	975	966	9
电车修理业	3784	30	30	
船舶修理业	3785	1521	1464	57
飞机修理业	3786	39	30	9
其他交通运输设备修理业	3789	990	966	24
其他交通运输设备制造业	3790	200	192	8
航标器材制造业	3791	17	17	
潜水装备制造业	3792	17	17	
公路标志制造业	3793	166	158	8
电气机械及器材制造业	4000	49110	47405	1705
电机制造业	4010	3238	3063	175
发电机制造业	4011	589	552	37
电动机制造业	4012	1417	1303	114
微电机制造业	4013	1232	1208	24
输配电及控制设备制造业	4020	14134	13567	567

1-4 全部法人单位按行业小类分组的单位数

续23　　　　　　　　（1998年）

行业小类	代码	法人单位数（个）	从事单一活动或位于一个地点的法人单位	从事多种活动或位于多个地点的法人单位
变压器制造业	4021	2122	2010	112
整流器制造业	4022	370	354	16
电容器制造业	4023	661	647	14
开关控制设备制造业	4024	4596	4402	194
电器设备元件制造业	4027	3749	3631	118
其他输配电及控制设备制造业	4029	2636	2523	113
电工器材制造业	4040	11703	11333	370
电线电缆制造业	4041	6990	6770	220
绝缘制品业	4043	889	873	16
蓄电池制造业	4045	1609	1532	77
原电池制造业	4046	534	516	18
其他电工器材制造业	4049	1681	1642	39
日用电器制造业	4060	7021	6825	196
洗衣机制造业	4061	217	205	12
吸尘器制造业	4062	179	174	5
电冰箱制造业	4063	396	376	20
电风扇制造业	4064	773	741	32
空调器制造业	4065	1146	1114	32
排油烟机制造业	4066	173	169	4
其他日用电器制造业	4069	4137	4046	91
照明器具制造业	4070	8880	8654	226
电光源制造业	4071	2367	2312	55
灯头、灯座制造业	4072	905	888	17
灯具制造业	4073	3254	3140	114
灯用电器附件制造业	4074	1463	1435	28
其他照明器具制造业	4079	891	879	12
电气机械修理业	4080	1623	1539	84
其他电气机械制造业	4090	2511	2424	87

1-4 全部法人单位按行业小类分组的单位数

续24　　　　　　　　　　（1998年）

行业小类	代码	法人单位数（个）	从事单一活动或位于一个地点的法人单位	从事多种活动或位于多个地点的法人单位
电焊机制造业	4091	871	837	34
工业用电炉制造业	4092	332	313	19
其他类未包括的电气机械制造业	4099	1308	1274	34
电子及通信设备制造业	4100	19958	19400	558
通信设备制造业	4110	3229	3131	98
传输设备制造业	4111	621	608	13
交换设备制造业	4112	697	676	21
通信终端设备制造业	4113	410	390	20
其他通信设备制造业	4119	1501	1457	44
雷达制造业	4120	81	71	10
雷达整机制造业	4121	42	36	6
雷达专用配套设备及部件制造业	4122	39	35	4
广播电视设备制造业	4130	542	526	16
电子计算机制造业	4140	1399	1358	41
电子计算机整机制造业	4141	458	437	21
电子计算机外部设备制造业	4143	941	921	20
电子器件制造业	4150	1573	1514	59
电真空器件制造业	4151	318	307	11
半导体器件制造业	4153	661	628	33
集成电路制造业	4155	594	579	15
电子元件制造业	4160	7324	7165	159
日用电子器具制造业	4170	2213	2127	86
电视机、录像机、摄像机制造业	4171	553	520	33
收音机、录音机制造业	4172	1389	1339	50
电子计算器制造业	4173	271	268	3
电子设备及通信设备修理业	4180	563	536	27
通信设备修理业	4181	165	156	9
广播电视设备修理业	4182	67	65	2

1-4 全部法人单位按行业小类分组的单位数

续25　　　　　　　　（1998年）

行业小类	代码	法人单位数（个）	从事单一活动或位于一个地点的法人单位	从事多种活动或位于多个地点的法人单位
电子计算机修理业	4183	36	35	1
其他电子设备修理业	4189	295	280	15
其他电子设备制造业	4190	3034	2972	62
仪器仪表及文化、办公用机械制造	4200	12748	12191	557
通用仪器仪表制造业	4210	5418	5158	260
工业自动化仪表制造业	4211	1524	1444	80
电工仪器、仪表制造业	4212	1157	1105	52
光学仪器制造业	4213	522	487	35
计时仪器制造业	4214	169	160	9
分析仪器制造业	4215	249	233	16
试验机制造业	4216	155	144	11
实验室仪器及装置制造业	4217	148	139	9
通用仪器仪表元件、器件制造业	4218	703	687	16
其他通用仪器仪表制造业	4219	791	759	32
专用仪器仪表制造业	4220	1463	1405	58
环境保护仪器仪表制造业	4221	211	204	7
汽车仪器仪表制造业	4222	147	143	4
导航、制导仪器制造业	4223	45	38	7
农、林、牧、渔仪器、仪表制造业	4224	36	36	
地质勘探、钻采、地震专用仪器制	4225	125	115	10
气象、海洋、水文、天文测量仪器	4226	47	46	1
教学仪器制造业	4227	333	322	11
核子及核辐射测量仪器制造业	4228	18	17	1
专用仪器仪表元件、器件制造业	4229	501	484	17
电子测量仪器制造业	4230	508	484	24
计量器具制造业	4240	1235	1153	82
传递标准用计量仪器制造业	4241	110	105	5
量具量仪制造业	4242	388	365	23

1-4 全部法人单位按行业小类分组的单位数

续26　　　　(1998年)

行业小类	代码	法人单位数（个）	从事单一活动或位于一个地点的法人单位	从事多种活动或位于多个地点的法人单位
衡器制造业	4243	737	683	54
文化、办公用机械制造业	4250	764	727	37
电影机械制造业	4251	26	21	5
幻灯机及投影仪制造业	4252	32	31	1
照相机及器材制造业	4254	296	286	10
复印机制造业	4256	61	55	6
打字机及油印机制造业	4257	60	55	5
其他文化、办公用机械制造业	4259	289	279	10
钟表制造业	4260	1780	1724	56
仪器仪表及文化、办公用机械修理	4280	315	306	9
其他仪器仪表制造业	4290	1265	1234	31
其他制造业	4300	51206	50407	799
工艺美术品制造业	4310	30161	29686	475
雕塑工艺品制造业	4311	3574	3498	76
金属工艺品制造业	4312	1857	1819	38
漆器工艺品制造业	4313	1018	1009	9
花画工艺品制造业	4314	1885	1857	28
竹、藤、棕、草工艺品制造业	4315	2600	2571	29
抽纱刺绣工艺品制造业	4316	3541	3470	71
地毯制造业	4317	3957	3893	64
首饰制造业	4318	1836	1776	60
其他工艺美术品制造业	4319	9893	9793	100
日用杂品制造业	4350	6173	6073	100
制镜业	4351	549	521	28
眼镜制造业	4353	1398	1364	34
制伞业	4355	1303	1286	17
鬃毛加工及制刷业	4357	2923	2902	21
其他生产、生活用品制造业	4390	14872	14648	224

1-4 全部法人单位按行业小类分组的单位数

续27 (1998年)

行业小类	代码	法人单位数（个）	从事单一活动或位于一个地点的法人单位	从事多种活动或位于多个地点的法人单位
生产用其他产品制造业	4391	3367	3295	72
生活用其他产品制造业	4392	11505	11353	152
电力、煤气及水的生产和供应业	DDDD	26712	24885	1827
电力、蒸汽、热水的生产和供应业	4400	18344	17075	1269
电力生产业	4410	13139	12633	506
火力发电业	4411	1562	1371	191
水力发电业	4412	11446	11135	311
核力发电业	4413	9	8	1
其他电业	4419	122	119	3
电力供应业	4420	4644	3929	715
蒸汽、热水生产和供应业	4430	561	513	48
煤气生产和供应业	4500	862	754	108
煤气生产业	4510	112	95	17
煤气供应业	4520	750	659	91
自来水的生产和供应业	4600	7506	7056	450
自来水生产业	4610	3932	3675	257
自来水供应业	4620	3574	3381	193
建筑业	EEEE	125533	118497	7036
土木工程建筑业	4700	90131	84769	5362
房屋建筑业	4710	76078	71720	4358
矿山建筑业	4720	361	303	58
铁路、公路、遂道、桥梁建筑业	4730	4577	4141	436
堤坝、电站、码头建筑业	4740	1041	914	127
其他土木工程建筑业	4790	8074	7691	383
线路、管道和设备安装	4800	14546	13593	953
线路、管道安装业	4810	6890	6416	474
设备安装业	4820	7656	7177	479
装修装饰业	4900	20856	20135	721

1-4 全部法人单位按行业小类分组的单位数

续28　　　　　　　　　　　　(1998年)

行业小类	代码	法人单位数(个)	从事单一活动或位于一个地点的法人单位	从事多种活动或位于多个地点的法人单位
地质勘探业、水利管理业	FFFF	21104	19070	2034
地质勘探业	5000	2648	2174	474
区域地质勘查业	5010	148	118	30
海洋地质勘查业	5020	66	57	9
矿产地质勘探业	5030	1242	934	308
石油、天然气地质勘查业	5031	81	65	16
煤炭地质勘查业	5032	200	142	58
黑色金属矿产地质勘查业	5033	27	19	8
有色金属矿产地质勘查业	5034	178	111	67
贵金属矿产地质勘查业	5035	56	32	24
其他金属矿产地质勘查业	5036	72	33	39
非金属矿产地质勘查业	5037	56	40	16
水文地质勘查业	5038	572	492	80
工程地质勘查业	5040	821	750	71
环境地质勘查业	5050	47	44	3
地球物理和地球化学勘查业	5060	60	42	18
地质工程技术及其他技术服务业	5090	264	229	35
水利管理业	5100	18456	16896	1560
交通运输、仓储及邮电通信业	GGGG	62559	54141	8418
铁路运输业	5200	548	431	117
汽车运输业	5300	21916	19449	2467
汽车运输业	5310	20318	17901	2417
其他公路运输业	5390	1598	1548	50
管道运输业	5400	46	38	8
水上运输业	5500	4997	4478	519
远洋运输业	5510	355	325	30
沿海运输业	5520	824	763	61
内河、内湖运输业	5530	3294	2889	405

1-4 全部法人单位按行业小类分组的单位数

续29　　　　　　　　　　（1998年）

行业小类	代码	法人单位数（个）	从事单一活动或位于一个地点的法人单位	从事多种活动或位于多个地点的法人单位
其他水上运输业	5590	524	501	23
航空运输业	5600	191	169	22
航空客货运输业	5610	183	161	22
通用航空业	5620	8	8	
交通运输辅助业	5700	20886	18933	1953
公路管理及养护业	5710	5839	4945	894
港口业	5720	1045	884	161
沿海港口业	5721	351	292	59
内河、内湖港口业	5722	694	592	102
水运辅助业	5730	1976	1868	108
机场及航空运输辅助业	5740	668	608	60
装卸搬运业	5750	6044	5748	296
其他类未包括的交通运输辅助业	5790	5314	4880	434
其他交通运输业	5800	322	303	19
仓储业	5900	7581	6879	702
邮电通信业	6000	6072	3461	2611
邮政业	6010	1066	596	470
电信业	6020	2755	2240	515
邮电业	6030	2251	625	1626
批发和零售贸易、餐饮业	HHHH	726655	647727	78928
食品、饮料、烟草和家庭日用品批发业	6100	178076	154490	23586
食品、饮料、烟草批发业	6110	68034	55050	12984
粮食、食用油批发业	6111	30210	23185	7025
糕点、糖果和饮料批发业	6112	9547	8044	1503
肉、禽、蛋及其制品批发业	6113	6818	5669	1149
水产品批发业	6114	2953	2625	328
蔬菜、果品批发业	6115	5015	4369	646
茶叶批发业	6116	1318	1150	168

1-4 全部法人单位按行业小类分组的单位数

续30 （1998年）

行业小类	代码	法人单位数（个）	从事单一活动或位于一个地点的法人单位	从事多种活动或位于多个地点的法人单位
烟草及其制品批发业	6117	3233	2260	973
盐及调味品批发业	6118	1905	1531	374
其他食品、饮料、烟草批发业	6119	7035	6217	818
棉、麻、土畜产品批发业	6120	5881	4690	1191
棉、麻批发业	6121	2844	1990	854
畜产品批发业	6122	3037	2700	337
纺织品、服装和鞋帽批发业	6130	19288	18033	1255
纺织品批发业	6131	12569	11676	893
服装批发业	6132	5165	4912	253
鞋帽批发业	6133	1554	1445	109
日用百货批发业	6140	23973	21451	2522
百货批发业	6141	15374	13507	1867
文化用品、钟表眼镜批发业	6142	5189	4897	292
其他日用百货批发业	6149	3410	3047	363
日用杂品批发业	6150	5461	4647	814
五金、交电、化工批发业	6160	46573	43519	3054
药品及医疗器械批发业	6170	8866	7100	1766
西药批发业	6171	4011	2848	1163
中草药及制品批发业	6172	2405	1945	460
医疗器械批发业	6173	2450	2307	143
能源、材料和机械电子设备批发业	6200	186637	173480	13157
能源批发业	6210	19730	17325	2405
石油及制品批发业	6211	9492	8120	1372
煤炭及制品批发业	6212	9543	8548	995
其他能源批发业	6219	695	657	38
化工材料批发业	6220	14884	14042	842
木材批发业	6230	8383	7507	876
建筑材料批发业	6240	41701	39543	2158

1-4 全部法人单位按行业小类分组的单位数

续31　　　　　　　　（1998年）

行业小类	代码	法人单位数（个）	从事单一活动或位于一个地点的法人单位	从事多种活动或位于多个地点的法人单位
矿产品批发业	6250	3255	3065	190
金属材料批发业	6260	36199	33459	2740
黑色金属材料批发业	6261	28631	26283	2348
有色金属材料批发业	6262	7568	7176	392
机械、电子设备批发业	6270	42556	40546	2010
汽车、摩托车及零配件批发业	6280	12725	11834	891
汽车批发业	6281	2655	2366	289
摩托车批发业	6282	735	675	60
汽车、摩托车零配件批发业	6289	9335	8793	542
再生物资回收批发业	6290	7204	6159	1045
其他批发业	6300	39928	33140	6788
工艺美术品批发业	6310	1932	1836	96
图书报刊批发业	6320	1314	1099	215
农业生产资料批发业	6330	22044	16357	5687
其他类未包括的批发业	6390	14638	13848	790
零售业	6400	268103	235915	32188
食品、饮料和烟草零售业	6410	52696	44055	8641
粮油食品零售业	6411	19925	15454	4471
副食品零售业	6412	15836	13590	2246
其他食品、饮料和烟草零售业	6419	16935	15011	1924
日用百货零售业	6420	69433	55832	13601
百货零售业	6421	41517	35291	6226
文化体育用品零售业	6422	5125	4878	247
钟表、眼镜及照相器材零售业	6423	1535	1426	109
其他日用百货零售业	6429	21256	14237	7019
纺织品、服装和鞋帽零售业	6430	12866	11868	998
日用杂品零售业	6440	8244	7437	807
五金、交电、化工零售业	6450	57845	54462	3383

1-4 全部法人单位按行业小类分组的单位数

续32　　　　　　　　（1998年）

行业小类	代码	法人单位数（个）	从事单一活动或位于一个地点的法人单位	从事多种活动或位于多个地点的法人单位
药品及医疗器械零售业	6470	7378	6383	995
图书报刊零售业	6480	3763	3218	545
其他零售业	6490	55878	52660	3218
家具零售业	6491	2735	2584	151
煤炭零售业	6492	2550	2226	324
石油制品零售业	6493	14904	14003	901
汽车、摩托车及其零配件零售业	6494	15769	15005	764
计算机及软件、办公设备零售业	6495	7334	7079	255
信托业	6496	638	586	52
首饰业	6497	1714	1621	93
其他类未包括的零售业	6499	10234	9556	678
商业经纪与代理业	6500	3307	3193	114
餐饮业	6700	50604	47509	3095
正餐	6710	39491	37047	2444
快餐	6720	4174	3966	208
其他饮食业	6790	6939	6496	443
小吃	6791	3997	3760	237
冷饮	6793	394	377	17
茶馆	6795	539	521	18
其他类未包括的餐饮业	6799	2009	1838	171
金融、保险业	IIII	73941	50567	23374
金融业	6800	67730	44752	22978
中央银行	6810	2382	2034	348
商业银行	6820	15272	4611	10661
其他银行	6830	1124	835	289
信用合作社	6840	38480	27323	11157
信托投资业	6850	853	723	130
证券经纪与交易业	6860	1229	1148	81

1-4 全部法人单位按行业小类分组的单位数

续33 （1998年）

行业小类	代码	法人单位数（个）	从事单一活动或位于一个地点的法人单位	从事多种活动或位于多个地点的法人单位
其他非银行金融业	6870	8390	8078	312
财务公司	6871	459	438	21
融资租赁公司	6872	350	335	15
典当业	6873	501	485	16
其他类未包括的非银行金融业	6879	7080	6820	260
保险业	7000	6211	5815	396
房地产业	JJJJ	44606	41961	2645
房地产开发与经营业	7200	30555	28832	1723
房地产管理业	7300	10988	10169	819
房地产代理与经纪业	7400	3063	2960	103
社会服务业	KKKK	160825	152207	8618
公共设施服务业	7500	22155	20653	1502
市内公共交通业	7510	4262	3880	382
市内公共汽电车业	7511	864	704	160
出租汽车业	7512	2747	2564	183
轨道交通业	7513	76	68	8
市内轮渡业	7514	145	130	15
其他市内公共交通业	7519	430	414	16
园林绿化业	7520	4112	3695	417
自然保护区管理业	7530	283	253	30
环境卫生业	7540	4481	4307	174
市政工程管理业	7550	3587	3298	289
风景名胜区管理业	7560	452	394	58
其他公共服务业	7590	4978	4826	152
居民服务业	7600	28194	26578	1616
理发及美容化妆业	7610	3388	3181	207
沐浴业	7620	1736	1611	125
洗染业	7630	1077	984	93

1-4 全部法人单位按行业小类分组的单位数

续34　　　　　　　　　　（1998年）

行业小类	代码	法人单位数（个）	从事单一活动或位于一个地点的法人单位	从事多种活动或位于多个地点的法人单位
摄影及扩印业	7640	3133	2904	229
托儿所	7650	872	843	29
日用品修理业	7660	4203	3996	207
家务服务业	7670	625	568	57
殡葬业	7680	2256	2183	73
其他居民服务业	7690	10904	10308	596
旅馆业	7800	28666	25839	2827
租赁服务业	7900	2602	2474	128
旅游业	8000	5204	4805	399
娱乐服务业	8100	9179	8840	339
信息、咨询服务业	8200	43228	42371	857
广告业	8210	9990	9718	272
咨询服务业	8220	14620	14457	163
公证业	8221	1627	1607	20
律师事务所	8222	5569	5528	41
会计、审计、统计咨询业	8223	6450	6353	97
社会调查业	8224	974	969	5
其他类未包括的信息咨询服务业	8290	18618	18196	422
计算机应用服务业	8300	7510	7358	152
软件开发咨询业	8310	4665	4573	92
数据处理业	8320	333	329	4
数据库服务业	8330	564	549	15
计算机设备维护咨询业	8340	1948	1907	41
其他社会服务业	8400	14087	13289	798
市场管理服务业	8410	6099	5774	325
其他类未包括的社会服务业	8490	7988	7515	473
卫生、体育和社会浮力业	LLLL	116604	111105	5499
卫生	8500	100131	95376	4755

1-4 全部法人单位按行业小类分组的单位数

续35　　　　　　　　　　　（1998年）

行业小类	代码	法人单位数（个）	从事单一活动或位于一个地点的法人单位	从事多种活动或位于多个地点的法人单位
医院	8510	78886	74627	4259
综合医院	8511	17624	16200	1424
专科医院	8512	1875	1743	132
中医医院	8513	2178	1996	182
门诊部	8514	2647	2621	26
其他医院	8519	54562	52067	2495
疗养院	8520	535	480	55
专科防治所（站）	8530	1789	1730	59
卫生防疫站	8540	3822	3693	129
妇幼保健所(站)	8550	3177	3119	58
药品检验所(室)	8560	1812	1783	29
其他卫生	8590	10110	9944	166
体育	8600	2097	1897	200
社会福利保障业	8700	14376	13832	544
社会福利业	8710	8524	8210	314
干部休养所	8711	1529	1482	47
福利收容院	8712	5702	5564	138
社区服务业	8713	1293	1164	129
社会保险和救济业	8720	4595	4424	171
其他类未包括的社会福利保障业	8790	1257	1198	59
教育、文化艺术及广播电影电视业	MMMM	266837	230254	36583
教育	8900	215530	182029	33501
高等教育	8910	4033	3506	527
普通高等教育	8911	1250	877	373
成人高等教育	8912	2783	2629	154
中等教育	8920	74373	67884	6489
中等专业学校	8921	6224	5579	645
普通中学	8922	54717	49667	5050

1-4 全部法人单位按行业小类分组的单位数

续36　　　　　　　　　　（1998年）

行业小类	代码	法人单位数（个）	从事单一活动或位于一个地点的法人单位	从事多种活动或位于多个地点的法人单位
农业、职业中学	8923	5390	5028	362
技工学校	8924	2229	2034	195
成人中等学校	8925	5702	5477	225
工读学校	8926	111	99	12
初等教育	8930	113579	88831	24748
小学校	8931	113158	88434	24724
成人初等学校	8932	421	397	24
学前教育	8940	10305	10154	151
特殊教育	8950	1102	1034	68
其他教育	8990	12138	10620	1518
文化艺术业	9000	33947	32356	1591
艺术	9010	4399	4069	330
出版	9020	3778	3510	268
文物保护	9030	2590	2445	145
图书馆	9040	2299	2164	135
档案馆	9050	1407	1365	42
群众文化	9060	8290	7717	573
新闻	9070	414	388	26
文化艺术经纪与代理业	9080	289	270	19
其他文化艺术业	9090	10481	10428	53
广播电影电视业	9100	17360	15869	1491
广播	9110	6842	6491	351
电影	9120	6646	5776	870
电视	9130	3872	3602	270
科学研究和综合技术服务业	NNNN	47986	45562	2424
科学研究业	9200	8208	7431	777
自然科学研究	9210	4935	4351	584
社会科学研究	9220	1177	1127	50

1-4 全部法人单位按行业小类分组的单位数

续37　　　　　　　　　　　　（1998年）

行业小类	代码	法　人 单 位 数 （个）	从事单一活动或位于一个地点的法人单位	从事多种活动或位于多个地点的法人单位
其他科学研究	9230	2096	1953	143
综合技术服务业	9300	39778	38131	1647
气象	9310	2284	2152	132
地震	9320	745	724	21
测绘	9330	978	935	43
技术监督	9340	7032	6701	331
海洋环境	9350	84	78	6
环境保护	9360	2760	2630	130
技术推广和科技交流服务业	9370	7439	7113	326
工程设计业	9380	7124	6757	367
其他综合技术服务业	9390	11332	11041	291
国家机关、政党机关和社会团体	0000	1148491	958703	189788
国家机关	9400	241462	186702	54760
政党机关	9500	34156	32821	1335
社会团体	9600	41877	40135	1742
基层群众自治组织	9700	830996	691400	139596
居民委员会	9710	103076	94962	8114
村民委员会	9720	727920	596438	131482
其他行业	PPPP	40588	36390	4198
企业管理机构	9910	31215	27627	3588
其他类未包括的行业	9990	9373	8763	610

1-5　全部法人单位按地区分组的单位数

单位：个

地　区	代码	法人单位数 (1997)	从事单一活动或位于一个地点的法人单位	法人单位数 (1998)	从事单一活动或位于一个地点的法人单位
全　国	00	4344278	3908488	4417508	4007458
北　京	11	99397	93349	86803	83408
天　津	12	67728	65377	63082	61391
河　北	13	182352	168829	186924	174604
山　西	14	129248	108421	127038	107812
内蒙古	15	77508	69866	70125	64339
辽　宁	21	189757	177772	185661	171058
吉　林	22	79097	73452	78722	73139
黑龙江	23	115987	105571	115522	105463
上　海	31	208902	192254	268738	250341
江　苏	32	307776	285345	310479	285936
浙　江	33	279856	264513	261452	250246
安　徽	34	209289	183120	209026	183440
福　建	35	130083	110158	175461	156574
江　西	36	126602	116240	119468	109448
山　东	37	306960	226976	304643	225513
河　南	41	217803	200130	232761	216381
湖　北	42	163104	142585	168747	147646
湖　南	43	189480	175378	182118	168672
广　东	44	304209	281673	334434	317226
广　西	45	95764	84755	95249	85076
海　南	46	18194	16779	17051	15712
重　庆	50	86661	76472	78022	69550
四　川	51	234186	211829	234507	213328
贵　州	52	73896	67211	70743	66556
云　南	53	80270	69190	81013	70845
西　藏	54				
陕　西	61				
甘　肃	62	76185	65113	75515	64712
青　海	63	18878	16593	19285	17552
宁　夏	64	16576	14780	12018	11518
新　疆	65	53289	46898	53115	46771

1-6　农、林、牧、渔业法人单位按地区分组的单位数

单位：个

地区	代码	法人单位数 (1997)	从事单一活动或位于一个地点的法人单位	法人单位数 (1998)	从事单一活动或位于一个地点的法人单位
全　国	00	142557	133711	139496	131387
北　京	11	1675	1499	1267	1196
天　津	12	475	440	436	407
河　北	13	4881	4747	4877	4743
山　西	14	3544	3447	3493	3408
内蒙古	15	3412	3136	3247	3041
辽　宁	21	5748	5437	5735	5425
吉　林	22	4806	4601	4786	4587
黑龙江	23	4002	3589	4118	3606
上　海	31	3482	3343	3755	3605
江　苏	32	10701	9630	10773	9685
浙　江	33	4044	3651	3100	2889
安　徽	34	7149	6690	7149	6690
福　建	35	5070	4775	2061	1944
江　西	36	12568	12260	12507	12193
山　东	37	4062	3794	4053	3781
河　南	41	7787	7529	8604	8362
湖　北	42	5606	5352	5895	5587
湖　南	43	6041	5701	6004	5672
广　东	44	4347	4027	4984	4769
广　西	45	4485	4076	4488	4079
海　南	46	857	714	802	664
重　庆	50	5343	4980	4601	4342
四　川	51	11590	10917	11590	10917
贵　州	52	3343	3166	3870	3756
云　南	53	4137	3802	4155	3828
西　藏	54				
陕　西	61				
甘　肃	62	2831	2600	2821	2590
青　海	63	724	647	776	716
宁　夏	64	602	561	449	430
新　疆	65	2700	2214	2700	2214

1-7 采掘业法人单位按地区分组的单位数

单位：个

地区	代码	法人单位数 (1997)	从事单一活动或位于一个地点的法人单位	法人单位数 (1998)	从事单一活动或位于一个地点的法人单位
全国	00	101469	99091	106272	104283
北京	11	660	649	495	489
天津	12	141	137	148	146
河北	13	4879	4837	4997	4982
山西	14	8781	8452	8444	8168
内蒙古	15	2215	2109	1680	1585
辽宁	21	4793	4716	4749	4627
吉林	22	1380	1317	1374	1312
黑龙江	23	2257	2082	2262	2105
上海	31	16	13	23	20
江苏	32	2141	2057	2003	1920
浙江	33	2789	2769	2295	2279
安徽	34	5276	5176	5292	5242
福建	35	1965	1882	11278	11273
江西	36	5730	5584	5005	4895
山东	37	4720	4597	4520	4395
河南	41	5902	5823	6696	6621
湖北	42	4721	4679	4920	4865
湖南	43	13396	13299	11715	11627
广东	44	3890	3798	4223	4164
广西	45	2155	2088	2120	2091
海南	46	151	148	139	136
重庆	50	1539	1471	2282	2224
四川	51	9233	9095	9420	9305
贵州	52	3877	3856	1476	1459
云南	53	1848	1719	1858	1752
西藏	54				
陕西	61				
甘肃	62	1403	1321	1408	1325
青海	63	293	268	232	212
宁夏	64	272	252	195	188
新疆	65	996	917	994	915

1-8　制造业法人单位按地区分组的单位数

单位：个

地区	代码	法人单位数 (1997)	从事单一活动或位于一个地点的法人单位	法人单位数 (1998)	从事单一活动或位于一个地点的法人单位
全　国	00	1238692	1207246	1309299	1280719
北　京	11	22569	21731	18412	18043
天　津	12	22324	22064	23776	23592
河　北	13	58034	57465	59980	59647
山　西	14	26656	25821	26576	25845
内蒙古	15	12229	11609	9845	9422
辽　宁	21	57457	56281	55054	52201
吉　林	22	16101	15575	15967	15464
黑龙江	23	27343	26180	26918	25829
上　海	31	55622	52339	68836	65208
江　苏	32	116351	112098	117689	113480
浙　江	33	124910	123551	113861	112974
安　徽	34	74209	72962	74203	73400
福　建	35	49485	48713	88069	88012
江　西	36	34019	33247	27693	27102
山　东	37	102531	99523	102541	99488
河　南	41	73201	71651	84180	82980
湖　北	42	45857	45163	47451	46591
湖　南	43	53235	52482	49523	48859
广　东	44	102218	100550	135062	133853
广　西	45	17568	16711	16907	16370
海　南	46	2024	1971	1794	1752
重　庆	50	15815	15016	15533	14738
四　川	51	51665	50611	54128	53280
贵　州	52	7314	6940	5813	5626
云　南	53	12146	11205	12534	11812
西　藏	54				
陕　西	61				
甘　肃	62	10479	9852	10820	10185
青　海	63	1789	1611	1530	1454
宁　夏	64	2522	2403	1988	1929
新　疆	65	6028	5561	5723	5305

1-9 电力、煤气及水的生产和供应业法人单位按地区分组的单位数

单位：个

地 区	代码	法人单位数(1997)	从事单一活动或位于一个地点的法人单位	法人单位数(1998)	从事单一活动或位于一个地点的法人单位
全 国	00	26670	24357	26712	24885
北 京	11	94	88	86	81
天 津	12	133	120	137	124
河 北	13	444	390	489	466
山 西	14	472	364	461	370
内蒙古	15	292	246	271	220
辽 宁	21	498	433	505	482
吉 林	22	381	326	389	333
黑龙江	23	368	289	377	298
上 海	31	332	292	352	309
江 苏	32	1551	1408	1653	1510
浙 江	33	1771	1701	1755	1707
安 徽	34	1084	997	1013	998
福 建	35	1997	1903	1668	1666
江 西	36	1795	1700	1400	1322
山 东	37	544	390	543	386
河 南	41	617	486	658	548
湖 北	42	1616	1512	1617	1497
湖 南	43	1751	1656	1716	1629
广 东	44	3343	3155	4046	3925
广 西	45	970	871	871	831
海 南	46	177	162	161	148
重 庆	50	516	459	601	544
四 川	51	2626	2486	2819	2682
贵 州	52	725	690	617	602
云 南	53	840	735	838	753
西 藏	54				0
陕 西	61				0
甘 肃	62	328	254	328	254
青 海	63	132	111	110	94
宁 夏	64	58	46	44	39
新 疆	65	364	299	363	299

1-10 建筑业法人单位按地区分组的单位数

单位：个

地区	代码	法人单位数（1997）	从事单一活动或位于一个地点的法人单位	法人单位数（1998）	从事单一活动或位于一个地点的法人单位
全国	00	125471	117287	125533	118497
北京	11	3779	3513	3144	3000
天津	12	2436	2329	2331	2254
河北	13	2949	2818	3404	3353
山西	14	2437	2209	2404	2192
内蒙古	15	1935	1727	1569	1417
辽宁	21	5884	5525	5958	5730
吉林	22	1695	1570	1691	1569
黑龙江	23	3454	3119	3533	3232
上海	31	7233	6593	8975	8285
江苏	32	8370	7544	8751	7539
浙江	33	5527	5181	6229	5977
安徽	34	9589	9527	9589	9527
福建	35	3088	2819	2880	2614
江西	36	2949	2749	2400	2253
山东	37	13260	12593	13182	12501
河南	41	5768	5372	6034	5736
湖北	42	5915	5718	5644	5458
湖南	43	8154	7850	7139	6857
广东	44	8350	7840	9901	9552
广西	45	1824	1669	1638	1566
海南	46	645	630	568	554
重庆	50	2159	1909	1722	1572
四川	51	6193	5827	4942	4899
贵州	52	757	612	685	597
云南	53	2477	2121	2599	2320
西藏	54				
陕西	61				
甘肃	62	1662	1487	1638	1465
青海	63	400	347	357	312
宁夏	64	585	542	703	665
新疆	65	1075	839	1023	806

1-11 地质勘查业、水利管理业法人单位按地区分组的单位数

单位：个

地 区	代码	法人单位数 (1997)	从事单一活动或位于一个地点的法人单位	法人单位数 (1998)	从事单一活动或位于一个地点的法人单位
全 国	00	20821	18582	21104	19070
北 京	11	276	233	250	229
天 津	12	265	252	231	217
河 北	13	458	414	455	413
山 西	14	651	599	652	612
内蒙古	15	581	525	595	558
辽 宁	21	1162	1099	1158	1096
吉 林	22	934	892	944	902
黑龙江	23	694	641	691	639
上 海	31	350	336	325	310
江 苏	32	2360	2037	2383	2087
浙 江	33	659	572	674	615
安 徽	34	1104	986	1104	986
福 建	35	405	344	405	344
江 西	36	542	473	536	467
山 东	37	733	639	744	647
河 南	41	1048	971	1033	958
湖 北	42	1072	965	1167	1060
湖 南	43	771	623	750	619
广 东	44	972	852	1151	1076
广 西	45	703	604	707	607
海 南	46	116	103	122	108
重 庆	50	500	411	360	271
四 川	51	822	720	822	720
贵 州	52	756	725	997	976
云 南	53	625	554	633	566
西 藏	54				
陕 西	61				
甘 肃	62	477	394	478	395
青 海	63	177	153	179	161
宁 夏	64	98	78	71	60
新 疆	65	435	364	435	364

1-12 交通运输、仓储及邮电通信业法人单位按地区分组的单位数

单位：个

地区	代码	法人单位数(1997)	从事单一活动或位于一个地点的法人单位	法人单位数(1998)	从事单一活动或位于一个地点的法人单位
全国	00	61713	52780	62559	54141
北京	11	1331	1203	1011	954
天津	12	1798	1720	1781	1721
河北	13	1765	1525	1779	1550
山西	14	1610	1308	1611	1334
内蒙古	15	1085	832	941	771
辽宁	21	2971	2658	2967	2630
吉林	22	976	801	980	804
黑龙江	23	1909	1537	1737	1400
上海	31	4949	4544	5359	4931
江苏	32	4749	4106	4825	4185
浙江	33	3817	3348	3759	3432
安徽	34	3820	3512	4040	3568
福建	35	1984	1701	1702	1466
江西	36	2149	1849	2197	1925
山东	37	3315	2811	3380	2870
河南	41	2270	1872	2503	2078
湖北	42	2781	2480	2694	2389
湖南	43	2121	1721	2053	1675
广东	44	4532	3979	5643	5177
广西	45	1493	1173	1495	1175
海南	46	374	328	371	327
重庆	50	1140	891	1203	954
四川	51	2442	1993	2441	1992
贵州	52	777	589	633	535
云南	53	1101	781	1155	837
西藏	54				
陕西	61				
甘肃	62	966	704	966	704
青海	63	333	240	337	277
宁夏	64	248	195	194	179
新疆	65	971	719	991	731

1-13 批发和零售贸易、餐饮业法人单位按地区分组的单位数

单位：个

地区	代码	法人单位数 (1997)	从事单一活动或位于一个地点的法人单位	法人单位数 (1998)	从事单一活动或位于一个地点的法人单位
全国	00	731866	646196	726655	647727
北京	11	28199	26585	24959	23898
天津	12	19098	18030	15422	14700
河北	13	18814	17120	20931	20029
山西	14	16935	13703	16290	13620
内蒙古	15	12350	10815	9876	8969
辽宁	21	44017	40960	42422	38382
吉林	22	13139	11826	12937	11646
黑龙江	23	21728	18980	21452	18912
上海	31	87714	80330	121597	113199
江苏	32	57320	50859	56712	49121
浙江	33	43487	39305	36923	33933
安徽	34	25435	21188	25013	20947
福建	35	20445	17393	20087	17108
江西	36	14314	11688	15321	12689
山东	37	41750	35736	41348	35203
河南	41	25194	20469	26266	22063
湖北	42	19835	17403	21666	19085
湖南	43	15515	12388	14501	11479
广东	44	83258	76774	63103	58611
广西	45	14980	12494	15248	13109
海南	46	3612	3350	3209	2984
重庆	50	11076	8762	8923	7029
四川	51	24830	20635	24329	20714
贵州	52	6100	4520	5475	4634
云南	53	14369	12481	14239	12711
西藏	54				
陕西	61				
甘肃	62	8846	6848	8102	6281
青海	63	2452	2007	3366	3029
宁夏	64	3552	3345	3434	3350
新疆	65	8748	7230	8867	7348

1-14 金融、保险业法人单位按地区分组的单位数

单位：个

地　区	代码	法人单位数 (1997)	从事单一活动或位于一个地点的法人单位	法人单位数 (1998)	从事单一活动或位于一个地点的法人单位
全　国	00	74054	49280	73941	50567
北　京	11	1034	688	648	490
天　津	12	689	591	407	265
河　北	13	4893	4077	4886	4071
山　西	14	3131	2161	3077	2181
内蒙古	15	2293	1742	2063	1562
辽　宁	21	2770	1544	2770	1542
吉　林	22	1324	761	1321	762
黑龙江	23	1862	1063	1893	1078
上　海	31	1636	1427	1458	1266
江　苏	32	2670	2007	2805	2129
浙　江	33	3416	1679	3203	1876
安　徽	34	3301	1544	3301	1544
福　建	35	1731	908	2716	1809
江　西	36	2497	1638	2507	1648
山　东	37	3589	1989	3544	1940
河　南	41	3668	2067	3683	2107
湖　北	42	2134	1248	2161	1265
湖　南	43	4368	3156	4823	3651
广　东	44	3603	1893	4401	2759
广　西	45	1902	1184	1904	1187
海　南	46	407	272	376	253
重　庆	50	3016	2300	2586	2090
四　川	51	6853	5169	6852	5168
贵　州	52	1431	1054	1116	875
云　南	53	2358	1699	2361	1717
西　藏	54				
陕　西	61				
甘　肃	62	2005	1422	1919	1421
青　海	63	543	401	434	321
宁　夏	64	355	217	264	236
新　疆	65	1063	620	1063	619

1-15　房地产业法人单位按地区分组的单位数

单位：个

地区	代码	法人单位数（1997）	从事单一活动或位于一个地点的法人单位	法人单位数（1998）	从事单一活动或位于一个地点的法人单位
全　国	00	40903	38079	44606	41961
北　京	11	1167	1091	1432	1387
天　津	12	789	770	954	930
河　北	13	733	709	736	713
山　西	14	517	485	504	473
内蒙古	15	434	388	433	399
辽　宁	21	2019	1937	2035	1910
吉　林	22	741	715	753	728
黑龙江	23	782	697	783	704
上　海	31	6165	5555	8134	7458
江　苏	32	2952	2716	3102	2862
浙　江	33	2373	2223	2661	2563
安　徽	34	1108	999	1108	999
福　建	35	2107	2049	1859	1792
江　西	36	760	720	767	729
山　东	37	1654	1458	1666	1464
河　南	41	1310	1202	1390	1311
湖　北	42	1456	1386	1466	1389
湖　南	43	991	932	923	871
广　东	44	6237	5839	8036	7727
广　西	45	1214	1148	1220	1154
海　南	46	1137	1121	980	967
重　庆	50	583	528	589	534
四　川	51	1282	1207	519	487
贵　州	52	364	343	431	427
云　南	53	418	373	511	477
西　藏	54				
陕　西	61				
甘　肃	62	289	258	280	251
青　海	63	62	54	91	90
宁　夏	64	92	83	81	78
新　疆	65	273	234	274	234

1-16 社会服务业法人单位按地区分组的单位数

单位：个

地区	代码	法人单位数（1997）	从事单一活动或位于一个地点的法人单位	法人单位数（1998）	从事单一活动或位于一个地点的法人单位
全国	00	153461	144578	160825	152207
北京	11	14676	14206	12583	12330
天津	12	3902	3727	3447	3285
河北	13	2679	2579	2654	2555
山西	14	3011	2766	2962	2725
内蒙古	15	2409	2228	2204	2079
辽宁	21	8212	7819	8161	7752
吉林	22	2997	2871	2983	2856
黑龙江	23	4519	4222	4462	4189
上海	31	15456	14267	21458	20100
江苏	32	12103	11312	12316	11475
浙江	33	9032	8578	9118	8713
安徽	34	5196	4848	5196	4848
福建	35	4671	4323	5594	5191
江西	36	2595	2446	2563	2431
山东	37	7229	6667	7342	6755
河南	41	5593	5177	5865	5451
湖北	42	3613	3529	3737	3631
湖南	43	2902	2721	2806	2635
广东	44	15377	14744	18324	17795
广西	45	3114	2846	3199	2919
海南	46	1409	1361	1229	1181
重庆	50	2409	2263	2434	2288
四川	51	5274	4985	5272	4983
贵州	52	961	882	1026	994
云南	53	3245	2964	3276	3011
西藏	54				
陕西	61				
甘肃	62	1782	1619	1694	1545
青海	63	475	419	407	369
宁夏	64	570	531	532	510
新疆	65	2026	1826	2062	1855

1-17 卫生、体育和社会福利业法人单位按地区分组的单位数

单位：个

地区	代码	法人单位数 (1997)	从事单一活动或位于一个地点的法人单位	法人单位数 (1998)	从事单一活动或位于一个地点的法人单位
全国	00	116167	110144	116604	111105
北京	11	1050	997	900	875
天津	12	739	715	891	884
河北	13	5767	5557	5766	5556
山西	14	3708	3585	3685	3566
内蒙古	15	2674	2583	2647	2593
辽宁	21	4557	4343	4547	4334
吉林	22	2596	2553	2588	2545
黑龙江	23	2847	2714	2856	2726
上海	31	1909	1728	2090	1901
江苏	32	4912	4640	5036	4766
浙江	33	4383	4015	4438	4138
安徽	34	8222	7878	8222	7878
福建	35	2358	2098	2358	2098
江西	36	3833	3646	3833	3646
山东	37	4517	4223	4473	4180
河南	41	4578	4464	4648	4541
湖北	42	3803	3520	3800	3491
湖南	43	4258	3840	4307	3959
广东	44	4477	3926	5131	4743
广西	45	3226	3073	3232	3079
海南	46	572	550	572	551
重庆	50	3412	3015	2762	2425
四川	51	9713	9433	9713	9433
贵州	52	2845	2585	3088	2887
云南	53	2966	2709	3006	2761
西藏	54				
陕西	61				
甘肃	62	2559	2255	2547	2242
青海	63	572	550	584	568
宁夏	64	445	437	372	371
新疆	65	1530	1453	1532	1455

1-18 教育、文化艺术及广播电影电视业法人单位按地区分组的单位数

单位：个

地区	代码	法人单位数 (1997)	从事单一活动或位于一个地点的法人单位	法人单位数 (1998)	从事单一活动或位于一个地点的法人单位
全　国	00	265168	226105	266837	230254
北　京	11	4046	3422	3947	3638
天　津	12	2770	2629	2569	2457
河　北	13	7930	6565	7925	6564
山　西	14	7448	5251	7468	5360
内蒙古	15	6041	4716	5815	4764
辽　宁	21	8039	6585	8032	6575
吉　林	22	5788	4767	5782	4762
黑龙江	23	6003	5170	6076	5276
上　海	31	5638	5103	6200	5640
江　苏	32	13826	12367	14184	12672
浙　江	33	10821	8065	10587	8447
安　徽	34	15286	13829	15286	13829
福　建	35	5813	4410	5813	4410
江　西	36	7465	5639	7443	5625
山　东	37	8553	7452	8381	7264
河　南	41	10767	7022	10870	7131
湖　北	42	12569	12152	13101	12652
湖　南	43	8132	5903	8197	6055
广　东	44	13954	13058	16792	15993
广　西	45	9733	8456	9746	8469
海　南	46	1476	1255	1626	1345
重　庆	50	6666	4582	5946	4162
四　川	51	16453	12971	16452	12970
贵　州	52	6237	4586	6287	5175
云　南	53	6362	4995	6364	5048
西　藏	54				
陕　西	61				
甘　肃	62	10585	10048	10545	10007
青　海	63	2992	2667	2906	2636
宁　夏	64	1621	1402	873	805
新　疆	65	7177	6646	7169	6637

1-19 科学研究和综合技术服务业法人单位按地区分组的单位数

单位：个

地区	代码	法人单位数 (1997)	从事单一活动或位于一个地点的法人单位	法人单位数 (1998)	从事单一活动或位于一个地点的法人单位
全国	00	47694	45036	47986	45562
北京	11	6116	5960	5460	5398
天津	12	2642	2581	2133	2108
河北	13	975	937	973	935
山西	14	1079	1013	1086	1020
内蒙古	15	904	832	869	815
辽宁	21	2956	2856	2925	2827
吉林	22	1115	1081	1120	1087
黑龙江	23	1391	1293	1401	1299
上海	31	3689	3422	4741	4417
江苏	32	3286	3031	3243	3009
浙江	33	1996	1887	2131	2066
安徽	34	1497	1401	1497	1401
福建	35	1172	1093	1172	1093
江西	36	897	851	898	852
山东	37	2067	1851	2110	1895
河南	41	1541	1432	1579	1476
湖北	42	1412	1385	1395	1364
湖南	43	1080	977	1075	979
广东	44	2572	2465	2938	2867
广西	45	1100	1011	1100	1011
海南	46	398	383	362	348
重庆	50	736	666	736	665
四川	51	1790	1705	1790	1705
贵州	52	469	446	493	484
云南	53	1064	962	1105	1009
西藏	54				
陕西	61				
甘肃	62	717	667	712	662
青海	63	227	205	218	204
宁夏	64	268	253	257	243
新疆	65	765	698	769	702

1-20 国家机关、政党机关、社会团体及基层群众自治组织法人单位按地区分组的单位数

单位：个

地区	代码	法人单位数(1997)	从事单一活动或位于一个地点的法人单位	法人单位数(1998)	从事单一活动或位于一个地点的法人单位
全国	00	1158144	961266	1148491	958703
北京	11	11296	10216	11127	10376
天津	12	8735	8523	7732	7633
河北	13	65982	58009	65919	57959
山西	14	48488	36573	47505	36218
内蒙古	15	28268	26043	27680	25808
辽宁	21	36724	33749	36702	33727
吉林	22	24012	22762	24012	22764
黑龙江	23	35459	32844	35581	33004
上海	31	12807	11318	12904	11406
江苏	32	59403	54891	59856	54797
浙江	33	58506	55770	58202	56201
安徽	34	45934	30634	45934	30634
福建	35	26526	14677	26526	14677
江西	36	33284	30746	33215	30677
山东	37	107164	42161	105522	41631
河南	41	67225	63468	67452	63909
湖北	42	49592	35045	50881	36250
湖南	43	64893	60536	64715	60520
广东	44	41620	34211	44529	38703
广西	45	29883	26121	29955	26194
海南	46	4645	4259	4554	4226
重庆	50	31625	29114	27615	25604
四川	51	81609	72435	81608	72434
贵州	52	37072	35410	37836	36647
云南	53	25902	21800	25982	21961
西藏	54				
陕西	61				
甘肃	62	30646	24917	30646	24917
青海	63	7610	6837	7646	7011
宁夏	64	5190	4353	2449	2332
新疆	65	18997	17155	19000	17157

第二部分

限额以上企业法人单位

2-1 限额以上企业按行业大类分组的单位数、从业人数

（1998年）

行业大类	代码	企业单位数		从业人数（万人）		
		绝对数（个）	比例（%）		男	女
总计	0000	230798	100.00	8216.79	5280.71	2936.08
煤炭采选业	0600	2836	1.23	445.78	347.97	97.81
石油和天然气开采业	0700	63	0.03	141.64	93.73	47.91
黑色金属矿采选业	0800	575	0.25	29.86	22.38	7.48
有色金属矿采选业	0900	1245	0.54	50.31	37.92	12.39
非金属矿采选业	1000	1668	0.72	58.85	44.24	14.61
木材及竹材采运业	1200	470	0.20	93.99	65.47	28.52
食品加工业	1300	10260	4.45	178.13	106.98	71.15
食品制造业	1400	4714	2.04	94.35	47.98	46.37
饮料制造业	1500	3292	1.43	100.25	58.94	41.31
烟草加工业	1600	292	0.13	25.13	14.04	11.09
纺织业	1700	10441	4.52	528.72	197.47	331.25
服装及其他纤维制品制造业	1800	6352	2.75	194.64	60.65	133.99
皮革、毛皮、羽绒及其制品业	1900	2971	1.29	111.46	47.40	64.06
木材加工及竹、藤、棕、草制品业	2000	2098	0.91	43.79	26.51	17.28
家具制造业	2100	1290	0.56	22.45	14.36	8.09
造纸及纸制品业	2200	4303	1.86	120.51	71.24	49.27
印刷业、记录媒介的复制	2300	3379	1.46	57.86	28.97	28.89
文教体育用品制造业	2400	1625	0.70	56.63	22.11	34.52
石油加工及炼焦业	2500	937	0.41	72.87	47.75	25.12
化学原料及化学制品制造业	2600	10297	4.46	368.32	236.49	131.83
医药制造业	2700	2914	1.26	97.03	50.40	46.63
化学纤维制造业	2800	775	0.34	46.27	24.76	21.51
橡胶制品业	2900	1672	0.72	75.07	40.20	34.87

2-1 限额以上企业按行业大类分组的单位数、从业人数

续1　　　　　　　　　　(1998年)

行业大类	代码	企业单位数		从业人数		
		绝对数（个）	比例（%）	（万人）	男	女
塑料制品业	3000	5454	2.36	98.31	49.64	48.67
非金属矿物制品业	3100	13263	5.75	421.83	278.56	143.27
黑色金属冶炼及压延加工业	3200	3009	1.30	293.10	211.09	82.01
有色金属冶炼及压延加工业	3300	2267	0.98	102.09	70.09	32.00
金属制品业	3400	7551	3.27	159.37	99.31	60.06
普通机械制造业	3500	8549	3.70	312.97	205.38	107.59
专用设备制造业	3600	6013	2.61	233.26	153.98	79.28
交通运输设备制造业	3700	6217	2.69	287.88	183.75	104.13
电气机械及器材制造业	4000	7030	3.05	226.48	125.29	101.19
电子及通信设备制造业	4100	3850	1.67	174.03	81.47	92.56
仪器仪表及文化、办公用机械制造	4200	1679	0.73	60.98	32.32	28.66
其他制造业	4300	3257	1.41	92.57	42.06	50.51
电力、蒸汽、热水的生产和供应业	4400	4438	1.92	196.90	138.99	57.91
煤气生产和供应业	4500	279	0.12	16.78	10.70	6.08
自来水的生产和供应业	4600	1891	0.82	37.28	21.71	15.57
土木工程建筑业	4700	37638	16.31	1662.66	1408.88	253.78
线路、管道和设备安装	4800	4011	1.74	136.27	100.83	35.44
装修装饰业	4900	4740	2.05	37.61	31.28	6.33
食品、饮料、烟草和家庭日用品批发业	6100	9278	4.02	158.57	88.15	70.42
能源、材料和机械电子设备批发业	6200	6027	2.61	76.37	47.09	29.28
其他批发业	6300	2957	1.28	54.71	29.83	24.88
零售业	6400	13252	5.74	259.10	107.46	151.64
餐饮业	6700	3534	1.53	54.21	23.31	30.90

2-2 限额以上企业按地区分组的单位数、从业人数

（1998年）

地区	代码	企业单位数		从业人数（万人）		
		绝对数（个）	比例（%）		男	女
全国	00	230798	100.00	8216.79	5280.71	2936.08
北京	11	6684	2.90	250.49	164.01	86.48
天津	12	7105	3.08	175.47	102.37	73.10
河北	13	10077	4.37	389.44	264.28	125.16
山西	14	5771	2.50	245.78	172.87	72.91
内蒙古	15	2815	1.22	129.81	84.85	44.96
辽宁	21	10218	4.43	503.69	319.40	184.29
吉林	22	3470	1.50	214.23	136.60	77.63
黑龙江	23	4688	2.03	319.30	212.05	107.25
上海	31	12194	5.28	323.99	189.14	134.85
江苏	32	23048	9.99	798.86	501.49	297.37
浙江	33	19421	8.41	446.59	268.40	178.19
安徽	34	3802	1.65	188.77	125.45	63.32
福建	35	9027	3.91	240.14	163.62	76.52
江西	36	1960	0.85	99.44	69.42	30.02
山东	37	17021	7.37	732.00	476.23	255.77
河南	41	11932	5.17	448.39	299.05	149.34
湖北	42	19464	8.43	400.36	245.57	154.79
湖南	43	6144	2.66	261.10	179.08	82.03
广东	44	21554	9.34	615.38	329.03	286.35
广西	45	5409	2.34	151.69	97.21	54.48
海南	46	1307	0.57	25.12	16.02	9.10
重庆	50	4082	1.77	202.57	139.06	63.51
四川	51	8435	3.65	434.09	304.07	130.02
贵州	52	2909	1.26	99.67	67.55	32.11
云南	53	3745	1.62	147.58	104.81	42.76
西藏	54					
陕西	61					
甘肃	62	2543	1.10	131.35	93.82	37.53
青海	63	923	0.40	32.16	22.11	10.06
宁夏	64	1189	0.52	36.66	25.53	11.13
新疆	65	2933	1.27	117.91	74.52	43.39

2-3 限额以上企业按地区、营业状态分组的单位数

（1998年）

地区	代码	企业单位数（个）	营业	停业	筹建	当年撤消	其他
全　国	00	230798	222560	6026	507	866	750
北　京	11	6684	6570	69	23	9	13
天　津	12	7105	6864	178	13	16	9
河　北	13	10077	9720	304	16	17	19
山　西	14	5771	5258	398	68	17	5
内蒙古	15	2815	2685	80	17	4	29
辽　宁	21	10218	9683	508	8	6	13
吉　林	22	3470	3183	271	4	9	3
黑龙江	23	4688	4521	142	12	4	8
上　海	31	12194	11800	157		67	169
江　苏	32	23048	22923	92	17	8	8
浙　江	33	19421	19317	68	27	1	8
安　徽	34	3802	3703	85	1	3	10
福　建	35	9027	8738	209	31	20	26
江　西	36	1960	1910	42	2	3	3
山　东	37	17021	16761	209	13	23	13
河　南	41	11932	10568	689	71	453	148
湖　北	42	19464	18908	423	22	26	82
湖　南	43	6144	5883	219	5	22	14
广　东	44	21554	20664	708	68	43	64
广　西	45	5409	5122	243	10	6	27
海　南	46	1307	1144	124	13	1	23
重　庆	50	4082	3986	77	7	9	3
四　川	51	8435	8225	171	13	18	8
贵　州	52	2909	2652	222	6	15	14
云　南	53	3745	3632	79	6	15	13
西　藏	54						
陕　西	61						
甘　肃	62	2543	2543				
青　海	63	923	826	66	13	3	6
宁　夏	64	1189	1123	32	5	26	3
新　疆	65	2933	2772	115	14	21	8

2-4 限额以上企业按地区、国有经济控股情况分组的单位数

（1998年）

地区	代码	企业单位数（个）	#国有经济控股企业	绝对控股	相对控股	国有控股占限额以上企业比重（%）
全国	00	230798	91543	87732	3811	39.66
北京	11	6684	2923	2677	246	43.73
天津	12	7105	3305	3087	218	46.52
河北	13	10077	4400	4268	132	43.66
山西	14	5771	3845	3809	36	66.63
内蒙古	15	2815	1658	1580	78	58.90
辽宁	21	10218	4683	4580	103	45.83
吉林	22	3470	2471	2416	55	71.21
黑龙江	23	4688	2361	2297	64	50.36
上海	31	12194	3830	3560	270	31.41
江苏	32	23048	5207	5030	177	22.59
浙江	33	19421	4666	3850	816	24.03
安徽	34	3802	1770	1689	81	46.55
福建	35	9027	2889	2747	142	32.00
江西	36	1960	977	971	6	49.85
山东	37	17021	5038	4843	195	29.60
河南	41	11932	3999	3960	39	33.51
湖北	42	19464	9405	9164	241	48.32
湖南	43	6144	2939	2829	110	47.84
广东	44	21554	7212	6896	316	33.46
广西	45	5409	3073	3011	62	56.81
海南	46	1307	1002	980	22	76.66
重庆	50	4082	1508	1429	79	36.94
四川	51	8435	3406	3250	156	40.38
贵州	52	2909	2001	1983	18	68.79
云南	53	3745	1466	1427	39	39.15
西藏	54					
陕西	61					
甘肃	62	2543	1494	1455	39	58.75
青海	63	923	667	662	5	72.26
宁夏	64	1189	674	659	15	56.69
新疆	65	2933	2078	2056	22	70.85

2-5 限额以上企业按地区、

（1998年）

地区	代码	企业单位数（个）	7人以下	8-19人
全　国	00	230798	6960	11663
北　京	11	6684	81	337
天　津	12	7105	946	668
河　北	13	10077	61	339
山　西	14	5771	235	450
内蒙古	15	2815	43	138
辽　宁	21	10218	159	563
吉　林	22	3470	45	140
黑龙江	23	4688	41	169
上　海	31	12194	141	518
江　苏	32	23048	55	488
浙　江	33	19421	251	1102
安　徽	34	3802	25	79
福　建	35	9027	1858	335
江　西	36	1960	30	102
山　东	37	17021	114	392
河　南	41	11932	354	484
湖　北	42	19464	1427	2258
湖　南	43	6144	65	179
广　东	44	21554	381	1115
广　西	45	5409	132	425
海　南	46	1307	87	120
重　庆	50	4082	21	113
四　川	51	8435	55	225
贵　州	52	2909	71	206
云　南	53	3745	59	135
西　藏	54			
陕　西	61			
甘　肃	62	2543	49	133
青　海	63	923	41	91
宁　夏	64	1189	48	96
新　疆	65	2933	76	248

从业人员规模分组的单位数

20-49人	50-99人	100-299人	300-499人	500-999人	1000-4999人	5000-9999人	10000人以上
33574	44166	75553	24419	19777	13395	851	440
1180	1517	2075	544	496	398	34	22
1165	1279	1704	565	470	285	17	6
1400	1997	3499	1162	922	632	41	24
1021	934	1746	541	463	329	32	20
376	516	931	309	263	207	19	13
1512	1717	3074	1140	1091	860	63	39
426	524	1155	459	377	294	28	22
606	783	1595	539	452	405	59	39
2012	2909	4352	1064	762	391	26	19
2740	4817	8557	2782	2187	1336	51	35
3300	4468	6852	1651	1068	684	37	8
366	611	1389	529	450	332	9	12
928	1439	2550	809	673	401	27	7
266	280	637	197	201	232	9	6
1677	2762	6214	2370	2066	1342	57	27
1752	2467	3836	1161	1029	773	55	21
4061	4229	4923	1140	835	539	38	14
653	941	2263	835	712	451	31	14
3197	4149	7237	2496	1899	1029	44	7
977	1025	1607	549	423	251	17	3
263	257	348	109	91	31		1
379	542	1423	621	541	410	21	11
851	1321	2878	1200	1017	812	48	28
532	575	858	290	190	165	16	6
450	617	1277	523	422	241	14	7
408	419	815	272	224	189	22	12
172	174	239	73	67	58	5	3
232	204	340	119	83	60	5	2
570	516	857	269	211	166	11	9

2-6 限额以上企业按地区、

（1998年）

地区	代码	企业单位数（个）	50万元以下	50-100万元
全　国	00	230798	23721	8722
北　京	11	6684	272	163
天　津	12	7105	1967	313
河　北	13	10077	681	365
山　西	14	5771	1415	545
内蒙古	15	2815	348	180
辽　宁	21	10218	1200	465
吉　林	22	3470	519	260
黑龙江	23	4688	584	198
上　海	31	12194	295	173
江　苏	32	23048	466	327
浙　江	33	19421	1381	349
安　徽	34	3802	181	137
福　建	35	9027	2034	140
江　西	36	1960	695	85
山　东	37	17021	665	539
河　南	41	11932	1236	343
湖　北	42	19464	3107	1373
湖　南	43	6144	479	253
广　东	44	21554	1561	504
广　西	45	5409	896	413
海　南	46	1307	380	118
重　庆	50	4082	301	171
四　川	51	8435	503	378
贵　州	52	2909	663	191
云　南	53	3745	455	99
西　藏	54			
陕　西	61			
甘　肃	62	2543	380	190
青　海	63	923	249	78
宁　夏	64	1189	268	92
新　疆	65	2933	461	242

营业收入规模分组的单位数

100-500 万元	500-1000 万元	1000-5000 万元	5000万元 -1亿元	1亿元以上
35526	55402	77322	15310	14795
756	1708	2541	515	729
1443	1252	1552	300	278
1715	2447	3562	746	561
1106	1163	1193	172	177
658	575	764	139	151
2041	2167	3173	576	596
723	674	923	168	203
750	1066	1480	315	295
893	3371	5213	1027	1222
1852	6710	9823	1983	1887
1951	5636	7537	1339	1228
802	830	1333	282	237
802	2020	2986	556	489
405	154	399	98	124
2354	4094	6546	1509	1314
1277	3998	3811	681	586
5735	3787	4290	615	557
1212	1603	1960	353	284
2022	5204	8420	1938	1905
1178	1000	1388	259	275
252	179	263	63	52
927	1002	1232	250	199
1575	1993	2932	574	480
697	519	554	123	162
417	825	1381	282	286
667	431	637	104	134
214	143	169	37	33
285	200	250	51	43
716	450	708	172	184

2-7 限额以上企业按行业中类、

（1998年）

行业中类	代码	企业单位数（个）	北京	天津	河北	山西
总计		230798	6684	7105	10077	5771
采掘业	BBBB	6879	36	21	437	788
煤炭采选业	0600	2836	14	3	120	663
煤炭开采业	0610	2629	14		112	585
煤炭洗选业	0620	207		3	8	78
石油和天然气开采业	0700	63		6	1	
天然原油开采业	0710	51		6	1	
天然气开采业	0720	11				
油页岩开采业	0730	1				
黑色金属矿采选业	0800	575	5		186	51
铁矿采选业	0810	503	5		186	49
其他黑色金属矿采选业	0820	72				2
有色金属矿采选业	0900	1245	5		59	16
重有色金属矿采选业	0910	450			10	4
轻有色金属矿采选业	0930	55				7
贵金属矿采选业	0950	608	5		45	3
稀有稀土金属矿采选业	0960	132			4	2
非金属矿采选业	1000	1668	12	12	68	55
土砂石开采业	1010	904	11	10	38	28
化学矿采选业	1020	190			4	16
采盐业	1030	200		2	13	
其他非金属矿采选业	1090	374	1		13	11
木材及竹材采运业	1200	470			1	3
木材采运业	1210	468			1	3
竹材采运业	1220	2				
制造业	CCCC	136032	2990	5258	6750	3217
食品加工业	1300	10260	165	215	570	260
粮食及饲料加工业	1310	5282	86	107	334	182
植物油加工业	1320	1274	7	20	59	25
制糖业	1330	466		5	5	5
屠宰及肉类蛋类加工业	1340	1616	58	32	124	36
水产品加工业	1350	949		21	26	1
盐加工业	1360	40				
其他食品加工业	1390	633	14	30	22	11
食品制造业	1400	4714	127	175	310	183
糕点、糖果制造业	1410	1557	53	65	102	93
乳制品制造业	1420	341	11	13	26	12
罐头食品制造业	1430	454	3	6	16	11

地区分组的单位数

内蒙古	辽宁	吉林	黑龙江	上海	江苏	浙江	安徽	福建	江西	山东
2815	10218	3470	4688	12194	23048	19421	3802	9027	1960	17021
192	277	176	200		217	138	93	192	23	581
83	75	63	99		30	5	36	52	4	266
78	56	60	86		29	5	36	52	4	247
5	19	3	13		1					19
1	3	13	3		1					1
1	1	12	3		1					1
	2	1								
17	60	10	1		4	3	11	11		22
16	60	10	1		4	3	11	10		22
1								1		
45	68	30	21		6	23	13	14	14	129
16	12	3	3		4	10	9	10	1	4
	2				1			1		1
27	37	24	18		1	6	3	3		123
2	17	3				7	1		13	1
29	67	32	27		175	106	28	71	5	162
11	24	23	22		140	68	20	37		57
4	11	1			4	3	5	3	1	
6	5				16	9	1	15	1	37
8	27	8	5		15	26	2	16	3	68
17	1	28	49		1		5	44		
17	1	28	49		1		5	44		
1141	5682	2153	1819	9390	16965	12993	2086	5594	368	10078
163	454	198	297	194	841	571	248	446	23	1160
67	186	106	140	75	430	263	171	208	7	371
34	35	40	110	28	138	47	48	12	2	104
14	8	5	22	1	6			20	11	5
46	99	39	19	53	129	34	20	32	3	208
	91	2	1	11	99	179	2	84		305
	2	2			5	1		3		4
2	33	4	5	26	34	47	7	87		163
64	197	113	122	247	321	244	61	242	8	390
12	58	27	17	110	77	69	8	68	1	110
18	10	5	53	15	19	23	8	7	2	18
3	13	6	5	11	18	55	11	89	2	30

2-7 限额以上企业按行业中类、

续 1 （1998年）

行业中类	代码	河南	湖北	湖南	广东	广西
总计		11932	19464	6144	21554	5409
采掘业	BBBB	832	355	297	401	329
煤炭采选业	0600	545	70	130	28	37
煤炭开采业	0610	514	70	126	28	37
煤炭洗选业	0620	31		4		
石油和天然气开采业	0700	6	1		3	
天然原油开采业	0710	6	1		1	
天然气开采业	0720				1	
油页岩开采业	0730				1	
黑色金属矿采选业	0800	19	32	15	35	41
铁矿采选业	0810	17	31	4	29	9
其他黑色金属矿采选业	0820	2	1	11	6	32
有色金属矿采选业	0900	186	48	92	77	134
重有色金属矿采选业	0910	15	26	56	33	112
轻有色金属矿采选业	0930	9	3	1	9	6
贵金属矿采选业	0950	150	19	11	8	13
稀有稀土金属矿采选业	0960	12		24	27	3
非金属矿采选业	1000	75	193	50	189	74
土砂石开采业	1010	58	99	23	133	41
化学矿采选业	1020	2	52	8	5	6
采盐业	1030		10	2	14	6
其他非金属矿采选业	1090	15	32	17	37	21
木材及竹材采运业	1200		8	10	67	37
木材采运业	1210		8	10	66	37
竹材采运业	1220				1	
制造业	CCCC	7591	6948	3197	15308	2768
食品加工业	1300	794	813	347	646	294
粮食及饲料加工业	1310	471	559	244	336	147
植物油加工业	1320	115	139	31	25	15
制糖业	1330	1	2	13	92	99
屠宰及肉类蛋类加工业	1340	173	71	46	88	13
水产品加工业	1350		14	2	71	18
盐加工业	1360	5	3	1	4	
其他食品加工业	1390	29	25	10	30	2
食品制造业	1400	307	205	122	460	157
糕点、糖果制造业	1410	117	71	35	209	48
乳制品制造业	1420	11	8	3	15	3
罐头食品制造业	1430	12	18	15	33	30

地区分组的单位数

海南	重庆	四川	贵州	云南	西藏	陕西	甘肃	青海	宁夏	新疆
1307	4082	8435	2909	3745			2543	923	1189	2933
42	114	332	186	139			150	81	45	200
1	81	134	62	31			44	24	37	98
1	80	127	59	27			44	23	30	98
	1	7	3	4				1	7	
1	2	4		1			7	2		7
				1			7	2		7
1	2	4								
1	6	16	2	9			6	2		8
1	1	14		7			4	1		6
	5	2	2	2			2	1		2
10	5	39	52	44			63	23	1	27
	3	22	10	38			36	9		4
7	1		6					1		
2		10	36	4			25	13	1	20
1	1	7		2			2			3
15	18	57	24	30			24	24	7	39
4	8	10	4	8			11	4	4	8
1	3	13	19	17			1	8	1	2
8	7	21		5			1	7		14
2		13	1				11	5	2	15
14	2	82	44	24			6	6		20
14	2	82	43	24			6	6		20
			1							
663	1769	3799	1783	1301			1316	419	518	1446
92	118	471	213	142			145	66	52	219
31	59	226	119	46			87	35	33	123
1	18	70	63	6			13	7	2	56
34	1	9	3	80			5		3	17
5	29	150	27	8			27	22	6	15
19		1								1
1		2		1			1	2		3
1	11	13	1	1			12		8	4
47	62	149	64	27			93	22	45	114
15	18	35	21	12			34	7	9	46
1	3	6		2			13	4	12	9
7	6	17	6	5			4		2	19

2-7 限额以上企业按行业中类、

续 2 （1998年）

行业中类	代码	企业单位数（个）	北京	天津	河北	山西
发酵制品业	1440	230	5	5	14	3
调味品制造业	1450	804	16	25	49	27
其他食品制造业	1490	1328	39	61	103	37
饮料制造业	1500	3292	51	65	185	63
酒精及饮料酒制造业	1510	2082	23	23	123	43
软饮料制造业	1520	765	23	38	53	19
制茶业	1550	327	2		1	
其他饮料制造业	1590	118	3	4	8	1
烟草加工业	1600	292	1	1	3	5
烟叶复烤业	1610	78				2
卷烟制造业	1620	183	1	1	3	3
其他烟草加工业	1690	31				
纺织业	1700	10441	133	305	577	106
纤维原料初步加工业	1710	831	2	6	141	3
棉纺织业	1720	4364	41	147	230	54
毛纺织业	1740	1104	34	50	126	11
麻纺织业	1760	232		2	2	3
丝绢纺织业	1770	1624	3	17	10	8
针织品业	1780	1904	43	71	57	26
其他纺织业	1790	382	10	12	11	1
服装及其他纤维制品制造业	1800	6352	199	317	177	45
服装制造业	1810	5493	189	275	146	40
制帽业	1820	130	2	7	3	2
制鞋业	1830	430	3	19	18	1
其他纤维制品制造业	1890	299	5	16	10	2
皮革、毛皮、羽绒及其制品业	1900	2971	37	88	110	16
制革业	1910	490	1	10	31	2
皮革制品制造业	1920	2013	31	57	37	9
毛皮鞣制及制品业	1930	182	2	14	30	5
羽毛（绒）及制品业	1950	286	3	7	12	
木材加工及竹、藤、棕、草制品业	2000	2098	22	64	83	23
锯材、木片加工业	2010	363	7	11	5	
人造板制造业	2020	845	5	13	60	16
木制品业	2030	703	10	34	15	7
竹、藤、棕、草制品业	2040	187		6	3	
家具制造业	2100	1290	61	47	54	32
木制家具制造业	2110	951	47	38	42	22
竹、藤家具制造业	2120	21				

地区分组的单位数

内蒙古	辽宁	吉林	黑龙江	上海	江苏	浙江	安徽	福建	江西	山东
3	7	5	3	13	29	17	3	14	1	22
10	41	26	11	20	75	26	14	29		70
18	68	44	33	78	103	54	17	35	2	140
77	137	112	118	62	191	247	65	172	18	219
66	89	92	106	17	135	145	52	63	17	182
8	43	18	10	36	32	29	6	42		31
	2		1	1	16	68	7	64	1	
3	3	2	1	8	8	5		3		6
2	6	7	16	4	9	5	8	13	2	18
	3	3	8				1	5		6
2	3	4	8	2	7	3	6	6	2	12
				2	2	2	1	2		
101	265	95	63	708	2039	1763	199	292	32	915
5	4	3	14	15	146	32	50	2		176
9	128	36	20	331	881	443	90	119	19	435
68	21	14	6	90	246	106	10	18	4	81
1	7	7	16		21	13	8	3	4	21
	30	4	1	36	339	774	22	10	2	70
15	62	24	5	209	305	341	15	130	3	104
3	13	7	1	27	101	54	4	10		28
27	183	39	11	764	836	947	51	451	2	293
26	160	37	11	683	694	859	48	366	2	230
	3	1		16	35	10		4		8
	6			25	60	46	2	54		31
1	14	1		40	47	32	1	27		24
6	86	20	8	181	308	532	25	317		215
1	9	1	3	18	28	102	3	22		37
2	67	13	2	152	211	362	6	263		153
3	8	1	1	4	13	6	2	4		13
	2	5	2	7	56	62	14	28		12
13	119	81	107	133	232	132	39	158	3	97
	26	18	18	12	36	5	3	20	1	18
9	28	31	29	44	122	58	26	79	1	40
4	63	32	58	65	57	30	7	38	1	37
	2		2	12	17	39	3	21		2
8	33	14	15	129	109	78	10	57		96
7	27	13	12	89	84	41	5	35		82
	1				1	2				2

2-7 限额以上企业按行业中类、

续 3

（1998年）

行业中类	代码	河南	湖北	湖南	广东	广西
发酵制品业	1440	12	13	4	23	6
调味品制造业	1450	41	44	26	71	21
其他食品制造业	1490	114	51	39	109	49
饮料制造业	1500	163	240	82	294	127
酒精及饮料酒制造业	1510	104	143	41	109	64
软饮料制造业	1520	53	51	11	131	35
制茶业	1550		40	30	27	19
其他饮料制造业	1590	6	6		27	9
烟草加工业	1600	23	24	13	25	13
烟叶复烤业	1610	4	2	1	2	3
卷烟制造业	1620	18	20	11	9	10
其他烟草加工业	1690	1	2	1	14	
纺织业	1700	498	532	171	902	94
纤维原料初步加工业	1710	95	50	28	14	
棉纺织业	1720	288	353	98	361	43
毛纺织业	1740	28	15	3	90	2
麻纺织业	1760	9	45	15	13	11
丝绢纺织业	1770	26	20	5	48	16
针织品业	1780	44	34	18	323	18
其他纺织业	1790	8	15	4	53	4
服装及其他纤维制品制造业	1800	111	250	45	1440	22
服装制造业	1810	80	217	38	1254	17
制帽业	1820	4	3		31	
制鞋业	1830	24	12	4	114	1
其他纤维制品制造业	1890	3	18	3	41	4
皮革、毛皮、羽绒及其制品业	1900	145	73	57	557	33
制革业	1910	56	17	26	65	10
皮革制品制造业	1920	42	45	26	459	15
毛皮鞣制及制品业	1930	40	4		10	1
羽毛（绒）及制品业	1950	7	7	5	23	7
木材加工及竹、藤、棕、草制品业	2000	116	93	43	235	101
锯材、木片加工业	2010	29	10	2	53	31
人造板制造业	2020	58	46	27	64	20
木制品业	2030	22	22	10	84	36
竹、藤、棕、草制品业	2040	7	15	4	34	14
家具制造业	2100	59	90	14	256	21
木制家具制造业	2110	41	70	10	190	19
竹、藤家具制造业	2120	1	3	1	6	1

地区分组的单位数

海南	重庆	四川	贵州	云南	西藏	陕西	甘肃	青海	宁夏	新疆
3	5	8		2			3		5	2
5	19	56	31	1			17	6	8	14
16	11	27	6	5			22	5	9	24
28	52	232	102	45			43	14	9	67
8	38	188	79	22			34	9	6	55
19	12	21	11	5			7	4	1	10
1	2	19	9	17						
		4	3	1			2	1	2	2
1	11	13	27	23			10	1	2	5
	1	5	19	7			4		1	1
1	10	8	8	15			5	1	1	2
				1			1			2
20	113	236	34	23			56	11	15	114
	3	13	1				9	2	1	15
7	41	73	14	14			12	1	3	53
4	4	11	3	1			23	3	5	22
2	6	15	4	2					1	1
2	54	112	3	4						8
3	3	8	8	2			9	5	3	14
2	2	4	1				3		2	1
5	17	26	14	8			17	8	6	30
5	12	24	11	7			15	7	5	25
			1							
	2		2	1			1	1		2
	3	2					1		1	3
6	22	49	9	6			19	9	10	22
	4	19	4	3			6	3	1	6
3	13	16	3	3			7	4	1	10
	2	3	1				4		5	6
3	3	11	1				2	2	3	
17	13	59	36	48			9	1	4	10
6	1	19	13	3			5			6
4	5	21	8	21			3		3	3
7	7	17	11	24			1	1	1	1
		2	4							
10	11	18	8	11			14	2	6	17
8	7	10	7	6			11	2	6	14
1		2								

2-7 限额以上企业按行业中类、

续 4 （1998年）

行业中类	代码	企业单位数（个）	北京	天津	河北	山西
金属家具制造业	2130	220	12	5	9	10
塑料家具制造业	2140	6	1			
其他家具制造业	2190	92	1	4	3	
造纸及纸制品业	2200	4303	56	150	288	88
纸浆制造业	2210	59	3	1		1
造纸业	2220	2343	26	66	191	64
纸制品业	2230	1900	27	83	97	23
印刷业、记录媒介的复制	2300	3379	143	128	114	133
印刷业	2310	3329	136	126	114	129
记录媒介的复制	2320	50	7	2		4
文教体育用品制造业	2400	1625	38	80	28	14
文化用品制造业	2410	474	12	28	3	4
体育用品制造业	2420	266	7	20	13	9
乐器及其他文娱用品制造业	2430	109	6	20	8	1
玩具制造业	2440	714	8	6	4	
游艺器材制造业	2450	22	4	1		
其他类未包括的文教体育用品制造	2490	40	1	5		
石油加工及炼焦业	2500	937	24	25	65	213
人造原油生产业	2510	11	1		2	
原油加工业	2520	320	5	8	16	5
石油制品业	2530	298	18	16	28	4
炼焦业	2570	308		1	19	204
化学原料及化学制品制造业	2600	10297	165	469	619	327
基本化学原料制造业	2610	1809	20	77	116	108
化学肥料制造业	2620	1761	17	20	121	87
化学农药制造业	2630	512	3	20	42	11
有机化学产品制造业	2650	2515	38	169	198	49
合成材料制造业	2660	690	17	27	29	7
专用化学产品制造业	2670	1926	46	92	74	40
日用化学产品制造业	2680	1083	24	64	39	25
医药制造业	2700	2914	84	88	150	83
化学药品原药制造业	2710	630	7	27	36	14
化学药品制剂制造业	2720	864	32	19	47	30
中药材及中成药加工业	2730	937	23	26	47	26
动物药品制造业	2740	252	6	8	15	9
生物制品业	2750	231	16	8	5	4
化学纤维制造业	2800	775	11	30	35	5
纤维素纤维制造业	2810	124	1	8	9	1

地区分组的单位数

内蒙古	辽宁	吉林	黑龙江	上海	江苏	浙江	安徽	福建	江西	山东
1	4	1	1	24	16	28	2	16		3
						1		1		1
	1		2	16	8	6	3	5		8
24	117	63	63	213	340	356	53	235	15	345
1			2	1	2	3		3		6
13	60	44	37	72	116	207	32	103	12	191
10	57	19	24	140	222	146	21	129	3	148
36	151	99	33	245	256	223	46	132	7	156
36	151	98	33	243	256	222	46	127	7	156
		1		2		1		5		
	12	4	9	269	260	193	22	92		108
	6	4	6	110	54	76	7	21		22
	1		2	37	36	23	1	34		18
	3		1	20	10	5		3		7
	1			95	156	84	14	29		56
				3	1	2				1
	1			4	3	3		5		4
8	93	15	28	40	75	19	5	9	2	88
	3			1		1				
2	63	8	10	22	32	3	3	4	1	50
	24	7	12	16	39	15		5		28
6	3		6	1	4		2		1	10
98	410	146	120	634	1669	666	184	274	33	729
33	87	31	16	87	244	73	25	29	8	137
20	36	19	28	11	184	43	56	65	7	130
2	14	4	7	18	124	47	8	7	2	41
13	110	38	16	204	563	234	37	39	3	196
2	32	10	5	78	140	56	15	30	2	46
19	101	30	36	117	277	147	21	68	8	135
9	30	14	12	119	137	66	22	36	3	44
42	143	153	74	149	263	201	47	68	20	168
10	19	8	7	41	109	74	7	8	7	49
9	54	32	29	50	83	57	19	25	5	46
17	47	94	29	31	26	39	15	17	7	31
5	7	5	5	9	23	13	3	9		28
1	16	14	4	18	22	18	3	9	1	14
2	27	8	3	52	186	92	6	16	5	85
1	2	2	1	9	23	10		5	2	5

2-7 限额以上企业按行业中类、

续 5 （1998年）

行业中类	代码	河南	湖北	湖南	广东	广西
金属家具制造业	2130	13	13	2	41	1
塑料家具制造业	2140				2	
其他家具制造业	2190	4	4	1	17	
造纸及纸制品业	2200	431	219	126	566	103
纸浆制造业	2210	8	4	2	10	6
造纸业	2220	353	119	82	218	64
纸制品业	2230	70	96	42	338	33
印刷业、记录媒介的复制	2300	149	183	109	398	113
印刷业	2310	148	182	109	375	113
记录媒介的复制	2320	1	1		23	
文教体育用品制造业	2400	15	41	11	374	6
文化用品制造业	2410	4	24	6	44	5
体育用品制造业	2420		1	3	56	
乐器及其他文娱用品制造业	2430	3	4		16	
玩具制造业	2440	7	11		241	1
游艺器材制造业	2450	1	1		7	
其他类未包括的文教体育用品制造	2490			2	10	
石油加工及炼焦业	2500	65	27	8	36	8
人造原油生产业	2510		1		1	
原油加工业	2520	23	14	2	10	4
石油制品业	2530	23	10	2	25	3
炼焦业	2570	19	2	4		1
化学原料及化学制品制造业	2600	671	533	304	814	221
基本化学原料制造业	2610	124	84	69	89	32
化学肥料制造业	2620	144	165	84	74	56
化学农药制造业	2630	40	32	21	31	10
有机化学产品制造业	2650	131	92	57	180	26
合成材料制造业	2660	39	27	14	79	1
专用化学产品制造业	2670	138	85	40	214	62
日用化学产品制造业	2680	55	48	19	147	34
医药制造业	2700	166	163	67	249	105
化学药品原药制造业	2710	48	44	16	37	5
化学药品制剂制造业	2720	56	41	20	71	12
中药材及中成药加工业	2730	39	48	22	97	63
动物药品制造业	2740	12	11	7	27	22
生物制品业	2750	11	19	2	17	3
化学纤维制造业	2800	34	23	14	95	7
纤维素纤维制造业	2810	14	4		18	

地区分组的单位数

海南	重庆	四川	贵州	云南	西藏	陕西	甘肃	青海	宁夏	新疆
	3	3	1	4			2			3
1	1	3		1			1			
17	49	163	36	61			35	5	24	28
		2		2			2			
4	24	101	23	36			18	2	18	18
13	25	60	13	22			15	3	6	10
42	50	88	92	47			41	15	19	100
41	50	86	92	47			41	15	19	100
1		2								
3	9	13	10				5	1	1	5
2	5	12	10				3		1	5
	3						1	1		
1							1			
	1									
		1								
	4	17	4	4			21	3	9	18
	1									
		3		1			18		5	6
	2	5	1	1			1	2		10
	1	9	3	2			2	1	4	2
42	160	343	167	163			135	34	59	72
4	36	84	54	48			37	12	21	17
6	44	131	66	56			37	13	19	17
2	3	12	4	4			2			1
8	26	27	7	11			19	1	7	9
2	4	10	3	3			3		3	4
9	22	52	18	16			22	5	5	16
11	25	27	15	24			15	3	4	8
31	46	125	56	50			32	6	9	32
1	14	20	4	3			2	1	1	6
21	15	30	10	18			6	1	4	3
6	12	53	35	28			18	3	3	19
2	2	14	4				4			2
1	3	8	3	1			2	1	1	2
5	5	15	2	3			4		1	3
		4		2			2			

2-7 限额以上企业按行业中类、

续 6

(1998年)

行业中类	代码	企业单位数(个)	北京	天津	河北	山西
合成纤维制造业	2820	529	9	13	22	4
渔具及渔具材料制造业	2850	122	1	9	4	
橡胶制品业	2900	1672	22	100	119	22
轮胎制造业	2910	187	3	12	9	2
力车胎制造业	2920	79	1	8	5	3
橡胶板、管、带制造业	2930	336	5	15	43	9
橡胶零件制品业	2940	194	2	13	11	1
再生橡胶制造业	2950	75		5	14	
橡胶靴鞋制造业	2960	415	3	20	16	2
日用橡胶制品业	2970	116	2	13	5	3
橡胶制品翻修业	2980	49	1	1	3	
其他橡胶制品业	2990	221	5	13	13	2
塑料制品业	3000	5454	106	195	184	60
塑料薄膜制造业	3010	675	14	20	32	14
塑料板、管、棒材制造业	3020	678	15	32	30	8
塑料丝、绳及编织品制造业	3030	978	8	36	40	17
泡沫塑料及人造革、合成革制造业	3040	613	18	16	30	10
塑料包装箱及容器制造业	3050	419	16	16	9	1
塑料鞋制造业	3060	279	2	4	3	
日用塑料杂品制造业	3070	344	8	5	9	6
塑料零件制造业	3080	315	4	20	3	1
其他塑料制品业	3090	1153	21	46	28	3
非金属矿物制品业	3100	13263	224	224	835	406
水泥制造业	3110	4054	34	17	247	127
水泥制品和石棉水泥制品业	3120	1614	72	45	83	65
砖瓦、石灰和轻质建筑材料制造业	3130	3103	67	82	214	91
玻璃及玻璃制品业	3140	1046	20	25	81	19
陶瓷制品业	3150	1512	7	10	88	36
耐火材料制品业	3160	754	10	6	53	39
石墨及碳素制品业	3170	267		12	17	14
矿物纤维及其制品业	3180	384	7	11	29	4
其他类未包括的非金属矿物制品业	3190	529	7	16	23	11
黑色金属冶炼及压延加工业	3200	3009	27	158	332	270
炼铁业	3210	584	4	9	82	202
炼钢业	3220	290	1	6	24	16
钢压延加工业	3240	1650	19	141	208	17
铁合金冶炼业	3260	485	3	2	18	35
有色金属冶炼及压延加工业	3300	2267	28	80	100	59

地区分组的单位数

内蒙古	辽宁	吉林	黑龙江	上海	江苏	浙江	安徽	福建	江西	山东
1	19	6	2	38	142	75	5	9	3	49
	6			5	21	7	1	2		31
4	69	23	13	144	182	220	28	49	4	209
1	14	3	1	8	10	5	3	3		59
	1			11	10	8	2	1		8
	20	6	6	24	38	29	9	4	1	42
	9	4	1	25	30	14	4	10	1	29
	2	3	1	3	5	7				9
	11	4	2	34	38	130	3	19	2	22
	2			10	14	9	3	3		8
3	3	1		3	3	1	1	3		4
	7	2	2	26	34	17	3	6		28
20	170	58	56	457	679	764	87	329	7	396
7	24	16	17	50	59	58	14	23	4	51
4	23	9	10	50	116	68	14	25	1	67
6	46	9	11	32	80	138	37	28		113
1	14	10	4	51	96	75	9	41	1	51
	11	2	3	58	70	50	2	12		27
	7		1	9	14	48	1	85		8
1	9	1	1	31	32	49		29	1	11
	4	5	2	41	41	101	1	7		19
1	32	6	7	135	171	177	9	79		49
150	584	229	166	391	1168	574	240	657	52	1077
54	131	50	64	24	280	212	112	190	13	310
21	64	41	24	116	165	70	23	34	1	130
43	126	75	48	84	313	106	50	170	3	280
13	38	20	10	73	123	43	26	20	2	77
8	31	8	5	23	62	55	11	210	28	121
4	133	10	5	27	71	36	7	3	1	57
3	23	10	3	7	20	10	3	3		20
2	11	4	4	19	63	19	4	5	2	46
2	27	11	3	18	71	23	4	22	2	36
43	251	40	27	126	321	136	42	82	4	125
5	18	3	8	8	26	7	5	11		26
4	16	4	5	9	17	17	2	18	3	10
24	196	22	12	98	256	102	34	28	1	81
10	21	11	2	11	22	10	1	25		8
34	145	24	13	131	331	177	25	38	11	66

2-7 限额以上企业按行业中类、

续 7

（1998年）

行业中类	代码	河南	湖北	湖南	广东	广西
合成纤维制造业	2820	19	17	9	55	6
渔具及渔具材料制造业	2850	1	2	5	22	1
橡胶制品业	2900	86	55	33	162	13
轮胎制造业	2910	16	2	3	10	2
力车胎制造业	2920	3	3	4	6	1
橡胶板、管、带制造业	2930	28	16	5	14	3
橡胶零件制品业	2940	5	6	2	18	1
再生橡胶制造业	2950	8	3	2	6	1
橡胶靴鞋制造业	2960	15	8	7	45	3
日用橡胶制品业	2970	4	8	2	26	
橡胶制品翻修业	2980	1	4	2	2	1
其他橡胶制品业	2990	6	5	6	35	1
塑料制品业	3000	217	238	74	927	72
塑料薄膜制造业	3010	33	28	8	80	16
塑料板、管、棒材制造业	3020	36	25	6	89	6
塑料丝、绳及编织品制造业	3030	69	86	36	77	30
泡沫塑料及人造革、合成革制造业	3040	15	15	5	123	5
塑料包装箱及容器制造业	3050	14	23	7	54	5
塑料鞋制造业	3060	18	4	2	64	4
日用塑料杂品制造业	3070	9	22	6	102	2
塑料零件制造业	3080	3	6		50	
其他塑料制品业	3090	20	29	4	288	4
非金属矿物制品业	3100	1156	986	509	1419	413
水泥制造业	3110	286	213	237	403	193
水泥制品和石棉水泥制品业	3120	104	186	31	119	29
砖瓦、石灰和轻质建筑材料制造业	3130	179	419	106	226	111
玻璃及玻璃制品业	3140	75	40	24	159	18
陶瓷制品业	3150	101	37	74	441	36
耐火材料制品业	3160	182	26	8	15	4
石墨及碳素制品业	3170	50	11	12	4	1
矿物纤维及其制品业	3180	70	20	4	27	2
其他类未包括的非金属矿物制品业	3190	109	34	13	25	19
黑色金属冶炼及压延加工业	3200	155	155	63	151	68
炼铁业	3210	56	14	7	9	8
炼钢业	3220	17	25	17	29	9
钢压延加工业	3240	49	94	20	105	15
铁合金冶炼业	3260	33	22	19	8	36
有色金属冶炼及压延加工业	3300	200	80	91	190	92

地区分组的单位数

海南	重庆	四川	贵州	云南	西藏	陕西	甘肃	青海	宁夏	新疆
4	3	11	2	1			2		1	2
1	2									1
15	23	18	15	14			8	2	4	11
5	4	1	4	2			1		1	3
				2				1		
2	1	2	2	3			4		2	2
	2	4	1							1
		2		1			1			2
3	12	5	4	4			1			1
2	1									
1	2	2	2	1			1	1	1	1
2	1	2	2	1						1
23	44	81	32	48			41	10	12	54
3	4	21	9	16			15	1	4	30
2	6	16	3	5			2	2		7
6	4	15	10	12			12	5	4	9
2	5	7	1	3			1			3
4	8	12	3	3			4	1	1	1
	3		1	1						
1	4	1		1			1			2
1	3		2	1						
4	7	9	3	6			6	1	3	2
84	263	507	205	213			174	65	68	172
17	124	244	109	162			71	18	23	73
22	18	33	20	14			31	3	13	27
28	52	53	27	8			46	23	11	50
3	30	62	10	10			7	3		9
10	18	61	6	8			8		3	4
2	8	21	5	3			5	5		6
	4	10	6	3			4	3	12	1
1	7	14	1	2			1	1	1	2
1	2	9	21	3			1	9	5	
2	36	126	81	63			35	26	29	24
	5	24	13	20			3		2	5
	3	12	9	3			4	1		5
2	23	52	6	20			10		2	11
	5	38	53	20			18	25	25	3
5	22	73	88	62			30	15	19	27

2-7 限额以上企业按行业中类、

续 8

（1998年）

行业中类	代码	企业单位数（个）	北京	天津	河北	山西
重有色金属冶炼业	3310	557	4	13	27	7
轻有色金属冶炼业	3320	372	4	6	25	35
贵金属冶炼业	3330	135	2	1	11	1
稀有稀土金属冶炼业	3340	146	5	5	2	5
有色金属合金业	3360	82	2	2	4	
有色金属压延加工业	3380	975	11	53	31	11
金属制品业	3400	7551	197	538	394	150
金属结构制造业	3410	740	38	40	39	15
铸铁管制造业	3420	307	13	9	30	25
工具制造业	3430	871	12	66	37	21
集装箱和金属包装物品制造业	3440	696	22	40	32	4
金属丝绳及其制品业	3450	778	10	108	77	5
建筑用金属制品业	3460	1170	55	68	71	58
金属表面处理及热处理业	3470	479	7	52	19	1
日用金属制品业	3480	1818	31	106	51	10
其他金属制品业	3490	692	9	49	38	11
普通机械制造业	3500	8549	161	331	418	211
锅炉及原动机制造业	3510	1020	30	34	53	15
金属加工机械制造业	3520	953	23	64	34	25
通用设备制造业	3530	1882	42	53	95	41
轴承、阀门制造业	3540	1006	11	30	40	17
其他通用零部件制造业	3560	1623	21	73	62	38
铸锻件制造业	3570	1640	24	59	118	59
普通机械修理业	3580	96	1	8	4	5
其他普通机械制造业	3590	329	9	10	12	11
专用设备制造业	3600	6013	160	194	287	155
冶金、矿山、机电工业专用设备制	3610	657	27	21	46	40
石化及其他工业专用设备制造业	3620	1004	29	34	38	14
轻纺工业专用设备制造业	3630	1274	22	34	58	19
农、林、牧、渔、水利业机械制造	3640	1302	17	18	72	36
医疗器械制造业	3650	486	26	27	14	9
其他专用设备制造业	3670	1021	31	47	43	16
专用机械设备修理业	3680	269	8	13	16	21
交通运输设备制造业	3700	6217	182	421	235	122
铁路运输设备制造业	3710	270	16	12	12	13
汽车制造业	3720	2737	103	194	134	35
摩托车制造业	3730	815	4	32	18	2
自行车制造业	3740	344	1	83	13	1

地区分组的单位数

内蒙古	辽宁	吉林	黑龙江	上海	江苏	浙江	安徽	福建	江西	山东
3	29	6	2	23	42	32	4	5	1	10
3	38	6	4	8	31	14	2	8	2	4
5	5	2	2	8	5	9	3	1		10
18	25	1		7	15	3		5	3	1
1	6	1	1	8	18	3			1	1
4	42	8	4	77	220	116	16	19	4	40
35	282	79	70	891	1021	791	92	182	6	494
1	39	6	1	115	112	42	4	7	1	36
5	12	8	2	15	33	18	6	4		25
2	22	8	7	118	127	137	10	20	1	74
2	26	11	11	83	101	57	8	34	1	44
8	28	4	6	53	145	66	16	10		31
11	62	25	17	123	117	90	8	36		101
	26	1	11	72	90	40	2	9		19
3	35	10	8	218	199	297	14	43	3	106
3	32	6	7	94	97	44	24	19		58
52	571	116	84	774	1475	1022	134	171	32	743
11	46	17	20	63	228	57	23	11	9	120
9	67	12	5	106	130	63	27	16	6	95
11	127	32	20	197	331	264	32	31	5	135
4	55	12	12	80	163	232	12	26	4	56
5	93	15	13	192	288	263	11	40	4	126
9	131	20	11	105	296	108	26	35	2	187
2	15	3	3	5	3	2	1	1		3
1	37	5		26	36	33	2	11	2	21
39	297	99	99	452	965	472	92	122	17	555
4	41	17	9	43	98	42	9	10	6	36
	62	15	20	93	192	98	8	19	3	97
9	51	12	6	114	228	111	17	22	3	110
14	53	31	46	26	163	39	31	27	3	210
1	13	8	2	85	98	45	10	8		21
5	50	11	4	79	179	131	16	35	2	70
6	27	5	12	12	7	6	1	1		11
29	309	198	62	414	678	588	83	157	22	394
	39	20	11	6	16	13	5	2		23
15	102	146	26	223	249	280	44	72	9	144
3	3	2	3	37	144	141	4	24	3	70
	3	1	2	16	88	52	2	3	1	10

2-7 限额以上企业按行业中类、

续 9 （1998年）

行业中类	代码	河南	湖北	湖南	广东	广西
重有色金属冶炼业	3310	41	27	54	32	67
轻有色金属冶炼业	3320	75	15	7	10	11
贵金属冶炼业	3330	12	3	2		5
稀有稀土金属冶炼业	3340	10		6	15	1
有色金属合金业	3360	10	2	6	4	
有色金属压延加工业	3380	52	33	16	129	8
金属制品业	3400	258	340	97	1037	64
金属结构制造业	3410	15	76	9	84	9
铸铁管制造业	3420	24	16	6	24	3
工具制造业	3430	27	31	16	89	1
集装箱和金属包装物品制造业	3440	15	33	8	90	7
金属丝绳及其制品业	3450	55	39	8	46	4
建筑用金属制品业	3460	49	43	9	100	9
金属表面处理及热处理业	3470	13	13	7	72	1
日用金属制品业	3480	43	53	21	456	20
其他金属制品业	3490	17	36	13	76	10
普通机械制造业	3500	466	389	191	440	119
锅炉及原动机制造业	3510	41	39	37	32	21
金属加工机械制造业	3520	40	45	25	59	11
通用设备制造业	3530	82	74	44	110	28
轴承、阀门制造业	3540	80	41	16	35	8
其他通用零部件制造业	3560	72	71	29	88	15
铸锻件制造业	3570	122	101	26	75	28
普通机械修理业	3580	5	5	3	11	2
其他普通机械制造业	3590	24	13	11	30	6
专用设备制造业	3600	497	333	152	369	119
冶金、矿山、机电工业专用设备制	3610	65	25	23	30	14
石化及其他工业专用设备制造业	3620	49	53	21	79	12
轻纺工业专用设备制造业	3630	117	89	40	86	31
农、林、牧、渔、水利业机械制造	3640	175	63	36	40	38
医疗器械制造业	3650	15	33	3	40	3
其他专用设备制造业	3670	56	54	20	76	17
专用机械设备修理业	3680	20	16	9	18	4
交通运输设备制造业	3700	269	420	159	483	172
铁路运输设备制造业	3710	22	10	16	4	4
汽车制造业	3720	105	291	75	127	70
摩托车制造业	3730	48	11	11	82	4
自行车制造业	3740	5	16	1	31	9

地区分组的单位数

海南	重庆	四川	贵州	云南	西藏	陕西	甘肃	青海	宁夏	新疆
	5	23	41	37			7	2	7	4
1	4	8	10	6			10	10	7	7
2		1	27	1			3			12
		6	1	5			2	2	1	1
	2	3	2				1	1	2	
2	11	32	7	13			7		2	3
31	68	131	33	46			64	28	21	74
1	6	13	2	9			6	4	1	4
2	2	8	1	2			3	1	1	3
4	5	22	3	1			3	4		2
6	11	8	5	8			8	1	4	9
2	6	15	9	2			8	6	1	9
6	10	24	3	6			14	6	8	37
	8	9		3			1			1
6	20	25	5	6			9	5	3	7
4		7	5	9			12	1	3	2
10	120	206	55	41			79	15	27	44
1	22	38	6	8			16	3	3	9
	14	25	12	6			21	3	3	2
2	25	40	12	6			9	1	4	9
	15	24	2	5			9	1	7	2
2	18	41	8	5			8	2	4	12
1	21	26	8	10			14	4	4	3
3	1	1	4				2	1	1	1
1	4	11	3	1					1	6
23	39	142	53	45			71	18	22	68
1	9	15	3	5			6		4	2
1	5	24	3	4			12	2	2	2
2	11	30	11	14			8		2	3
11	3	36	12	14			27	9	8	39
	4	8	3				5		1	1
1	5	25	12	7			6	1	4	2
7	2	4	9	1			7	6	1	19
45	249	193	95	42			47	28	15	61
	2	10	1	1			3			1
4	84	114	21	22			11	7	5	14
8	138	18	2	1						1
		2					1			

2-7 限额以上企业按行业中类、

续10 （1998年）

行业中类	代码	企业单位数（个）	北京	天津	河北	山西
电车制造业	3750	2				
船舶制造业	3760	291		5		
航空航天器制造业	3770	135	12	1	2	1
交通运输设备修理业	3780	1586	45	94	54	70
其他交通运输设备制造业	3790	37	1		2	
武器弹药制造业	3900	123	6		4	4
电气机械及器材制造业	4000	7030	162	294	268	79
电机制造业	4010	730	12	30	21	12
输配电及控制设备制造业	4020	1934	76	86	45	29
电工器材制造业	4040	2207	27	103	169	19
日用电器制造业	4060	1009	26	30	4	5
照明器具制造业	4070	887	13	25	14	10
电气机械修理业	4080	58	1	10	3	2
其他电气机械制造业	4090	205	7	10	12	2
电子及通信设备制造业	4100	3850	259	189	62	33
通信设备制造业	4110	694	46	25	5	4
雷达制造业	4120	43	1	1		1
广播电视设备制造业	4130	95	11	1	4	2
电子计算机制造业	4140	397	102	25	4	1
电子器件制造业	4150	419	26	22	18	3
电子元件制造业	4160	1353	41	80	23	9
日用电子器具制造业	4170	477	6	20	4	7
电子设备及通信设备修理业	4180	25	3	1		3
其他电子设备制造业	4190	347	23	14	4	3
仪器仪表及文化、办公用机械制造	4200	1679	85	110	43	26
通用仪器仪表制造业	4210	718	41	50	22	11
专用仪器仪表制造业	4220	217	12	15	6	5
电子测量仪器制造业	4230	85	9	7	2	1
计量器具制造业	4240	159	6	8	8	3
文化、办公用机械制造业	4250	165	10	11	1	
钟表制造业	4260	231	2	15	2	1
仪器仪表及文化、办公用机械修理	4280	10		2	1	1
其他仪器仪表制造业	4290	94	5	2	1	4
其他制造业	4300	3257	54	177	101	24
工艺美术品制造业	4310	2146	30	121	70	11
日用杂品制造业	4350	396	8	12	11	1
其他生产、生活用品制造业	4390	715	16	44	20	12
电力、煤气及水的生产和供应业	DDDD	6450	35	73	300	310

地区分组的单位数

内蒙古	辽宁	吉林	黑龙江	上海	江苏	浙江	安徽	福建	江西	山东
				1	1					
	13	2	3	26	69	29	7	17	5	27
2	6	1	3	8	6		2	2	3	1
9	141	26	14	91	99	70	17	37	1	117
	2			6	6	3	2			2
4	4	3	10		3	1	3	1	1	4
26	294	59	84	738	1160	959	109	176	20	408
5	31	7	7	63	131	120	9	32	4	43
10	132	23	28	182	341	256	21	46	2	123
10	84	15	29	220	349	241	54	43	8	139
1	13	6	9	133	144	173	16	19	3	55
	26	3	7	116	145	156	6	28	2	33
	1	1	1	6	2	1	1	2		5
	7	4	3	18	48	12	2	6	1	10
17	127	29	16	394	510	368	42	206	14	154
1	19	6	3	85	75	84	4	30	4	30
	4	3			7		1	1		1
	1			3	10	15	2	6		3
1	14		3	42	37	11	3	21		13
2	20	3	1	56	59	26	4	17	2	24
6	43	7	1	127	218	177	15	75	6	53
2	6	5	1	48	56	25	10	33	2	12
1	1	3	1		2			1		1
4	19	2	6	33	46	30	3	22		17
3	84	26	16	227	195	209	19	71	7	76
1	40	15	6	84	83	130	9	16	2	35
1	8	2	1	25	33	28	7	9	2	5
	6	2	2	12	11	7	1	3		4
1	8	3	1	23	28	17		3	2	12
	9		2	34	18	10		6		5
	6	1	2	29	12	5	1	28	1	11
	1	1								
	6	2	2	20	10	12	1	6		4
14	62	3	16	227	342	443	21	379	1	295
12	35	2	11	93	205	277	8	254	1	242
	4		1	25	49	84	4	74		15
2	23	1	4	109	88	82	9	51		38
200	287	190	184	33	220	345	105	320	24	349

2-7 限额以上企业按行业中类、

续11 （1998年）

行业中类	代码	河南	湖北	湖南	广东	广西
电车制造业	3750					
船舶制造业	3760	1	24	6	34	12
航空航天器制造业	3770	8	4	4		
交通运输设备修理业	3780	78	62	46	198	72
其他交通运输设备制造业	3790	2	2		7	1
武器弹药制造业	3900	11	5	6	2	1
电气机械及器材制造业	4000	268	203	133	1070	81
电机制造业	4010	25	21	21	77	16
输配电及控制设备制造业	4020	63	43	51	200	25
电工器材制造业	4040	128	90	37	272	23
日用电器制造业	4060	16	22	9	284	10
照明器具制造业	4070	21	20	9	210	3
电气机械修理业	4080	4	2		7	3
其他电气机械制造业	4090	11	5	6	20	1
电子及通信设备制造业	4100	54	92	54	971	31
通信设备制造业	4110	14	30	14	140	13
雷达制造业	4120		2	2	1	1
广播电视设备制造业	4130	3	4	6	15	2
电子计算机制造业	4140	2	5	2	92	1
电子器件制造业	4150	8	8	5	85	3
电子元件制造业	4160	11	28	15	354	6
日用电子器具制造业	4170	7	7	4	196	3
电子设备及通信设备修理业	4180		1	1	4	
其他电子设备制造业	4190	9	7	5	84	2
仪器仪表及文化、办公用机械制造	4200	47	67	22	212	15
通用仪器仪表制造业	4210	14	33	13	40	6
专用仪器仪表制造业	4220	7	14	2	13	1
电子测量仪器制造业	4230	3	2	2	2	
计量器具制造业	4240	11	1	3	10	4
文化、办公用机械制造业	4250	2	6		47	2
钟表制造业	4260	5	6		95	2
仪器仪表及文化、办公用机械修理	4280	1			1	
其他仪器仪表制造业	4290	4	5	2	4	
其他制造业	4300	160	76	80	528	83
工艺美术品制造业	4310	118	37	70	381	74
日用杂品制造业	4350	18	16	5	44	1
其他生产、生活用品制造业	4390	24	23	5	103	8
电力、煤气及水的生产和供应业	DDDD	296	294	240	840	364

地区分组的单位数

海南	重庆	四川	贵州	云南	西藏	陕西	甘肃	青海	宁夏	新疆
	9	1	1							
	1	14	40				3			
33	15	33	30	18			29	21	10	45
		1								
	28	8	1	4			3		1	
21	65	153	24	35			40	2	14	29
1	5	16	3	4			4		2	2
10	23	43	8	11			13		5	14
7	18	60	7	16			12	1	3	8
1	6	13	3	1			5			
2	11	12	2	2			4	1		3
				1			1		3	1
	2	9	1				1		1	1
17	25	85	37	7			10	2	4	4
	12	24	6	4			3	1	1	
		9	5							
	2	5								
	2	3	2	2						1
3	2	11	3	1			3		1	
8	2	21	14				3	1		2
5	1	5	5				1		1	1
1			1							
	4	7	1						1	
2	28	19	11	9			11	2	8	2
1	12	7	10	8			6		6	
1	10	6						1		1
		3					2		2	
	1	2		1				1		1
							2			
	2	1	1							
	1									
	2						1			
19	17	40	21	11			24	8	3	20
14	5	16	6	7			17	8	2	14
	6	10	2	2			2			1
5	6	14	13	2			5		1	5
101	121	417	85	147			175	92	43	233

2-7 限额以上企业按行业中类、

续12

（1998年）

行业中类	代码	企业单位数（个）	北京	天津	河北	山西
电力、蒸汽、热水的生产和供应业	4400	4438	26	54	205	197
电力生产业	4410	2548	13	12	78	81
电力供应业	4420	1603	2	26	111	100
蒸汽、热水生产和供应业	4430	287	11	16	16	16
煤气生产和供应业	4500	279	3	12	15	12
煤气生产业	4510	45		2	2	4
煤气供应业	4520	234	3	10	13	8
自来水的生产和供应业	4600	1891	6	7	80	101
自来水生产业	4610	1082	2	5	36	38
自来水供应业	4620	809	4	2	44	63
建筑业	EEEE	46389	1909	778	1556	1186
土木工程建筑业	4700	37638	1125	467	1408	937
房屋建筑业	4710	32650	927	333	1262	797
矿山建筑业	4720	193	2	1	12	17
铁路、公路、遂道、桥梁建筑业	4730	2122	51	43	54	66
堤坝、电站、码头建筑业	4740	532	13	8	8	9
其他土木工程建筑业	4790	2140	132	82	72	48
线路、管道和设备安装	4800	4011	294	164	88	166
线路、管道安装业	4810	1915	129	103	40	78
设备安装业	4820	2096	165	61	48	88
装修装饰业	4900	4740	490	147	60	83
批发和零售贸易、餐饮业	HHHH	35048	1714	975	1034	270
食品、饮料、烟草和家庭日用品批发业	6100	9278	326	194	292	61
食品、饮料、烟草批发业	6110	5209	115	75	187	41
棉、麻、土畜产品批发业	6120	581	12	15	17	7
纺织品、服装和鞋帽批发业	6130	790	44	14	14	2
日用百货批发业	6140	725	33	23	13	3
日用杂品批发业	6150	222	8	2	5	
五金、交电、化工批发业	6160	896	55	38	21	4
药品及医疗器械批发业	6170	854	59	27	35	4
能源、材料和机械电子设备批发业	6200	6027	354	246	219	63
能源批发业	6210	1704	55	50	81	44
化工材料批发业	6220	598	26	30	17	8
木材批发业	6230	172	5	8	4	
建筑材料批发业	6240	451	32	15	10	
矿产品批发业	6250	97	3	3	3	
金属材料批发业	6260	1305	92	73	56	6
机械、电子设备批发业	6270	851	99	26	16	2

地区分组的单位数

内蒙古	辽宁	吉林	黑龙江	上海	江苏	浙江	安徽	福建	江西	山东
131	181	125	159	11	117	219	58	239	23	213
36	60	42	43	6	94	158	23	165	12	83
82	61	50	97	1	15	61	32	69	11	109
13	60	33	19	4	8		3	5		21
4	20	10	5	3	17	12	11	6	1	19
1	6	1	2	1	1	2	3	1	1	4
3	14	9	3	2	16	10	8	5		15
65	86	55	20	19	86	114	36	75		117
24	39	23	13	17	64	88	31	54		57
41	47	32	7	2	22	26	5	21		60
858	2536	709	1874	1485	3528	3489	881	1707	1175	4243
757	1806	577	1457	944	2833	2494	807	1371	1058	3529
691	1448	479	1238	664	2396	1962	703	1101	993	3317
7	26	5	5	4	3	20	10	2	2	12
36	109	53	127	100	184	255	49	119	21	74
5	13	12	17	20	38	68	23	46	10	24
18	210	28	70	156	212	189	22	103	32	102
66	481	100	255	143	310	318	40	152	51	353
45	175	52	111	62	120	181	27	76	31	147
21	306	48	144	81	190	137	13	76	20	206
35	249	32	162	398	385	677	34	184	66	361
424	1436	242	611	1286	2118	2456	637	1214	370	1770
113	380	72	148	297	673	791	219	319	194	430
90	262	57	113	145	282	363	122	183	101	227
3	12	2	3	9	74	43	23	2	23	31
4	17		2	32	79	121	16	47	17	36
3	15	1	3	31	99	68	13	15	14	30
	7	1		4	14	13	3	2	5	11
4	25	4	11	46	72	102	22	33	17	46
9	42	7	16	30	53	81	20	37	17	49
69	310	41	106	198	404	533	136	316	101	281
33	103	21	60	36	129	165	45	67	39	107
2	32	2	8	21	52	74	18	39	10	32
3			2	8	7	8	1	3		4
1	14		1	22	16	34	8	31	1	10
1	8				1	2		6	2	1
12	66	6	14	56	107	122	28	54	18	48
8	51	6	14	30	40	61	17	74	13	34

2-7 限额以上企业按行业中类、

续13 （1998年）

行业中类	代码	河南	湖北	湖南	广东	广西
电力、蒸汽、热水的生产和供应业	4400	201	164	148	632	273
电力生产业	4410	94	129	105	457	183
电力供应业	4420	100	31	43	173	90
蒸汽、热水生产和供应业	4430	7	4		2	
煤气生产和供应业	4500	12	10	4	32	1
煤气生产业	4510		4	1	5	
煤气供应业	4520	12	6	3	27	1
自来水的生产和供应业	4600	83	120	88	176	90
自来水生产业	4610	40	89	69	94	49
自来水供应业	4620	43	31	19	82	41
建筑业	EEEE	2056	1765	1655	2789	1050
土木工程建筑业	4700	1734	1646	1560	2203	954
房屋建筑业	4710	1556	1550	1474	1846	777
矿山建筑业	4720	7	4	2	3	8
铁路、公路、遂道、桥梁建筑业	4730	82	32	42	192	55
堤坝、电站、码头建筑业	4740	12	19	18	29	30
其他土木工程建筑业	4790	77	41	24	133	84
线路、管道和设备安装	4800	147	58	64	163	44
线路、管道安装业	4810	82	27	34	87	18
设备安装业	4820	65	31	30	76	26
装修装饰业	4900	175	61	31	423	52
批发和零售贸易、餐饮业	HHHH	1157	10102	755	2216	898
食品、饮料、烟草和家庭日用品批发业	6100	261	2264	234	758	213
食品、饮料、烟草批发业	6110	162	1381	148	358	142
棉、麻、土畜产品批发业	6120	29	127	25	32	10
纺织品、服装和鞋帽批发业	6130	11	139	12	130	6
日用百货批发业	6140	11	198	18	54	16
日用杂品批发业	6150	5	78	5	28	7
五金、交电、化工批发业	6160	19	211	7	72	15
药品及医疗器械批发业	6170	24	130	19	84	17
能源、材料和机械电子设备批发业	6200	166	1358	115	333	119
能源批发业	6210	68	233	54	106	39
化工材料批发业	6220	11	97	9	42	14
木材批发业	6230		91	2	8	11
建筑材料批发业	6240	2	206	4	20	4
矿产品批发业	6250	5	38	1	4	9
金属材料批发业	6260	34	293	19	52	15
机械、电子设备批发业	6270	22	175	6	62	11

地区分组的单位数

海南	重庆	四川	贵州	云南	西藏	陕西	甘肃	青海	宁夏	新疆
69	62	255	158	135			128	62	28	148
47	44	187	102	80			70	38	7	84
22	18	67	56	55			54	18	11	37
		1					4	6	10	27
10	12	33	2	2			2		1	6
		2		1			1			
10	12	31	2	1			1		1	6
22	47	129	83	10			45	30	14	79
11	30	88	34	9			23	9	6	35
11	17	41	49	1			22	21	8	44
355	1673	2925	610	1548			565	243	491	725
299	1509	2652	556	1301			479	189	357	604
248	1398	2419	495	1184			421	157	276	516
1	12	4	6	7			4	1	3	3
21	42	118	33	58			20	17	30	39
10	8	25	5	19			9	7	11	14
19	49	86	17	32			25	7	37	32
27	79	155	38	68			50	23	52	62
12	41	102	21	31			17	16	26	24
15	38	53	17	37			33	7	26	38
29	85	118	16	179			36	31	82	59
146	405	962	245	610			337	88	92	329
47	128	285	101	196			77	24	25	102
21	82	198	90	147			45	8	12	34
1	2	21	2	2			3	2	1	45
5	10	7	1	5			1	1	3	1
5	5	12	1	15			7	3	3	9
1	1	9	1	1			6	1		1
4	17	17	2	12			7	3	1	6
10	11	21	4	13			8	6	5	6
27	67	115	47	127			47	16	10	50
2	14	46	19	27			20	5	5	22
4	9	8	4	15			2	1		6
2	1			2			2			
	2	4	1	6			3			2
4	1		1	3			1			
4	17	31	5	35			15	3	2	6
11	9	9	10	20			1	4	3	3

2-7 限额以上企业按行业中类、

续14 （1998年）

行业中类	代码	企业单位数（个）	北京	天津	河北	山西
汽车、摩托车及零配件批发业	6280	568	32	33	24	1
再生物资回收批发业	6290	281	10	8	8	2
其他批发业	6300	2957	77	49	129	24
工艺美术品批发业	6310	66	3	2		
图书报刊批发业	6320	145	7	2	2	
农业生产资料批发业	6330	2261	24	18	127	22
其他类未包括的批发业	6390	485	43	27		2
零售业	6400	13252	596	404	341	111
食品、饮料和烟草零售业	6410	3133	179	127	45	13
日用百货零售业	6420	5409	240	84	184	60
纺织品、服装和鞋帽零售业	6430	511	35	12	18	8
日用杂品零售业	6440	339	7	2	3	3
五金、交电、化工零售业	6450	1368	42	50	36	6
药品及医疗器械零售业	6470	558	18	6	20	5
图书报刊零售业	6480	579	21	25	24	4
其他零售业	6490	1355	54	98	11	12
餐饮业	6700	3534	361	82	53	11
正餐	6710	3200	329	61	53	10
快餐	6720	171	29	5		
其他饮食业	6790	163	3	16		1

地区分组的单位数

内蒙古	辽宁	吉林	黑龙江	上海	江苏	浙江	安徽	福建	江西	山东
7	32	4	4	14	20	42	15	39	14	36
2	4	2	3	11	32	25	4	3	4	9
45	104	32	68	56	158	168	63	109	62	226
	3			1	1	5	1	13	1	2
2	3	2	1	7	4	13	2	4	2	16
39	76	30	64	13	132	111	54	50	56	189
4	22		3	35	21	39	6	42	3	19
159	431	84	246	578	724	790	202	420		626
22	76	20	30	192	96	158	36	72		53
52	206	32	126	186	465	402	83	167		392
4	24	2	15	41	19	12	9	11		19
3	1			6	4	5	1	6		7
25	38	5	16	63	40	67	17	41		49
12	11	6	19	21	27	15	15	35		36
16	29	10	12	16	55	47	24	40		37
25	46	9	28	53	18	84	17	48		33
38	211	13	43	157	159	174	17	50	13	207
37	203	10	38	128	145	164	17	45	13	202
1	7	3	2	12	6	8		3		5
	1		3	17	8	2		2		

2-7 限额以上企业按行业中类、

续15

（1998年）

行业中类	代码	河南	湖北	湖南	广东	广西
汽车、摩托车及零配件批发业	6280	19	116	13	29	14
再生物资回收批发业	6290	5	109	7	10	2
其他批发业	6300	118	782	75	178	108
工艺美术品批发业	6310	2	6	3	15	5
图书报刊批发业	6320	8	27	4	8	11
农业生产资料批发业	6330	102	632	65	91	86
其他类未包括的批发业	6390	6	117	3	64	6
零售业	6400	513	4822	264	421	371
食品、饮料和烟草零售业	6410	64	1478	39	73	71
日用百货零售业	6420	260	1475	137	214	156
纺织品、服装和鞋帽零售业	6430	30	187	6	18	7
日用杂品零售业	6440	11	227	3	9	15
五金、交电、化工零售业	6450	37	673	28	31	33
药品及医疗器械零售业	6470	28	147	24	16	32
图书报刊零售业	6480	25	99	15	17	10
其他零售业	6490	58	536	12	43	47
餐饮业	6700	99	876	67	526	87
正餐	6710	94	747	58	497	81
快餐	6720	3	50	4	20	3
其他饮食业	6790	2	79	5	9	3

地区分组的单位数

海南	重庆	四川	贵州	云南	西藏	陕西	甘肃	青海	宁夏	新疆
	8	12	7	16			3	2		5
	6	5		3				1		6
9	29	104	22	62			37	4	7	41
	2									
1	2	9		1			2	1	1	1
6	19	89	20	59			34	3	5	38
2	6	6	2	2			1		1	2
23	138	360	61	182			158	33	36	128
3	45	83	11	48			34	11	4	45
13	63	184	24	94			34	11	12	35
1	4	17		3			4		2	2
	2	9	3	1			9	1		
1	5	17	10	8			14	2	5	8
1	5	18	1	7			9	1	8	14
2	5	18	5	4			14	1	1	2
2	9	14	7	17			40	6	4	22
40	43	98	14	43			18	11	14	8
35	41	91	13	42			17	7	13	8
1	1	4	1				1	1	1	
4	1	3		1				3		

2-8 限额以上企业按地区、

（1998年）

地区	代码	企业单位数（个）	内资企业	国有企业	集体企业
全　国	00	230798	204420	78331	81009
北　京	11	6684	5475	2225	2163
天　津	12	7105	5999	2422	3022
河　北	13	10077	9459	3858	3828
山　西	14	5771	5696	3737	1379
内蒙古	15	2815	2716	1387	609
辽　宁	21	10218	9222	4227	3454
吉　林	22	3470	3294	2244	672
黑龙江	23	4688	4533	2065	1498
上　海	31	12194	8768	2588	3297
江　苏	32	23048	20102	4312	8971
浙　江	33	19421	17469	3231	6052
安　徽	34	3802	3647	1387	1263
福　建	35	9027	6203	2319	2376
江　西	36	1960	1933	852	953
山　东	37	17021	15322	4333	7817
河　南	41	11932	11464	3543	5485
湖　北	42	19464	18979	8517	8340
湖　南	43	6144	5968	2705	2678
广　东	44	21554	14881	6173	6016
广　西	45	5409	5207	2887	1763
海　南	46	1307	1201	955	157
重　庆	50	4082	3920	1232	1530
四　川	51	8435	8191	2830	3239
贵　州	52	2909	2859	1909	686
云　南	53	3745	3619	1211	1721
西　藏	54				
陕　西	61				
甘　肃	62	2543	2502	1414	776
青　海	63	923	910	643	145
宁　夏	64	1189	1131	620	262
新　疆	65	2933	2889	1982	654

登记注册类型分组的单位数

股份合作企业	国有联营企业	集体联营企业	国有与集体联营	国有独资公司	其他企业	港、澳、台商投资企业	外商投资企业
6469	714	1118	1351	1051	34377	15355	11023
140	48	28	55	41	775	515	694
43	24	19	60	65	344	412	694
300	28	39	25	58	1323	294	324
69	5	15	1	6	484	30	45
151	2	6	3	18	540	54	45
278	18	20	23	31	1171	318	678
141	5	3	1	23	205	62	114
210	4	11	10	51	684	77	78
199	82	218	654	104	1626	1493	1933
520	38	148	146	76	5891	1448	1498
521	41	111	99	44	7370	1075	877
234	5	14	10	42	692	77	78
195	113	53	32	25	1090	2130	694
25	2	3	2	21	75	13	14
665	39	56	25	49	2338	635	1064
404	8	57	17	62	1888	275	193
658	32	68	27	35	1302	318	167
143	5	4	4	18	411	97	79
296	138	131	62	101	1964	5463	1210
112	12	18	10	16	389	104	98
20	4	1	3	3	58	67	39
255	11	17	10	34	831	78	84
478	13	39	40	48	1504	111	133
51	7	13	5	27	161	28	22
160	11	13	10	12	481	71	55
52		5	4	4	247	25	16
33	1			5	83	11	2
50	2	2	5	5	185	15	43
34	9	2	7	17	184	28	16

2-9 限额以上企业按行业中类、

（1998年）

行业中类	代码	企业单位数（个）	内资企业	国有企业	集体企业
总计	0000	230798	204420	78331	81009
煤炭采选业	0600	2836	2818	1341	1169
煤炭开采业	0610	2629	2625	1294	1056
煤炭洗选业	0620	207	193	47	113
石油和天然气开采业	0700	63	62	42	7
天然原油开采业	0710	51	50	32	7
天然气开采业	0720	11	11	9	
油页岩开采业	0730	1	1	1	
黑色金属矿采选业	0800	575	569	181	286
铁矿采选业	0810	503	498	141	263
其他黑色金属矿采选业	0820	72	71	40	23
有色金属矿采选业	0900	1245	1230	571	529
重有色金属矿采选业	0910	450	441	192	183
轻有色金属矿采选业	0930	55	51	29	19
贵金属矿采选业	0950	608	608	284	280
稀有稀土金属矿采选业	0960	132	130	66	47
非金属矿采选业	1000	668	1609	641	766
土砂石开采业	1010	904	871	257	513
化学矿采选业	1020	190	185	95	66
采盐业	1030	200	200	145	35
其他非金属矿采选业	1090	374	353	144	152
木材及竹材采运业	1200	470	468	454	4
木材采运业	1210	468	467	453	4
竹材采运业	1220	2	1	1	
食品加工业	1300	10260	9267	5319	2030
粮食及饲料加工业	1310	5282	4970	3145	893
植物油加工业	1320	1274	1185	669	253
制糖业	1330	466	453	345	34
屠宰及肉类蛋类加工业	1340	1616	1489	797	345

登记注册类型分组的单位数

股份合作企业	国有联营企业	集体联营企业	国有与集体联营	国有独资公司	其他企业	港、澳、台商投资企业	外商投资企业
6469	714	1118	1351	1051	34377	15355	11023
37	5	29	1	12	224	11	7
36	4	24	1	12	198	2	2
1	1	5			26	9	5
6	1			2	4	1	
4	1			2	4	1	
2							
13	2	6	2	3	76	4	2
12	2	6	2	1	71	4	1
1				2	5		1
15	4	5	2	5	99	7	8
5	1	2	1	2	55	4	5
					3	3	1
6	3	3	1	3	28		
4					13		2
25	3	20	2	3	149	41	18
6	1	14	1	2	77	25	8
7			1		16	2	3
6	1	2		1	10		
6	1	4			46	14	7
5				1	4	1	1
5				1	4		1
						1	
195	29	47	23	34	1590	463	530
90	15	27	10	14	776	159	153
42	1	6	5	5	204	43	46
14	2		2	5	51		13
27	6	7	2	7	298	67	60

2-9 限额以上企业按行业中类、

续 1 （1998年）

行业中类	代码	企业单位数（个）	内资企业	国有企业	集体企业
水产品加工业	1350	949	721	216	301
盐加工业	1360	40	40	31	6
其他食品加工业	1390	633	409	116	198
食品制造业	1400	4714	3896	2342	856
糕点、糖果制造业	1410	1557	1233	823	222
乳制品制造业	1420	341	296	180	47
罐头食品制造业	1430	454	365	163	110
发酵制品业	1440	230	196	87	58
调味品制造业	1450	804	726	546	92
其他食品制造业	1490	1328	1080	543	327
饮料制造业	1500	3292	2887	1598	606
酒精及饮料酒制造业	1510	2082	1935	1126	319
软饮料制造业	1520	765	549	289	137
制茶业	1550	327	312	138	123
其他饮料制造业	1590	118	91	45	27
烟草加工业	1600	292	286	245	26
烟叶复烤业	1610	78	77	73	1
卷烟制造业	1620	183	179	153	20
其他烟草加工业	1690	31	30	19	5
纺织业	1700	10441	8504	2382	3488
纤维原料初步加工业	1710	831	788	161	530
棉纺织业	1720	4364	3720	1152	1424
毛纺织业	1740	1104	846	251	276
麻纺织业	1760	232	214	94	70
丝绢纺织业	1770	1624	1488	338	637
针织品业	1780	1904	1203	337	445
其他纺织业	1790	382	245	49	106
服装及其他纤维制品制造业	1800	6352	3523	573	1863
服装制造业	1810	5493	3014	502	1582

登记注册类型分组的单位数

股份合作企业	国有联营企业	集体联营企业	国有与集体联营	国有独资公司	其他企业	港、澳、台商投资企业	外商投资企业
12	3	3	1	2	183	91	137
1					2		
9	2	4	3	1	76	103	121
99	6	16	26	27	514	408	410
27	3	5	5	6	142	177	147
9	3			3	54	12	33
11	5	3	5	3	65	52	37
9	1	2	4	1	34	18	16
14	1	2	1	9	61	35	43
29	3	4	11	5	158	114	134
157	14	14	9	32	457	192	213
121	11	8	5	28	317	72	75
22	2	5	3	3	88	104	112
10			1		40	3	12
4	1	1		1	12	13	14
2	3		3	1	6	2	4
	1				2	1	
1	1		1	1	2	1	3
1	1		2		2		1
249	14	62	106	67	2136	1309	628
8		6	3	1	79	32	11
126	9	24	60	40	885	453	191
31	1	6	15	8	258	171	87
9		1	1	6	33	11	7
39		10	8	7	449	92	44
27	2	11	17	4	360	462	239
9	2	4	2	1	72	88	49
91	2	38	52	6	898	1725	1104
82	2	32	49	5	760	1498	981

2-9 限额以上企业按行业中类、

续 2 （1998年）

行业中类	代码	企业单位数（个）	内资企业	国有企业	集体企业
制帽业	1820	130	83	15	43
制鞋业	1830	430	254	29	142
其他纤维制品制造业	1890	299	172	27	96
皮革、毛皮、羽绒及其制品业	1900	2971	1790	370	779
制革业	1910	490	372	76	143
皮革制品制造业	1920	2013	1065	205	489
毛皮鞣制及制品业	1930	182	140	49	71
羽毛（绒）及制品业	1950	286	213	40	76
木材加工及竹、藤、棕、草制品业	2000	2098	1667	541	668
锯材、木片加工业	2010	363	326	162	125
人造板制造业	2020	845	698	197	242
木制品业	2030	703	510	159	226
竹、藤、棕、草制品业	2040	187	133	23	75
家具制造业	2100	1290	945	258	422
木制家具制造业	2110	951	702	204	305
竹、藤家具制造业	2120	21	18	3	11
金属家具制造业	2130	220	166	42	80
塑料家具制造业	2140	6	2		1
其他家具制造业	2190	92	57	9	25
造纸及纸制品业	2200	4303	3707	953	1830
纸浆制造业	2210	59	50	18	23
造纸业	2220	2343	2139	588	1014
纸制品业	2230	1900	1517	347	792
印刷业、记录媒介的复制	2300	3379	3003	2013	564
印刷业	2310	3329	2974	1990	561
记录媒介的复制	2320	50	29	23	3
文教体育用品制造业	2400	1625	901	246	366
文化用品制造业	2410	474	351	140	109
体育用品制造业	2420	266	120	31	52

登记注册类型分组的单位数

股份合作企业	国有联营企业	集体联营企业	国有与集体联营	国有独资公司	其他企业	港、澳、台商投资企业	外商投资企业
					25	30	17
7		4	2	1	69	126	50
2		2	1		44	71	56
37		18	11	2	573	757	424
9		4	4	1	135	81	37
22		13	6		330	607	341
					20	20	22
6		1	1	1	88	49	24
29	6	17	8	6	392	242	189
2		4	2		31	13	24
17	6	8	4	2	222	88	59
8		5	1	4	107	108	85
2			1		32	33	21
15	1	6	6		237	213	132
13	1	4	6		169	155	94
					4	2	1
		2			42	32	22
					1	1	3
2					21	23	12
121	8	29	26	12	728	396	200
		1	1		7	7	2
89	3	12	14	10	409	127	77
32	5	16	11	2	312	262	121
56	4	7	10	7	342	267	109
55	4	7	10	7	340	249	106
1					2	18	3
17	1	8	21	2	240	471	253
9			11	1	81	73	50
	1	1	1		34	96	50

2-9 限额以上企业按行业中类、

续 3 （1998年）

行业中类	代码	企业单位数（个）	内资企业	国有企业	集体企业
乐器及其他文娱用品制造业	2430	109	65	26	24
玩具制造业	2440	714	326	38	158
游艺器材制造业	2450	22	14	4	8
其他类未包括的文教体育用品制造	2490	40	25	7	15
石油加工及炼焦业	2500	937	861	281	356
人造原油生产业	2510	11	10	2	6
原油加工业	2520	320	295	105	121
石油制品业	2530	298	255	65	129
炼焦业	2570	308	301	109	100
化学原料及化学制品制造业	2600	10297	9071	3269	3214
基本化学原料制造业	2610	1809	1661	601	615
化学肥料制造业	2620	1761	1722	952	374
化学农药制造业	2630	513	485	179	150
有机化学产品制造业	2650	2515	2159	492	955
合成材料制造业	2660	690	530	141	214
专用化学产品制造业	2670	1926	1659	597	612
日用化学产品制造业	2680	1083	855	307	294
医药制造业	2700	2914	2465	1234	478
化学药品原药制造业	2710	630	539	214	153
化学药品制剂制造业	2720	864	706	397	110
中药材及中成药加工业	2730	937	818	419	134
动物药品制造业	2740	252	231	122	54
生物制品业	2750	231	171	82	27
化学纤维制造业	2800	775	583	178	232
纤维素纤维制造业	2810	124	93	38	30
合成纤维制造业	2820	529	406	119	155
渔具及渔具材料制造业	2850	122	84	21	47
橡胶制品业	2900	1672	1404	353	559
轮胎制造业	2910	187	162	49	51

登记注册类型分组的单位数

股份合作企业	国有联营企业	集体联营企业	国有与集体联营	国有独资公司	其他企业	港、澳、台商投资企业	外商投资企业
2		2		1	10	21	23
5		5	8		112	265	123
					2	6	2
1			1		1	10	5
37	4	8	9	4	162	31	45
					2	1	
11		3	6	2	47	9	16
12	4	2	2	1	40	17	26
14		3	1	1	73	4	3
385	49	69	109	69	1907	629	597
61	7	14	21	14	328	63	85
106	10	4	5	24	247	20	19
28	2	4	7	5	110	12	16
73	14	20	29	10	566	194	162
18	4	5	8	6	134	87	73
61	8	11	16	5	349	150	117
38	4	11	23	5	173	103	125
185	19	17	39	21	472	217	232
42	4	5	10	6	105	44	47
49	4	4	13	7	122	74	84
78	8	4	9	6	160	64	55
6	1	3	4	1	40	12	9
10	2	1	3	1	45	23	37
39		4	5	6	119	122	70
7		1		1	16	21	10
30		3	4	5	90	87	36
2			1		13	14	24
51	2	6	29	12	392	162	106
11	1	1	3	7	39	12	13

2-9 限额以上企业按行业中类、

续 4

（1998年）

行业中类	代码	企业单位数（个）	内资企业	国有企业	集体企业
力车胎制造业	2920	79	70	17	35
橡胶板、管、带制造业	2930	336	309	80	135
橡胶零件制品业	2940	194	157	39	70
再生橡胶制造业	2950	75	72	15	35
橡胶靴鞋制造业	2960	415	339	70	99
日用橡胶制品业	2970	116	86	29	39
橡胶制品翻修业	2980	49	47	28	14
其他橡胶制品业	2990	221	162	26	81
塑料制品业	3000	5454	3930	828	1833
塑料薄膜制造业	3010	675	524	148	236
塑料板、管、棒材制造业	3020	678	515	114	249
塑料丝、绳及编织品制造业	3030	978	844	218	413
泡沫塑料及人造革、合成革制造业	3040	613	404	69	189
塑料包装箱及容器制造业	3050	419	294	58	147
塑料鞋制造业	3060	279	168	23	71
日用塑料杂品制造业	3070	344	219	39	95
塑料零件制造业	3080	315	229	28	105
其他塑料制品业	3090	1153	733	131	328
非金属矿物制品业	3100	13263	11948	4078	5042
水泥制造业	3110	4054	3896	1238	1584
水泥制品和石棉水泥制品业	3120	1614	1484	627	582
砖瓦、石灰和轻质建筑材料制造业	3130	3103	2852	1051	1303
玻璃及玻璃制品业	3140	1046	841	283	298
陶瓷制品业	3150	1512	1120	393	438
耐火材料制品业	3160	754	710	171	361
石墨及碳素制品业	3170	267	248	85	108
矿物纤维及其制品业	3180	384	328	84	160
其他类未包括的非金属矿物制品业	3190	529	469	146	208
黑色金属冶炼及压延加工业	3200	3009	2832	651	1329

登记注册类型分组的单位数

股份合作企业	国有联营企业	集体联营企业	国有与集体联营	国有独资公司	其他企业	港、澳、台商投资企业	外商投资企业
5			1	1	11	5	4
12		1	7	4	70	16	11
5			2		41	16	21
4			1		17	2	1
8		1	10		151	54	22
1	1	1	2		13	19	11
					5		2
5		2	3		45	38	21
110	13	32	36	12	1066	1038	486
24	1	2	5	3	105	94	57
14	1	5	7	1	124	109	54
23		4	6	4	176	87	47
12	4	4	4	1	121	152	57
9	1	1	3		75	82	43
1			1		72	81	30
6		2	2		75	91	34
5	5	3	5		78	46	40
16	1	11	3	3	240	296	124
376	29	87	74	41	2221	755	560
194	10	25	16	16	813	93	65
28	9	11	24	2	201	70	60
34	2	15	8	3	436	137	114
25	2	9	9	9	206	110	95
37		9	3	4	236	278	114
20	1	7	3	4	143	15	29
10	1	3	3	1	37	8	11
13	1	3	4	1	62	18	38
15	3	5	4	1	87	26	34
88	15	32	27	29	661	91	86

2-9 限额以上企业按行业中类、

续 5 （1998年）

行业中类	代码	企业单位数（个）	内资企业	国有企业	集体企业
炼铁业	3210	584	567	154	256
炼钢业	3220	290	278	94	110
钢压延加工业	3240	1650	1532	238	797
铁合金冶炼业	3260	485	455	165	166
有色金属冶炼及压延加工业	3300	2267	2020	481	916
重有色金属冶炼业	3310	557	514	135	231
轻有色金属冶炼业	3320	372	333	84	144
贵金属冶炼业	3330	135	132	70	34
稀有稀土金属冶炼业	3340	146	127	42	56
有色金属合金业	3360	82	73	13	37
有色金属压延加工业	3380	975	841	137	414
金属制品业	3400	7551	6222	1363	2959
金属结构制造业	3410	740	618	121	351
铸铁管制造业	3420	307	280	71	133
工具制造业	3430	871	715	220	276
集装箱和金属包装物品制造业	3440	696	522	118	249
金属丝绳及其制品业	3450	778	686	137	331
建筑用金属制品业	3460	1170	1016	260	481
金属表面处理及热处理业	3470	479	407	63	233
日用金属制品业	3480	1818	1404	256	614
其他金属制品业	3490	692	574	117	291
普通机械制造业	3500	8549	7700	2578	2849
锅炉及原动机制造业	3510	1020	952	363	295
金属加工机械制造业	3520	953	869	428	244
通用设备制造业	3530	1882	1659	608	522
轴承、阀门制造业	3540	1006	902	256	320
其他通用零部件制造业	3560	1623	1418	443	562
铸锻件制造业	3570	1640	1515	273	796
普通机械修理业	3580	96	95	74	16

登记注册类型分组的单位数

股份合作企业	国有联营企业	集体联营企业	国有与集体联营	国有独资公司	其他企业	港、澳、台商投资企业	外商投资企业
14	1	7		3	132	11	6
11	1	2	2	12	46	6	6
43	10	18	21	12	393	57	61
20	3	5	4	2	90	17	13
73	9	19	15	12	495	136	111
23	5	6	2	3	109	24	19
18	1	3	2	4	77	25	14
5		1	1	1	20		3
5					24	5	14
1		1		1	20	4	5
21	3	8	10	3	245	78	56
114	13	67	103	9	1594	805	524
13	2	9	18	2	102	67	55
4	1	3	4	2	62	14	13
6	3	6	8	1	195	90	66
8		8	9		130	99	75
19	1	8	10	1	179	53	39
25	2	7	13		228	108	46
5		4	5		97	45	27
26	2	15	19	1	471	257	157
8	2	7	17	2	130	72	46
245	19	58	105	32	1814	355	494
52	2	8	16	7	209	20	48
27	3	8	14	6	139	41	43
83	3	5	16	11	411	88	135
36	1	8	12	3	266	38	66
23	5	14	19	1	351	96	109
19	5	13	25	3	381	56	69
					5	1	

2-9 限额以上企业按行业中类、

续 6 （1998年）

行业中类	代码	企业单位数（个）	内资企业	国有企业	集体企业
其他普通机械制造业	3590	329	290	133	94
专用设备制造业	3600	6013	5452	2492	1578
冶金、矿山、机电工业专用设备制	3610	657	601	298	152
石化及其他工业专用设备制造业	3620	1004	876	347	263
轻纺工业专用设备制造业	3630	1274	1158	520	328
农、林、牧、渔、水利业机械制造	3640	1302	1281	625	395
医疗器械制造业	3650	486	386	164	107
其他专用设备制造业	3670	1021	891	339	290
专用机械设备修理业	3680	269	259	199	43
交通运输设备制造业	3700	6217	5508	2456	1669
铁路运输设备制造业	3710	270	259	134	88
汽车制造业	3720	2737	2381	812	855
摩托车制造业	3730	815	676	96	255
自行车制造业	3740	344	275	64	123
电车制造业	3750	2	2		1
船舶制造业	3760	291	277	150	60
航空航天器制造业	3770	135	132	119	1
交通运输设备修理业	3780	1586	1471	1067	274
其他交通运输设备制造业	3790	37	35	14	12
电气机械及器材制造业	4000	7030	5662	1392	2386
电机制造业	4010	730	628	219	198
输配电及控制设备制造业	4020	1934	1589	442	675
电工器材制造业	4040	2207	1839	339	861
日用电器制造业	4060	1009	749	133	339
照明器具制造业	4070	887	619	151	241
电气机械修理业	4080	58	56	37	16
其他电气机械制造业	4090	205	182	71	56
电子及通信设备制造业	4100	3850	2155	927	489
通信设备制造业	4110	694	440	176	103

登记注册类型分组的单位数

股份合作企业	国有联营企业	集体联营企业	国有与集体联营	国有独资公司	其他企业	港、澳、台商投资企业	外商投资企业
5		2	3	1	52	15	24
208	14	21	54	32	1053	276	285
17	4		3	8	119	24	32
43	1	2	13	5	202	73	55
52	1	4	10	4	239	64	52
42	3	5	7	7	197	10	11
12	2	3	6	1	91	34	66
39	2	7	14	6	194	68	62
3	1		1	1	11	3	7
160	20	48	90	39	1026	323	386
1	1	1	4	1	29	3	8
102	12	28	51	20	501	136	220
27	4	8	11	4	271	58	81
12	1		6	1	68	45	24
					1		
4			9	4	50	5	9
1				8	3	1	2
12	2	11	9		96	73	42
1				1	7	2	
225	22	55	86	20	1476	731	637
30	4	2	11	2	162	40	62
61	6	10	16	5	374	165	180
71	8	24	33	5	498	209	159
41	1	7	16	4	208	133	127
16	3	11	9	3	185	172	96
					3	1	1
6		1	1	1	46	11	12
83	26	15	38	25	552	1000	695
14	11	9	5	4	118	122	132

2-9 限额以上企业按行业中类、

续 7

(1998年)

行业中类	代码	企业单位数(个)	内资企业	国有企业	集体企业
雷达制造业	4120	43	42	30	2
广播电视设备制造业	4130	95	72	30	12
电子计算机制造业	4140	397	185	79	28
电子器件制造业	4150	419	222	143	26
电子元件制造业	4160	1353	729	268	219
日用电子器具制造业	4170	477	254	113	56
电子设备及通信设备修理业	4180	25	21	16	2
其他电子设备制造业	4190	347	190	72	41
仪器仪表及文化、办公用机械制造	4200	1679	1258	650	332
通用仪器仪表制造业	4210	718	561	281	138
专用仪器仪表制造业	4220	217	194	112	47
电子测量仪器制造业	4230	85	72	48	13
计量器具制造业	4240	159	131	46	50
文化、办公用机械制造业	4250	165	79	48	14
钟表制造业	4260	231	140	81	44
仪器仪表及文化、办公用机械修理	4280	10	10	7	2
其他仪器仪表制造业	4290	94	71	27	24
其他制造业	4300	3257	2236	487	1044
工艺美术品制造业	4310	2146	1512	256	765
日用杂品制造业	4350	396	205	36	77
其他生产、生活用品制造业	4390	715	519	195	202
电力、蒸汽、热水的生产和供应业	4400	4438	4222	3556	286
电力生产业	4410	2548	2340	1831	200
电力供应业	4420	1603	1598	1469	74
蒸汽、热水生产和供应业	4430	287	284	256	12
煤气生产和供应业	4500	279	263	238	12
煤气生产业	4510	45	43	41	1
煤气供应业	4520	234	220	197	11
自来水的生产和供应业	4600	1891	1884	1748	109

登记注册类型分组的单位数

股份合作企业	国有联营企业	集体联营企业	国有与集体联营	国有独资公司	其他企业	港、澳、台商投资企业	外商投资企业
				1	9	1	
1	1		1		27	18	5
15	1		2	4	56	128	84
10	1	2	5	4	31	124	73
19	8		16	6	193	362	262
15	3	2	7	4	54	147	76
					3	3	1
9	1	2	2	2	61	95	62
38	2	10	9	13	204	210	211
20		7	5	8	102	59	98
5		2		1	27	11	12
2					9	7	6
7	1		1	2	24	12	16
1	1		1	1	13	40	46
1		1	2		11	71	20
1							
1				1	18	10	13
40	4	14	25	2	620	650	371
28	4	9	13	1	436	395	239
6		1	2	1	82	129	62
6		4	10		102	126	70
149	21	7	6	32	165	128	88
124	15	7	5	21	137	124	84
19	4		1	6	25	3	2
6	2			5	3	1	2
4		2		3	4	8	8
		1				2	
4		1		3	4	6	8
12	1	2		4	8	4	3

2-9 限额以上企业按行业中类、

续 8 （1998年）

行业中类	代码	企业单位数（个）	内资企业	国有企业	集体企业
自来水生产业	4610	1082	1078	990	68
自来水供应业	4620	809	806	758	41
土木工程建筑业	4700	37638	37346	7624	23458
房屋建筑业	4710	32650	32445	5340	21616
矿山建筑业	4720	193	193	117	55
铁路、公路、遂道、桥梁建筑业	4730	2122	2086	1089	682
堤坝、电站、码头建筑业	4740	532	527	349	130
其他土木工程建筑业	4790	2140	2094	729	974
线路、管道和设备安装	4800	4011	3909	1282	1899
线路、管道安装业	4810	1915	1886	626	939
设备安装业	4820	2096	2023	656	960
装修装饰业	4900	4740	4026	797	1535
食品、饮料、烟草和家庭日用品批发业	6100	9278	9242	6708	1517
食品、饮料、烟草批发业	6110	5209	5194	4498	349
棉、麻、土畜产品批发业	6120	581	580	199	349
纺织品、服装和鞋帽批发业	6130	790	786	571	79
日用百货批发业	6140	725	721	309	277
日用杂品批发业	6150	222	221	63	144
五金、交电、化工批发业	6160	896	891	435	255
药品及医疗器械批发业	6170	854	848	632	64
能源、材料和机械电子设备批发业	6200	6027	5963	3866	1017
能源批发业	6210	1704	1687	1252	160
化工材料批发业	6220	598	588	371	89
木材批发业	6230	172	171	124	36
建筑材料批发业	6240	451	449	243	128
矿产品批发业	6250	97	91	70	7
金属材料批发业	6260	1305	1300	843	227
机械、电子设备批发业	6270	851	837	534	124
汽车、摩托车及零配件批发业	6280	568	559	342	73

登记注册类型分组的单位数

股份合作企业	国有联营企业	集体联营企业	国有与集体联营	国有独资公司	其他企业	港、澳、台商投资企业	外商投资企业
9		1		4	6	2	2
3	1	1			2	2	1
1128	69	124	68	123	4752	152	140
1016	51	110	48	91	4173	110	95
1	1		1	3	15		
40	8	7	10	22	228	17	19
12	1		1	2	32	2	3
59	8	7	8	5	304	23	23
115	12	8	13	19	561	66	36
53	3	4	6	7	248	16	13
62	9	4	7	12	313	50	23
209	26	18	17	24	1400	472	242
266	48	11	25	80	587	19	17
65	22	6	4	44	206	9	6
6	1	1	1	4	19		1
33	3	2	9	16	73	4	
40	8		2	3	82	3	1
7					7		1
48	5	2	6	5	135	1	4
67	9		3	8	65	2	4
236	91	16	27	85	625	36	28
62	35	5	9	48	116	9	8
25	8	1	2	5	87	7	3
4					7	1	
5	3	3	1	2	64	2	
1				1	12	3	3
63	12	2	8	13	132	2	3
33	14	2	4	11	115	7	7
36	19	2	3	4	80	5	4

2-9 限额以上企业按行业中类、

续 9　　　　(1998年)

行业中类	代码	企业单位数（个）	内资企业	国有企业	集体企业
再生物资回收批发业	6290	281	281	87	173
其他批发业	6300	2957	2950	1085	1643
工艺美术品批发业	6310	66	66	53	6
图书报刊批发业	6320	145	145	135	6
农业生产资料批发业	6330	2261	2261	610	1525
其他类未包括的批发业	6390	485	478	287	106
零售业	6400	13252	13095	6343	4980
食品、饮料和烟草零售业	6410	3133	3116	2237	667
日用百货零售业	6420	5409	5313	1636	2817
纺织品、服装和鞋帽零售业	6430	511	494	240	148
日用杂品零售业	6440	339	338	47	273
五金、交电、化工零售业	6450	1368	1362	540	572
药品及医疗器械零售业	6470	558	557	414	53
图书报刊零售业	6480	579	578	562	10
其他零售业	6490	1355	1337	667	440
餐饮业	6700	3534	2937	1194	1021
正餐	6710	3200	2686	1109	897
快餐	6720	171	98	24	49
其他饮食业	6790	163	153	61	75

登记注册类型分组的单位数

股份合作企业	国有联营企业	集体联营企业	国有与集体联营	国有独资公司	其他企业	港、澳、台商投资企业	外商投资企业
7		1		1	12		
50	7	5	7	18	135	2	5
2	1		2	1	1		
1					3		
33	1	4	2	3	83		
14	5	1	3	14	48	2	5
590	42	24	16	45	1055	89	68
48	5	2	2	5	150	6	11
386	20	7	5	28	414	52	44
26	2	2	1		75	13	4
3		1	1		13		1
51	2	9	2	4	182	5	1
36				3	51	1	
2				1	3		1
38	13	3	5	4	167	12	6
81	23	17	11	12	578	337	260
75	23	17	9	10	546	304	210
4				1	20	29	44
2			2	1	12	4	6

2-10 限额以上企业按登记注册类型

（1998年）

登记注册类型	代码	企业单位数（个）	7人以下	8-19人
总计	000	230798	6960	11663
国有	110	78331	2494	5224
集体	120	81009	3102	3661
股份合作	130	10801	288	371
国有联营	141	714	24	47
集体联营	142	1118	34	39
国有与集体联营	143	1351	15	35
其他联营	149	438	20	25
国有独资公司	151	1051	7	19
其他有限责任公司	159	9576	177	403
股份有限公司	160	6469	123	176
私营独资	171	6181	128	408
私营合伙	172	1489	25	102
私营有限责任公司	173	4762	118	347
私营股份有限公司	174	788	27	36
其他内资	190	342	7	29
港澳台商投资	200	15355	200	395
与港澳台商合资经营	210	8709	114	248
与港澳台商合作经营	220	1888	16	37
港澳台商独资	230	4560	68	105
港澳台商投资股份有限公司	240	198	2	5
外商投资	300	11023	171	346
中外合资经营	310	7047	97	209
中外合作经营	320	1029	17	34
外资企业	330	2848	57	101
外商投资股份有限公司	340	99		2

、从业人员规模分组的单位数

20-49人	50-99人	100-299人	300-499人	500-999人	1000-4999人	5000-9999人	10000人以上
33574	44166	75553	24419	19777	13395	851	440
12720	13434	21426	7862	7630	6690	545	306
11140	15994	28822	8831	6248	3086	86	39
1531	2506	4140	1068	657	233	5	2
134	148	219	74	43	23	1	1
179	253	435	97	58	22	1	
134	278	552	156	130	47	3	1
63	98	157	45	16	14		
94	108	178	104	141	283	66	51
1196	1722	3242	1139	1071	587	32	7
532	827	1799	859	988	1094	52	19
1421	1723	1929	362	168	42		
322	399	478	103	42	18		
937	1085	1601	362	228	81	3	
121	178	287	78	45	16		
60	55	113	38	23	14	1	2
1645	3069	5995	1961	1394	659	29	8
1002	1859	3440	1033	685	313	13	2
191	374	786	248	167	68	1	
438	790	1701	659	527	256	13	3
14	46	68	21	15	22	2	3
1345	2289	4180	1280	895	486	27	4
851	1462	2725	825	553	312	10	3
143	233	390	107	80	24	1	
340	583	1030	343	248	133	12	1
11	11	35	5	14	17	4	

2-11 限额以上企业按登记注册类型、营业状态分组的单位数

（1998年）

登记注册类型	代码	企业单位数（个）	营业	停业	筹建	当年撤消	其他
总计	000	230798	222560	6026	507	866	839
国有	110	78331	72882	4125	266	476	582
集体	120	81009	79198	1322	54	291	144
股份合作	130	10801	10722	53	7	13	6
国有联营	141	714	699	11	3	1	
集体联营	142	1118	1096	19		3	
国有与集体联营	143	1351	1324	16	2	3	6
其他联营	149	438	430	6		1	1
国有独资公司	151	1051	1041	7	1	2	
其他有限责任公司	159	9576	9451	72	34	9	10
股份有限公司	160	6469	6373	56	17	11	12
私营独资	171	6181	6048	96	16	17	4
私营合伙	172	1489	1461	20	4		4
私营有限责任公司	173	4762	4702	31	17	5	7
私营股份有限公司	174	788	777	4	5		2
其他内资	190	342	328	6	4	1	3
港澳台商投资	200	15355	15139	123	38	17	38
与港澳台商合资经营	210	8709	8575	80	15	9	30
与港澳台商合作经营	220	1888	1868	10	2	4	4
港澳台商独资	230	4560	4504	31	18	3	4
港澳台商投资股份有限公司	240	198	192	2	3	1	
外商投资	300	11023	10889	59	39	16	20
中外合资经营	310	7047	6957	44	23	10	13
中外合作经营	320	1029	1013	8	3	3	2
外资企业	330	2847	2820	7	12	3	5
外商投资股份有限公司	340	99	98		1		

2-12 限额以上企业按开业时间、营业状态分组的单位数

（1998年）

开业时间	代码	企业单位数（个）	营业	停业	筹建	当年撤消	其他
总计	00	230798	222560	6026	507	866	839
1978年以前	01	67592	64752	2120	138	224	358
1979-1981年	02	10811	10466	286	6	29	24
1982-1984年	03	13987	13534	367	7	44	35
1985-1988年	04	25696	24845	686	14	87	64
1989-1991年	05	18560	17884	518	22	76	60
1992年	06	14119	13649	357	16	57	40
1993年	07	19206	18605	443	13	84	61
1994年	08	16177	15640	393	20	68	56
1995年	09	14509	13969	357	49	85	49
1996年	10	12699	12220	289	67	73	50
1997年	11	9982	9770	143	29	23	17
1998年以后	12	7460	7226	67	126	16	25

2-13 限额以上企业按行业中类、

（1998年）

行业中类	代码	企业单位数（个）	50万元以下	50-100万元
总计	0000	230798	24471	8711
采掘业	BBBB	6879	617	226
煤炭采选业	0600	2836	196	75
煤炭开采业	0610	2629	183	75
煤炭洗选业	0620	207	13	
石油和天然气开采业	0700	63	5	1
天然原油开采业	0710	51	5	1
天然气开采业	0720	11		
油页岩开采业	0730	1		
黑色金属矿采选业	0800	575	39	13
铁矿采选业	0810	503	32	6
其他黑色金属矿采选业	0820	72	7	7
有色金属矿采选业	0900	1245	131	33
重有色金属矿采选业	0910	450	36	14
轻有色金属矿采选业	0930	55	11	3
贵金属矿采选业	0950	608	70	13
稀有稀土金属矿采选业	0960	132	14	3
非金属矿采选业	1000	1668	170	72
土砂石开采业	1010	904	91	36
化学矿采选业	1020	190	14	7
采盐业	1030	200	23	11
其他非金属矿采选业	1090	374	42	18
木材及竹材采运业	1200	470	71	30
木材采运业	1210	468	71	30
竹材采运业	1220	2		
制造业	CCCC	140312	10974	3780
食品加工业	1300	10260	1159	378
粮食及饲料加工业	1310	5282	774	263
植物油加工业	1320	1274	87	30
制糖业	1330	466	29	1
屠宰及肉类蛋类加工业	1340	1616	158	43
水产品加工业	1350	949	67	30
盐加工业	1360	40	6	2

营业收入规模分组的单位数

100-500 万　元	500-1000 万　元	1000-5000 万　元	5000万元 -1亿元	1亿元以上
38153	54005	75882	15049	14527
1143	2146	2114	330	303
473	1018	815	124	135
459	936	735	110	131
14	82	80	14	4
10	11	8	4	24
4	9	6	3	23
5	2	2	1	1
1				
83	195	205	18	22
64	181	183	15	22
19	14	22	3	
174	310	466	88	43
53	148	159	25	15
14	8	17	1	1
91	124	231	54	25
16	30	59	8	2
280	555	500	63	28
152	342	253	21	9
43	42	70	8	6
28	49	60	18	11
57	122	117	16	2
119	53	114	32	51
118	53	113	32	51
1		1		
15778	39764	52322	9242	8452
1583	2309	3632	692	507
989	1176	1614	278	188
165	260	543	96	93
21	35	209	107	64
240	395	592	108	80
83	232	409	66	62
7	7	15	2	1

2-13 限额以上企业按行业中类、

续 1 （1998年）

行业中类	代码	企业单位数（个）	50万元以下	50-100万元
其他食品加工业	1390	633	38	9
食品制造业	1400	4714	907	269
糕点、糖果制造业	1410	1557	401	99
乳制品制造业	1420	341	23	10
罐头食品制造业	1430	454	49	15
发酵制品业	1440	230	28	6
调味品制造业	1450	804	223	77
其他食品制造业	1490	1328	183	62
饮料制造业	1500	3292	471	151
酒精及饮料酒制造业	1510	2082	256	88
软饮料制造业	1520	765	155	40
制茶业	1550	327	40	19
其他饮料制造业	1590	118	20	4
烟草加工业	1600	292	9	3
烟叶复烤业	1610	78	3	1
卷烟制造业	1620	183	2	
其他烟草加工业	1690	31	4	2
纺织业	1700	10441	522	134
纤维原料初步加工业	1710	831	19	9
棉纺织业	1720	4364	218	47
毛纺织业	1740	1104	77	16
麻纺织业	1760	232	13	1
丝绢纺织业	1770	1624	65	17
针织品业	1780	1904	118	38
其他纺织业	1790	382	12	6
服装及其他纤维制品制造业	1800	6352	337	68
服装制造业	1810	5493	294	56
制帽业	1820	130	11	2
制鞋业	1830	430	19	5
其他纤维制品制造业	1890	299	13	5
皮革、毛皮、羽绒及其制品业	1900	2971	181	39
制革业	1910	490	31	7
皮革制品制造业	1920	2013	109	27

营业收入规模分组的单位数

100-500万元	500-1000万元	1000-5000万元	5000万元-1亿元	1亿元以上
78	204	250	35	19
722	1064	1336	246	170
257	303	365	59	73
50	81	130	31	16
51	126	163	35	15
20	49	88	20	19
158	152	158	24	12
186	353	432	77	35
461	686	1011	238	274
283	426	656	174	199
97	142	221	49	61
63	95	93	10	7
18	23	41	5	7
22	19	75	42	122
10	8	30	13	13
4	8	37	26	106
8	3	8	3	3
819	2916	4404	920	726
53	249	430	45	26
296	1086	1813	469	435
127	263	423	102	96
32	61	92	21	12
109	481	731	145	76
177	652	744	107	68
25	124	171	31	13
407	2063	2860	389	228
349	1772	2490	344	188
7	54	45	7	4
32	134	190	26	24
19	103	135	12	12
185	911	1278	204	173
27	147	198	42	38
117	631	881	134	114

2-13 限额以上企业按行业中类、

续 2 （1998年）

行业中类	代码	企业单位数（个）	50万元以下	50-100万元
毛皮鞣制及制品业	1930	182	26	1
羽毛（绒）及制品业	1950	286	15	4
木材加工及竹、藤、棕、草制品业	2000	2098	210	66
锯材、木片加工业	2010	363	64	20
人造板制造业	2020	845	40	19
木制品业	2030	703	86	23
竹、藤、棕、草制品业	2040	187	20	4
家具制造业	2100	1290	128	34
木制家具制造业	2110	951	101	31
竹、藤家具制造业	2120	21	2	
金属家具制造业	2130	220	17	2
塑料家具制造业	2140	6		
其他家具制造业	2190	92	8	1
造纸及纸制品业	2200	4303	255	81
纸浆制造业	2210	59	6	1
造纸业	2220	2343	115	31
纸制品业	2230	1900	134	49
印刷业、记录媒介的复制	2300	3379	613	285
印刷业	2310	3329	610	282
记录媒介的复制	2320	50	3	3
文教体育用品制造业	2400	1625	103	33
文化用品制造业	2410	474	55	23
体育用品制造业	2420	266	16	3
乐器及其他文娱用品制造业	2430	109	8	2
玩具制造业	2440	714	20	4
游艺器材制造业	2450	22	2	
其他类未包括的文教体育用品制造	2490	40	2	1
石油加工及炼焦业	2500	937	37	9
人造原油生产业	2510	11		
原油加工业	2520	320	9	4
石油制品业	2530	298	5	2
炼焦业	2570	308	23	3
化学原料及化学制品制造业	2600	10297	657	199

营业收入规模分组的单位数

100-500 万 元	500-1000 万 元	1000-5000 万 元	5000万元 -1亿元	1亿元以上
18	62	61	7	7
23	71	138	21	14
276	749	647	91	59
65	108	88	13	5
97	304	290	47	48
89	258	213	28	6
25	79	56	3	
138	446	452	62	30
104	323	327	47	18
1	8	9		1
27	79	79	9	7
	1	4	1	
6	35	33	5	4
425	1453	1672	255	162
8	14	24	3	3
217	747	937	169	127
200	691	711	83	32
727	763	806	111	74
723	749	784	108	73
4	14	22	3	1
120	512	687	94	76
59	155	145	22	15
13	85	116	22	11
8	31	45	8	7
34	217	358	39	42
2	9	7	2	
4	15	16	1	1
78	244	355	75	139
2	2	7		
19	68	106	30	84
28	70	140	23	30
29	104	102	22	25
970	2861	4107	831	672

2-13 限额以上企业按行业中类、

续 3 (1998年)

行业中类	代码	企业单位数（个）	50万元以下	50-100万元
基本化学原料制造业	2610	1809	124	38
化学肥料制造业	2620	1761	102	32
化学农药制造业	2630	512	20	8
有机化学产品制造业	2650	2515	132	39
合成材料制造业	2660	690	41	12
专用化学产品制造业	2670	1926	141	50
日用化学产品制造业	2680	1083	97	20
医药制造业	2700	2914	205	69
化学药品原药制造业	2710	630	30	8
化学药品制剂制造业	2720	864	49	10
中药材及中成药加工业	2730	937	74	31
动物药品制造业	2740	252	34	16
生物制品业	2750	231	18	4
化学纤维制造业	2800	775	28	9
纤维素纤维制造业	2810	124	5	1
合成纤维制造业	2820	529	17	4
渔具及渔具材料制造业	2850	122	6	4
橡胶制品业	2900	1672	109	27
轮胎制造业	2910	187	13	
力车胎制造业	2920	79	7	1
橡胶板、管、带制造业	2930	336	13	8
橡胶零件制品业	2940	194	17	1
再生橡胶制造业	2950	75	7	
橡胶靴鞋制造业	2960	415	23	4
日用橡胶制品业	2970	116	7	3
橡胶制品翻修业	2980	49	9	6
其他橡胶制品业	2990	221	13	4
塑料制品业	3000	5454	310	93
塑料薄膜制造业	3010	675	38	14
塑料板、管、棒材制造业	3020	678	42	12
塑料丝、绳及编织品制造业	3030	978	81	29
泡沫塑料及人造革、合成革制造业	3040	613	26	5
塑料包装箱及容器制造业	3050	419	18	5

营业收入规模分组的单位数

100-500万元	500-1000万元	1000-5000万元	5000万元-1亿元	1亿元以上
190	550	661	147	99
158	343	784	192	150
47	123	206	60	48
186	779	1065	177	137
64	203	246	60	64
221	576	760	110	68
104	287	384	85	106
407	634	1113	234	252
62	129	265	63	73
98	172	365	79	91
154	211	337	64	66
61	68	64	6	3
32	54	82	22	19
33	165	310	104	126
6	28	46	13	25
20	87	216	85	100
7	50	48	6	1
126	489	701	108	112
12	19	58	24	61
4	13	34	12	8
26	122	134	18	15
11	69	84	9	3
7	30	27	4	
27	98	215	28	20
10	32	57	6	1
10	14	9	1	
19	92	83	6	4
533	1890	2165	294	169
64	179	276	58	46
59	226	277	45	17
128	360	342	27	11
49	188	279	43	23
45	146	166	28	11

2-13 限额以上企业按行业中类、

续 4

(1998年)

行业中类	代码	企业单位数(个)	50万元以下	50-100万元
塑料鞋制造业	3060	279	12	2
日用塑料杂品制造业	3070	344	17	8
塑料零件制造业	3080	315	11	6
其他塑料制品业	3090	1153	65	12
非金属矿物制品业	3100	13263	934	397
水泥制造业	3110	4054	102	32
水泥制品和石棉水泥制品业	3120	1614	175	98
砖瓦、石灰和轻质建筑材料制造业	3130	3103	350	172
玻璃及玻璃制品业	3140	1046	66	17
陶瓷制品业	3150	1512	114	26
耐火材料制品业	3160	754	39	19
石墨及碳素制品业	3170	267	19	6
矿物纤维及其制品业	3180	384	25	10
其他类末包括的非金属矿物制品业	3190	529	44	17
黑色金属冶炼及压延加工业	3200	3009	155	37
炼铁业	3210	584	32	5
炼钢业	3220	290	16	3
钢压延加工业	3240	1650	82	18
铁合金冶炼业	3260	485	25	11
有色金属冶炼及压延加工业	3300	2267	117	37
重有色金属冶炼业	3310	557	32	12
轻有色金属冶炼业	3320	372	17	4
贵金属冶炼业	3330	135	22	7
稀有稀土金属冶炼业	3340	146	10	2
有色金属合金业	3360	82	3	
有色金属压延加工业	3380	975	33	12
金属制品业	3400	7551	520	164
金属结构制造业	3410	740	30	16
铸铁管制造业	3420	307	25	4
工具制造业	3430	871	77	25
集装箱和金属包装物品制造业	3440	696	39	11
金属丝绳及其制品业	3450	778	48	13
建筑用金属制品业	3460	1170	105	45

营业收入规模分组的单位数

100-500 万 元	500-1000 万 元	1000-5000 万 元	5000万元 -1亿元	1亿元以上
23	105	117	16	4
27	134	141	11	6
33	125	113	12	15
105	427	454	54	36
1670	4242	5085	577	358
304	1242	2028	215	131
251	440	569	57	24
631	1126	749	50	25
94	316	407	78	68
163	434	627	95	53
84	267	283	36	26
30	101	94	12	5
39	111	164	22	13
74	205	164	12	13
225	815	1207	243	327
42	188	231	44	42
26	61	90	22	72
114	410	690	144	192
43	156	196	33	21
181	573	894	205	260
58	147	193	48	67
26	108	126	34	57
16	19	53	10	8
9	46	53	11	15
7	29	34	4	5
65	224	435	98	108
812	2621	2746	428	260
72	240	317	40	25
40	104	103	21	10
112	305	306	32	14
66	219	238	51	72
100	261	282	57	17
133	425	386	48	28

2-13 限额以上企业按行业中类、

续 5 （1998年）

行业中类	代码	企业单位数（个）	50万元以下	50-100万元
金属表面处理及热处理业	3470	479	30	10
日用金属制品业	3480	1818	114	25
其他金属制品业	3490	692	52	15
普通机械制造业	3500	8549	509	230
锅炉及原动机制造业	3510	1020	41	19
金属加工机械制造业	3520	953	80	31
通用设备制造业	3530	1882	96	41
轴承、阀门制造业	3540	1006	35	20
其他通用零部件制造业	3560	1623	90	53
铸锻件制造业	3570	1640	99	31
普通机械修理业	3580	96	37	15
其他普通机械制造业	3590	329	31	20
专用设备制造业	3600	6013	491	207
冶金、矿山、机电工业专用设备制	3610	657	51	16
石化及其他工业专用设备制造业	3620	1004	40	23
轻纺工业专用设备制造业	3630	1274	90	50
农、林、牧、渔、水利业机械制造	3640	1302	128	53
医疗器械制造业	3650	486	29	12
其他专用设备制造业	3670	1021	54	28
专用机械设备修理业	3680	269	99	25
交通运输设备制造业	3700	6217	640	233
铁路运输设备制造业	3710	270	22	7
汽车制造业	3720	2737	121	47
摩托车制造业	3730	815	24	10
自行车制造业	3740	344	33	9
电车制造业	3750	2		
船舶制造业	3760	291	11	5
航空航天器制造业	3770	135	4	1
交通运输设备修理业	3780	1586	423	153
其他交通运输设备制造业	3790	37	2	1
电气机械及器材制造业	4000	7030	336	127
电机制造业	4010	730	30	7
输配电及控制设备制造业	4020	1934	91	45

营业收入规模分组的单位数

100-500万元	500-1000万元	1000-5000万元	5000万元-1亿元	1亿元以上
59	179	164	17	20
148	643	706	130	52
82	245	244	32	22
1064	2831	3151	435	329
108	268	415	74	95
142	278	352	47	23
236	589	706	102	112
106	316	426	66	37
228	578	571	69	34
173	683	574	58	22
16	22	5		1
55	97	102	19	5
894	1761	2044	337	279
87	190	231	50	32
128	314	390	62	47
207	380	438	65	44
231	337	403	75	75
70	149	179	27	20
128	340	362	52	57
43	51	41	6	4
755	1567	2130	425	467
27	72	103	15	24
269	733	1103	222	242
62	244	325	76	74
36	90	133	21	22
	1	1		
32	73	105	31	34
1	11	53	32	33
321	331	292	28	38
7	12	15		
607	2110	2734	551	565
73	227	284	54	55
200	632	735	124	107

2-13 限额以上企业按行业中类、

续 6 （1998年）

行业中类	代码	企业单位数（个）	50万元以下	50-100万元
电工器材制造业	4040	2207	91	32
日用电器制造业	4060	1009	40	11
照明器具制造业	4070	887	41	20
电气机械修理业	4080	58	22	5
其他电气机械制造业	4090	205	21	7
电子及通信设备制造业	4100	3850	226	61
通信设备制造业	4110	694	23	7
雷达制造业	4120	43	4	1
广播电视设备制造业	4130	95	7	3
电子计算机制造业	4140	397	11	4
电子器件制造业	4150	419	30	9
电子元件制造业	4160	1353	78	23
日用电子器具制造业	4170	477	33	11
电子设备及通信设备修理业	4180	25	7	
其他电子设备制造业	4190	347	33	3
仪器仪表及文化、办公用机械制造	4200	1679	137	69
通用仪器仪表制造业	4210	718	54	32
专用仪器仪表制造业	4220	217	20	14
电子测量仪器制造业	4230	85	12	2
计量器具制造业	4240	159	10	5
文化、办公用机械制造业	4250	165	7	6
钟表制造业	4260	231	22	7
仪器仪表及文化、办公用机械修理	4280	10	4	1
其他仪器仪表制造业	4290	94	8	2
其他制造业	4300	3257	241	78
工艺美术品制造业	4310	2146	135	43
日用杂品制造业	4350	396	14	7
其他生产、生活用品制造业	4390	715	92	28
电力、煤气及水的生产和供应业	DDDD	2170	294	267
电力、蒸汽、热水的生产和供应业	4400	4438	426	193
电力生产业	4410	2548	307	155
电力供应业	4420	1603	81	22
蒸汽、热水生产和供应业	4430	287	38	16

营业收入规模分组的单位数

100-500 万元	500-1000 万元	1000-5000 万元	5000万元 -1亿元	1亿元以上
166	602	910	205	201
65	263	367	105	158
71	305	355	58	37
6	9	13	1	2
26	72	70	4	5
320	902	1441	332	568
51	161	260	63	129
3	9	16	4	6
13	28	35	7	2
23	54	155	55	95
44	83	150	39	64
123	374	524	103	128
26	88	156	46	117
3	9	1	4	1
34	96	144	11	26
226	456	595	103	93
104	194	247	51	36
36	53	73	10	11
12	28	27	1	3
23	48	64	6	3
18	23	58	20	33
20	66	99	11	6
3	1	1		
10	43	26	4	1
264	1131	1300	159	84
146	785	880	102	55
34	130	183	19	9
84	216	237	38	20
802	310	352	64	81
727	572	1341	425	754
493	345	695	187	366
158	186	572	206	378
76	41	74	32	10

2-13 限额以上企业按行业中类、

续 7　　　　　　　　　　　　　　　　　　　　　　　　　　（1998年）

行业中类	代码	企业单位数（个）	50万元以下	50-100万元
煤气生产和供应业	4500	279	19	8
煤气生产业	4510	45	3	
煤气供应业	4520	234	16	8
自来水的生产和供应业	4600	1891	275	259
自来水生产业	4610	1082	127	129
自来水供应业	4620	809	148	130
建筑业	EEEE	46389	9580	3369
土木工程建筑业	4700	37638	6960	2375
房屋建筑业	4710	32650	5821	2047
矿山建筑业	4720	193	36	12
铁路、公路、遂道、桥梁建筑业	4730	2122	421	91
堤坝、电站、码头建筑业	4740	532	125	28
其他土木工程建筑业	4790	2140	557	197
线路、管道和设备安装	4800	4011	916	421
线路、管道安装业	4810	1915	417	205
设备安装业	4820	2096	499	216
装修装饰业	4900	4740	1704	573
批发和零售贸易、餐饮业	HHHH	35048	3006	1069
食品、饮料、烟草和家庭日用品批发业	6100	9278	554	193
食品、饮料、烟草批发业	6110	5209	272	117
棉、麻、土畜产品批发业	6120	581	37	9
纺织品、服装和鞋帽批发业	6130	790	42	10
日用百货批发业	6140	725	68	23
日用杂品批发业	6150	222	16	5
五金、交电、化工批发业	6160	896	92	22
药品及医疗器械批发业	6170	854	27	7
能源、材料和机械电子设备批发业	6200	6027	418	106
能源批发业	6210	1704	63	14
化工材料批发业	6220	598	21	10
木材批发业	6230	172	39	6
建筑材料批发业	6240	451	77	19
矿产品批发业	6250	97	17	4
金属材料批发业	6260	1305	104	15

营业收入规模分组的单位数

100-500 万元	500-1000 万元	1000-5000 万元	5000万元-1亿元	1亿元以上
54	43	90	28	37
5	7	14	7	9
49	36	76	21	28
748	267	262	36	44
419	174	174	27	32
329	93	88	9	12
14914	6428	9135	1631	1332
12297	5483	7946	1432	1145
10937	4837	6951	1216	841
48	21	45	18	13
512	282	510	112	194
121	71	98	30	59
679	272	341	56	38
1250	486	651	127	160
581	250	327	59	76
669	236	324	68	84
1367	459	538	72	27
5516	5357	11959	3782	4359
825	668	3560	1645	1833
565	404	1938	958	955
26	29	229	107	144
29	40	257	161	251
54	69	296	95	120
32	25	87	23	34
72	50	369	129	162
47	51	383	172	167
483	319	2396	997	1308
85	48	740	343	411
56	25	261	87	138
34	22	47	13	11
74	39	158	48	36
12	10	30	7	17
94	74	504	212	302

2-13 限额以上企业按行业中类、

续 8

（1998年）

行业中类	代码	企业单位数（个）	50万元以下	50-100万元
机械、电子设备批发业	6270	851	54	18
汽车、摩托车及零配件批发业	6280	568	18	10
再生物资回收批发业	6290	281	25	10
其他批发业	6300	2957	155	46
工艺美术品批发业	6310	66	1	
图书报刊批发业	6320	145	4	1
农业生产资料批发业	6330	2261	111	33
其他类未包括的批发业	6390	485	39	12
零售业	6400	13252	1496	587
食品、饮料和烟草零售业	6410	3133	496	240
日用百货零售业	6420	5409	268	139
纺织品、服装和鞋帽零售业	6430	511	49	23
日用杂品零售业	6440	339	79	20
五金、交电、化工零售业	6450	1368	308	86
药品及医疗器械零售业	6470	558	43	8
图书报刊零售业	6480	579	11	4
其他零售业	6490	1355	242	67
餐饮业	6700	3534	383	137
正餐	6710	3200	283	122
快餐	6720	171	38	4
其他饮食业	6790	163	62	11

营业收入规模分组的单位数

100-500 万 元	500-1000 万 元	1000-5000 万 元	5000万元 -1亿元	1亿元以上
51	41	326	140	221
30	35	231	99	145
47	25	99	48	27
259	257	1354	460	426
3	1	21	16	24
6	11	81	12	30
209	221	1061	362	264
41	24	191	70	108
2425	3338	4011	637	758
754	715	750	97	81
828	1556	1777	335	506
97	149	145	23	25
109	78	44	7	2
271	279	319	57	48
59	163	229	31	25
40	114	368	29	13
267	284	379	58	58
1524	775	638	43	34
1431	731	573	39	21
43	29	42	4	11
50	15	23		2

第三部分

1998 年部分限额以上企业

名录一览表

（按行业大类索引）

1998年部分限额以上

企业名称	法人代表	电　话	分 机	邮政编码
煤炭采选业				
山西省大同矿务局	王君	700014		037003
平顶山煤业（集团）有限责任公司	陈庆禄	2921770		467000
徐州矿务集团有限公司	闵长江	5753940	20593	221006
淮南矿业(集团)有限责任公司	王金熔	7624267		232001
鹤岗矿务局	金克宁	3222819		154100
开滦矿务局	徐冀	2823811		063018
淮北矿务局	安兆宗	3021112		235000
兖州矿业（集团）有限责任公司	赵经彻	5383848		273500
西山矿务局	杜复新	6125941		030053
七台河矿业精煤（集团）有限责任公司	王峰	8263478		154600
新泰市新汶矿业集团有限现责任公司	郎庆田			271233
双鸭山矿务局	王永和			155100
峰峰矿务局	刘延安	5012323	23990	056201
枣庄矿业（集团）有限责任公司	刘继东	4413211	81104	277000
阳泉煤业集团有限责任公司	张崇慧	7073112		045000
鸡西矿务局	任振民	2723368		158100
义马煤业(集团)有限责任公司	李玉成	5898324		472300
焦作矿务局	陈碧川	3532584		454002
铁法矿务局	张明元	6821605		112700
郑州煤炭工业(集团)有限责任公司	赵宗晋	9782700		452371
抚顺矿务局	潘利国	2533889		113008
鹤壁矿务局	李永新	2645201		458000
淄博矿务局	耿加怀	5851344		255120
汾西矿务局	温玉龙	7191402		031200
通化矿务局	王延平	3225039		134300
肥城矿业集团有限公司	梁兴泰	3128000		271612
水城矿务局	赵安国	8223202		553000
萍乡矿务局	张裕衡	6333803		337000
辽源矿务局	张义	3617059		136201
舒兰矿务局	刘凤祥	8222161	21346	132602
平庄矿务局	李其远	3510190	24318	024076
北京矿务局	倪文驹	69842461	21140	102300
沈阳矿务局	李凤威	89872535	22525	110122
大屯煤电(集团)有限责任公司	曹祖民	5081028		221611
晋城矿务局	袁宗本	3664565		048006
潞安矿务局	王安民	5921443		046204

企业名录一览表

企业所在地区	企业详细地址	主要产品（或主要业务活动）
山西省大同市矿区	东门11号	原煤 炸药 水泥
河南省平顶山市新华区	矿工路西9号	原煤生产 洗精煤 发供电
江苏省徐州市郊区	淮海西路235号	原煤 洗煤
安徽省淮南市田家庵区	洞山中路	煤炭开采
黑龙江省鹤岗市向阳区	二道街188号	煤炭开采
河北省唐山市路南区	新华东道70号	原煤 洗煤
安徽省淮北市市辖区		原煤
山东省济宁市邹城市	凫山路	煤炭
山西省太原市河西区	西矿街109号	原煤 精煤
黑龙江省七台河市桃山区	东进路43号	原煤生产
山东省菏泽地区新泰市	孙村	原煤
黑龙江省双鸭山市尖山区	新兴大街84号	煤炭开采
河北省邯郸市邯郸市直属	峰峰矿区太中路2号	原煤 精煤
山东省枣庄市薛城区	泰山南路	混煤 洗精煤
山西省阳泉市矿区	北大西街5号	煤炭建安物资供销 运输房地产
黑龙江省鸡西市鸡冠区	红旗路15号	原煤 洗精煤 电力
河南省三门峡市义马市	千秋路东段6号	原煤 炼焦用洗精煤 水泥
河南省焦作市山阳区	解放中路225#	原煤开采 洗煤
辽宁省铁岭市铁法市	调兵山	原煤开采 洗煤
河南省郑州市中原区	航海西路金苑小区	煤炭 电力 水泥
辽宁省抚顺市新抚区	中央大街25号	原煤 洗煤 天然气
河南省鹤壁市山城区	红旗街98号	原煤 输送带
山东省淄博市淄川区	淄川区	原煤
山西省晋中地区介休市	西关正街40号	原煤 洗精煤
吉林省白山市八道江区	建设街60号	原煤 洗精煤
山东省泰安市肥城市	王瓜店	原煤
贵州省六盘水市钟山区	开拓路16号	采选煤 火力发电建筑施工 多种经营
江西省萍乡市城关区	昭萍东路5号	原煤 改装车 浮法玻璃
吉林省辽源市西安区	东梅街8号	煤炭 水泥 钢锭
吉林省吉林市舒兰市	煤城街道	煤炭
内蒙古赤峰市元宝山区	哈河	煤炭
北京市门头沟区	新桥南大街2号	煤炭开采
辽宁省沈阳市新城子区	新城子区	原煤生产 洗煤加工 石膏生产
江苏省徐州市沛县	沛县	原煤 洗煤 电力
山西省晋城市城区	矿区	煤炭开采
山西省长治市襄垣县	候堡	原煤 洗精煤 水泥

续 1

企业名称	法人代表	电　话	分 机	邮政编码
鸡西矿务局多种经营公司	魏连弟	2723545		158100
攀枝花矿务局	汪学恺	5558774		617066
盘江煤电(集团)有限责任公司	宋福林	3221073	21841	561617
丰城矿务局	杨云华	6688789		331141
邯郸矿务局	张复生	3041586	22145	056002
河北省邢台市矿业（集团）有限责任公司	郑存良	2025581	21232	054021
石炭井矿务局	张文江	2012934	28688	753000
靖远矿务局	徐志科	6632991		730913
扎赉诺尔矿务局	辛守存	6552522	320	021412
石油和天然气开采业				
大庆石油管理局	马富才	5995685		163453
胜利石油管理局	宋万超	8552338		257001
辽河石油勘探局	王福成	7820561		124010
新疆维吾尔自治区石油管理局	戴明梓	884412		834000
四川石油管理局	夏鸿辉	6011702		610017
大港油田集团有限责任公司	姚和清	25922240		300280
吉林石油集团有限责任公司	柏承强	6224653		138000
中原石油勘探局	刘锦信	4822172		457000
长庆石油勘探局	史兴全	3593236		745100
江汉石油管理局	刘恩学	6502920		433124
河南石油勘探局	唐光裕	3830126		473132
江苏石油勘探局	秦顺序	6762038		225261
吐哈油田勘探开发指挥部	蔡志刚	8768660		838202
玉门石油管理局	刘世洲	3922555		735200
滇黔桂石油勘探局	李朝鑫	3121062		650021
中国海洋石油渤海公司	林绍东	25807313		300452
冀东石油勘探开发公司	徐中清	25506701		063004
新疆塔里木石油勘探开发指挥部	邱中健	2171393		841000
锡盟二连勘探公司	马贵成	8292313		026000
中国海洋石油南海东部公司	钱富浩	84429072	2258	510240
大庆榆树林油田开发有限责任公司	巢华庆	4651121		151100
河南油田腾龙实业总公司	赵良金	3850276		473132
中国新星石油有限责任公司西北石油局	张爱东	6637910	24677	830011
重庆鼎发实业股份有限公司	许义达	74512449		408300
长春市双阳区天然气总公司	王毅	4222714		130600
辽中县能源供暖供热总公司	杨维友	87881702		110200
中国海洋天然气利用公司	蔡辉	84418847		510240

企业名录一览表

企业所在地区	企业详细地址	主要产品（或主要业务活动）
黑龙江省鸡西市鸡冠区	向阳街10号	原煤 水泥
重庆市攀枝花市西区	陶家渡95号	原煤 洗精煤 发电量
贵州省六盘水市盘县特区	沿塘	原煤 冶炼精煤
江西省宜春地区丰城市	建设大道	原煤生产
河北省邯郸市邯郸市直属	邯郸中华大街56号	原煤 水泥 生铁
河北省邢台市桥西区	中兴路104号	原煤开采 洗选
宁夏石嘴山市大武口区	贺兰山南路362号	原煤 洗煤
甘肃省白银市平川区	平川区	煤炭
内蒙古呼伦贝尔盟满州里市	扎矿区育林	煤炭
黑龙江省大庆市让胡路区	西盛路9号	天然原油 天然气 原油加工量
山东省东营市东营区	济南路258号	原油 天然气
辽宁省盘锦市兴隆台区	石油大街	原油开采
新疆克拉玛依市克拉玛依区	友谊路98号	原油 汽油 柴油
四川省成都市成华区	府青路一段三号	天然气开采 原油 原油制品
天津市市区大港区	大港区	天然原油 天然气
吉林省松原市宁江区	前郭罗斯大路76号	原油 石油产品
河南省濮阳市市区	梅花巷居委会	天然原油开采开发
甘肃省庆阳地区庆阳县	庆阳县	原油 天然气
湖北省潜江市	广华	原油 天然气 石油设备
河南省南阳市卧龙区	田李庄村委会	天然原油开采
江苏省盐城市市辖区	江都邵伯镇甘棠路101号	石油 天然气
新疆吐鲁番地区鄯善县	解放路	天然原油采掘
甘肃省酒泉地区玉门市	玉门南坪区	天然原油开采 原油加工
云南省昆明市盘龙区	江滨西路8号	原油 天然气 成品油
天津市市区塘沽区	河口街2-37号	天然原油开采
河北省唐山市路北区	光明西里	天然原油
新疆巴音郭楞蒙古自治州库尔勒市	建设路	原油开采 天然气开采
内蒙古锡林郭勒盟锡林浩特市	光明	原油
广东省广州市海珠区	江南大道中168号	天然原油开采
黑龙江省绥化地区肇东市	肇东市一道街	原油
河南省南阳市宛城区	龚营村委会	天然原油开采
新疆乌鲁木齐市新市区	北京北路2号	石油、天然气 地质勘查
重庆市垫江县	工农路296号	天然气 硫磺 墙地砖
吉林省长春市双阳区	北环路	天然气供应
辽宁省沈阳市辽中县	辽中镇东环街	天然气
广东省广州市海珠区	江南大道中166号	天然气应用

1998年部分限额以上

续 2

企业名称	法人代表	电 话	分 机	邮政编码
遂宁兴源油气开发有限公司	陈静	2220654		629000
四川省射洪县天然气公司	李路寿	6623002		629200
沈阳市气源开发总公司	吕福尼	22702842		110014
海南中海石油天然气三亚公司	张 南	8710211		572011
大竹县天然气公司	张焕可	6221715		635100
黑色金属矿采选业				
马钢(集团)控股有限公司	顾建国	2882581		243003
邯邢冶金矿山管理局	段太翔	3023951	6493	056032
鞍钢弓长岭矿山公司附属企业公司	兰学烈	5627357		111008
海南钢铁公司	马肇修	6609905		572700
鲁中冶金矿山公司	章湖杰	6811251		271113
重钢集团矿业有限责任公司	唐自明	68846964		400080
徐州利国铁矿	王昌顺	6710173		221138
太原钢铁公司矿山公司峨口铁矿	张隆伟	5266747		034207
广东省大宝山矿业有限公司	李应儒	6618321		512128
山东金岭铁矿	张相军	3081201	68195	255081
浙江漓铁集团公司	魏仕校	4011007		312000
淄博顺达企业集团总公司	王淦	7600760		255418
山东黑旺铁矿	杨浩	5060254		255167
福建省潘洛铁矿	谢晶潮	7760114		364405
大冶市陈贵矿业集团有限责任公司	万经怀	8996378		435124
新疆维吾尔自治区雅满苏矿	刘福裕	6511064		839126
四川省泸沽铁矿	千永昌	6863053	170	615602
湘东铁矿矿务局	张子义	5302525		412411
镇江韦岗铁矿	翟志高	5821941	2010	212113
广西壮族自治区大新锰矿	李维健	3783178		532315
密云县冶金矿山公司	王德敏	69044227		101500
鞍钢矿山附企齐矿工业公司	吕增旭	5620602		114011
铜陵铜官山工业公司	倪光荣	2833834	598400	244000
峨山彝族自治县矿冶集团	王天德	4012156		653200
广东大顶铁矿	钟寿献	8446007		517169
鞍钢弓长岭工业公司中茨铁矿	徐春迎	5627391		111007
鞍钢弓长岭井下矿业公司	李兴瑞	5101863		114042
永州市芝山区水口山镇锰矿	芮 浩	6591341		425021
鞍钢弓长岭露天工业公司	邢长福	5627436		111007
云南建水锰矿	赵宝文	7652721	222	654302
会东满银沟铁矿	明再起	5422569		615205

企业名录一览表

企业所在地区	企业详细地址	主要产品（或主要业务活动）
重庆市遂宁市市中区	遂州南路285号	原油 天然气
重庆市遂宁市射洪县	太和大道	天燃气开采
辽宁省沈阳市沈河区	沈河区十三纬路58号	天然气
海南省	田独	石油及制品 天然气 机械产品及配件制造
重庆市南充市大竹县	六一街	天然气
安徽省马鞍山市雨山区	红旗中路8号	铁矿石 铁精矿
河北省邯郸市邯郸市直属	中华北大街54号	铁矿石 铁精矿 生铁
辽宁省阜新市弓长岭区	苏家街101号	铁矿石
海南省三亚市昌江黎族自治县	石碌	炼钢块矿 炼铁块矿 铁富粉矿
山东省菏泽地区莱城区	张家洼	铁矿采选
重庆市大度口区	大渡口大堰一村81栋	铁矿石 耐火材料 石灰石白云石
江苏省徐州市铜山县	铜山县利国乡	铁矿石原矿 铁矿石选矿 生铁
山西省忻州地区代县	郝街村	铁精矿采选 球团矿
广东省韶关市曲江县	沙溪镇	铁矿石 铜精矿
山东省淄博市张店区	中埠镇	铁矿石原矿量 铁精矿粉 铜精矿含铜量
浙江省绍兴市越城区	胜利西路657号	铁精矿 普通钢材 电子计价称
山东省淄博市临淄区	东召西	铁京粉 生物酶 二辛酯
山东省淄博市淄川区	淄川区	铁矿石 船用锚链
福建省龙岩市漳平市	大深村	铁精矿 铁矿石 硫精矿
湖北省黄石市大冶市	陈贵	铁矿石 铁精矿
新疆哈密地区哈密市	雅满苏镇中心20号	铁矿石 石灰石 水泥 宾馆
重庆市凉山彝族自治州冕宁县	工农街8号	铁矿石
湖南省株洲市茶陵县	辉山	铁矿石 预应力钢丝 电焊条
江苏省镇江市市辖区	润州区韦岗镇	铁精矿粉 硫酸
广西南宁地区大新县	下雷	锰矿石
北京市郊县密云县	行宫	铁矿采选
辽宁省鞍山市旧堡区	樱山路51号	铁矿石
安徽省铜陵市铜官山区	铜官山区	铁矿石 编织袋 石英石
云南省玉溪市峨山彝族自治县	昆洛路五岔路	铁矿采选
广东省河源市连平县	油溪镇	铁矿采运
辽宁省阜新市弓长岭区	苏家街13号	铁矿石
辽宁省阜新市弓长岭区	苏家街119号	铁矿石
湖南省永州市芝山区	水口山	锰矿石
辽宁省阜新市弓长岭区	苏家街26号	铁矿石
云南省红河哈尼族彝族自治州建水	庄子河村	放电锰粉 碳素锰铁 电解金属锰
重庆市凉山彝族自治州会东县	大坪村	铁矿石采选

续 3

企业名称	法人代表	电 话	分 机	邮政编码
河北省宽城满族自治县豆子沟铁矿	苑占永	6958059		067601
南江县冶金集团股份有限公司	岳俊聪	451173		635600
河北省邢台市沙河市金康实业集团有限公	崔留住	8681685		054104
达茂旗联营铁矿	张文亮	8911311		014500
山西翼城尧森农工商实业有限公司	李殿普			043501
鞍钢矿山附企东矿综合工业公司西鞍山采	陈殿林	2318719		114041
淄博市临淄宏达实业公司	段连文	7601997		255419
新疆伊犁钢铁有限责任公司	叶立国	5294010		835802
湖南省桃江锰矿	贺桂和	8865050		413415
辽阳县孔姓台铁矿	关丽英	5212121		111220
靖西县锰矿	黄光耀			533800
淄博市华联矿业有限责任公司	周立刚	3380047		256119
马鞍山黄梅山矿	邓国宝	6712813	2075	243105
唐山首钢马兰庄铁矿有限责任公司	王志军	7034014	2172	064413
有色金属矿采选业				
个旧锡都实业总公司	杨超	2125200		661000
柳州华锡集团有限责任公司	杨光	2610111		545005
会泽县民兵以劳养武采矿厂	段玉祥	5651020		654212
山东招金集团公司	宋树森	8213367		265400
易门矿务局	于海洋	4981133		651101
杨家杖子矿务局	魏仁田	4403588		125022
莱州市金仓矿业有限公司	邓鹏飞	2212965		261400
抚顺红透山铜矿	祁成林	3265313	8200	113321
山东省玲珑黄金矿业公司	王培月	8369370		265406
河南文峪金矿	刘 克	3912244		472533
寿王坟铜矿	马兴隆	5048100	120	067100
吉林省夹皮沟黄金矿业公司	孙彦德	6742130		132411
河南秦岭金矿	王 锁	6833360		472541
桃林铅锌矿	刘成美	3689403		414312
云南大姚铜矿	付军	6386306		675401
湖南黄沙坪铅锌矿	李歌洪	4572227		424421
浒坑钨矿	吴林浒	7358280		343205
湖南柿竹园有色金属矿	雷仲荪	2612118	2234	423037
宜章县瑶岗仙钨矿	李明生	3681120		424209
哈尔滨松江铜业(集团)有限公司	董文学	2682844		150417
辽宁省凤城市青城子铅矿	孙吉国	8551180		118107
桓仁铜锌矿	解荣华	8172372		117206

企业名录一览表

企业所在地区	企业详细地址	主要产品（或主要业务活动）
河北省承德市宽城满族自治县	沙窝店村	铁精粉
重庆市巴中地区南江县	麻柳村	铁矿石 铁精矿
河北省邢台市沙河市	全呼	铁精纷 铁矿石 生铁
内蒙古包头市达尔罕茂明安联合旗	三合明	铁精粉
山西省临汾地区翼城县	董家洼	铁矿石
辽宁省鞍山市旧堡区	旧堡村	铁矿石
山东省淄博市临淄区	南金	采矿 选矿
新疆伊犁地区新源县	则克台村钢铁厂号	生铁铁矿石
湖南省益阳市桃江县	响堂源	电炉铁合金 烧结矿 碳酸锰原矿
辽宁省阜新市辽阳县	孔姓台村	铁矿石
广西百色地区靖西县	湖润街	锰矿采选
山东省淄博市沂源县	马家沟	铁矿石成品矿
安徽省马鞍山市市辖区	银塘乡	铁精矿粉 炼铁块矿
河北省唐山市迁安市	马兰庄镇	铁精粉 铁矿石
云南省红河哈尼族彝族自治州个旧	金湖东路121号	精中矿含锡 一号电积铜
广西柳州市市郊区	河东高新技术开发区	有色金属采选冶生产 有色金属产品销售
云南省曲靖市会泽县	矿山办事处	锌矿石
山东省烟台市招远市	文化路2号	黄金
云南省玉溪市易门县	小绿汁	铜精矿
辽宁省锦西市连山区	杨家杖子	钼精矿
山东省烟台市莱州市	莱州北路609号	黄金
辽宁省抚顺市清原满族自治县	黄泥岭村	粗铜 铜精矿 锌精矿
山东省烟台市招远市	小蒋家村	黄金
河南省三门峡市灵宝市	上屯村	金 铅 银
河北省承德市鹰手营子矿区	寿王坟	铜精矿 铁精矿
吉林省吉林市桦甸市	夹皮沟	黄金
河南省三门峡市灵宝市	安家底村	成品金 含量金
湖南省岳阳市临湘市	渔潭	锌焙砂 硫酸 铅精矿
云南省楚雄彝族自治州大姚县	六苴矿区	铜精矿采选
湖南省益阳市桂阳县	桃花源	铅矿 锌矿 硫精矿
江西省吉安地区安福县	居委会	钨钼矿采选
湖南省益阳市苏仙区	白露塘	矿产品
湖南省益阳市宜章县	瑶岗仙镇	钨钼矿采选
黑龙江省哈尔滨市宾县	宾县松江镇	铜精粉 锌精粉
辽宁省丹东市凤城市	中心街29号	铅精矿 锌精矿
辽宁省本溪市桓仁满族自治县	二棚甸子	铜精矿 铅精矿 锌精矿

续 4

企业名称	法人代表	电　话	分 机	邮政编码
盘古山钨矿	余宪平	6297089		342311
黑龙江省乌拉嘎金矿	张亚林	3605989	2368	153221
大厂华锡劳动服务有限公司	万云	7577236		547205
辽宁五龙金矿	马英杰	6223161	5888	118012
山东省焦家金矿	王永顺	2211755		261400
云南省澜沧铅矿	戴德文	7222021		665600
铁山垅钨矿	李桂生	6286103		342307
香花岭锡矿	周海云	6395001		424306
安徽省琅琊山矿业总公司	朱承忠	3022231	3171	239011
泗顶铅锌矿	郑国华	8372016		545406
葫芦岛八家子铅锌矿	刘炳奇	7530959		125316
会理锌矿	严志明	5648167		615105
河北金厂峪金矿	张继安	5944392		064307
荡坪钨矿	赵本俊	8722992	2212	341514
内蒙古金陶股份有限公司	王贵	4400247		024327
山东河西黄金矿业集团公司	邵仕祺	8322213		265402
黑龙江西林铅锌矿	张伟泰	3714720	683	153025
湖南省宝山铅锌银矿	魏胜利	4421000		424402
新疆有色工业公司可可托海稀有金属矿	郭金山	8781027		836300
天宝山矿务局	季　忠	3528126		133405
非金属矿采选业				
江苏省盐业集团有限责任公司	茆庆国	5412111		222001
甘肃亚盛实业(集团)股份有限公司	周长生	8483195		730030
荆襄磷化学工业公司	樊明生	4890378		431900
贵州开磷(集团)有限责任公司	彭氏辉	7588433		550302
天津长芦汉沽盐场有限责任公司	李维民	67124997		300480
盐化集团	蔡昌庆	3352270		614800
河北省南堡盐场	燕惠源	8515105		063305
天津长芦海晶集团有限公司	张金茹	25874446	3185	300450
云浮硫铁矿企业集团公司	刘兴渝	8825123		527343
四川省石棉矿	张正清	8862129		625400
营口盐业(集团)公司	王文若	3840701		115002
云南磷化学工业(集团)公司	赵孟云	7896013		650600
四川省泸州市大树硫铁矿	梅世强	6822317		646408
自贡鸿鹤化工集团大安有限公司	王恒中	5103451	98031	643010
河北省长芦大清河盐场	吴宗生	4055101		063606
大连皮子窝化工厂	李秀元	9401442		116222

企业名录一览表

企业所在地区	企业详细地址	主要产品（或主要业务活动）
江西省赣州地区于都县	仁风街	钨精矿 水泥
黑龙江省伊春市嘉荫县	乌拉嘎村	金矿采选
广西河池地区南丹县	巴里上区	锌精矿 铅锑精矿 民用燃料
辽宁省丹东市振安区	金矿街金矿北路457	黄金
山东省烟台市莱州市	焦家村	黄金
云南省思茅地区澜沧拉祜族自治县	城关办事处	铅锌矿采选
江西省赣州地区于都县	大岭	钨精矿 水泥
湖南省益阳市临武县	香花镇	锡矿采选
安徽省滁州市市辖区	三里亭路143号	铜精矿含铜 铁精砂 锡青铜粉
广西柳州地区融安县	泗顶村	锌金属含量 锌锭 铅金属含量
辽宁省锦西市建昌县	八家子村	铅锌矿采选
重庆市凉山彝族自治州会理县	甸沙关	锌精矿 铅精矿
河北省唐山市迁西县	唐山市迁西县下营乡	矿山成品金
江西省赣州地区大余县	荡坪村	钨精矿 铅精矿 锌精矿
内蒙古赤峰市敖汉旗	金厂沟梁	黄金
山东省烟台市招远市	河西村	金精矿
黑龙江省伊春市西林区	西林街	铅含量 锌含量
湖南省益阳市桂阳县	宝山路	铅精矿
新疆阿勒泰地区富蕴县	文化西路	有色金属矿采选
吉林省延边朝鲜族自治州龙井市	天宝街	铅含量 锌含量
江苏省连云港市新浦区	新浦区海连中路10号	海盐 氯化钾 溴素
甘肃省兰州市城关区	城关区	硫化碱 无水硫酸钠
湖北省荆门市钟祥市	胡集	磷矿石
贵州省贵阳市开阳县	金中镇	磷矿石 黄磷 重钙
天津市市区汉沽区	汉沽街国家庄1号	海盐
重庆市乐山市五通桥区	文化街	盐
河北省唐山市丰南市	尖坨子	原盐
天津市市区塘沽区	塘沽区新村街营口道1088	海盐
广东省云浮市云城区	高峰	硫铁矿 硫酸 磷肥
重庆市雅安地区石棉县	解放路一段	石棉 水电 水泥
辽宁省营口市站前区	辽河大街农贸里23号	海盐 精盐
云南省昆明市晋宁县	南门	磷矿石采选
重庆市泸州市叙永县	大树街	硫铁矿 磷铵
重庆市自贡市大安区	大安街	盐 调味品
河北省唐山市乐亭县	唐山市乐亭县马头营镇	海盐 氯化镁 精制盐
辽宁省大连市普兰店县	新海街	海盐

续 5

企业名称	法人代表	电　话	分 机	邮政编码
河北省长芦黄骅盐场	李树田	5221342		061100
自贡市贡井盐厂	罗友才	3301114		643020
鸡西市柳毛石墨矿	陈　云	2469974		158141
南平金泰硅业有限公司	王友祥	8481030		353016
浙江省平阳矾矿	朱良金	4652241		325807
内蒙古阿拉善盟吉兰泰盐化集团有限责任	王刚	8821044		750333
连云港市锦屏磷矿	倪爱传	5300500		222021
伊克昭亿利建材化工(集团)公司	王文彪	8342641		017000
抚顺红透山铜矿服务公司	孙海富	3265524	8446	113321
湖北应城石膏矿	艾道新	3232019		432403
贵州宏福实业开发有限总公司	王国文	2184550		550500
湖南磷化工总厂	徐兆昌	3500138	283	410306
四川省金河磷矿	张荣楷	8901164		618404
福建省莆田盐场	林仙堤	5194715		351164
汨罗市高家坊花岗岩开发集团公司	李战斗	5870398		414408
自贡市邓关盐厂	罗大伟	3901029		643033
四川省清平磷矿	罗鸿	6373098		618202
福建省漳浦盐场	陈俊强	3722417		363210
浙江东风莹石集团有限公司	王锦明	7601123	2001	321206
自贡市张家坝制盐化工厂	缪德林	5202297		643011
湖南省湘澧盐矿	高守梅	4223188		415400
江苏船山集团有限责任公司	冷青松	5821888	2011	212113
云南一平浪盐矿	李国喜	4821446	155	651214
四川新康石棉矿	唐作量	8862414	2011	625404
海南省英歌海盐场	钟　勇	5855059		572537
自贡市自流井盐厂	傅刚义	2601641		643000
定远县盐矿	许其明	4480012	2048	233201
定远县池河镇黄沙站	曹胜龙	4806119		233240
汕尾市市区盐务局(汕尾市市区盐业公司)	陈庆华	3327611		516600
其他矿采选业				
河源市源城区河源选矿厂	欧阳国周	3332503		517000
围场满族蒙古族自治县广发永乡莹石矿	赵永臣	7816013		068454
象州县罗帮重晶石矿场	覃炳权	4384331		545803
玉林市矿业总公司	吴延明	3833578		537001
玉林市萤石矿	谭鸿池	2175168		537032
沈阳市白泥厂	马冠豪	88200707		110165
象州县罗秀矿产站	巫国津	4384317		545803

企业名录一览表

企业所在地区	企业详细地址	主要产品（或主要业务活动）
河北省沧州市黄骅市	建设大街	原盐 加典精盐
重庆市自贡市贡井区	沿河路260号	井盐 中 碱 球 无碱球
黑龙江省鸡西市恒山区	柳毛矿中心路	磷片石墨 石墨电极
福建省南平市延平市	杨梅峡工业开发区	结晶硅 铁合金
浙江省温州市苍南县	八一路	明矾石 明矾 脱水明矾
内蒙古阿拉善盟阿拉善左旗	吉兰泰路一居委会	原盐 加工盐
江苏省连云港市海州区	海州锦屏镇	磷精矿粉 磷酸氢钙
内蒙古伊克昭盟东胜市	东胜市	其他化学矿采选
辽宁省抚顺市清原满族自治县	矿山街	硫铁矿 铸铁球
湖北省孝感市应城市	膏都街20号	石膏 膏粉 彩地砖
贵州省黔南布依族苗族自治州福泉	马场坪镇	磷矿采选.磷肥制造 黄磷
湖南省长沙市浏阳市	永和	磷矿石黄磷磷铵
重庆市德阳市什邡市	场镇	磷矿石 磷铵 磷肥
福建省莆田市莆田县	东峤村	海盐
湖南省岳阳市汨罗市	高家坊	麻石
重庆市自贡市沿滩区	邓关镇	井盐
重庆市德阳市绵竹市	湔沟村	磷矿石采选
福建省漳州市漳浦县		海盐
浙江省金华市武义县	杨家	萤石块矿 氟石精矿 水泥
重庆市自贡市大安区	马冲口街	井盐 烧盐 氢氧化钠
湖南省常德市津市市	盐矿路	矿盐
江苏省镇江市市辖区	镇江市润州区韦岗镇	石灰石 水泥 模架
云南省楚雄彝族自治州禄丰县	直冲	原盐 无水硫酸纳 硫化碱
重庆市雅安地区石棉县	叶坪村	石棉 水泥
海南省三亚市乐东黎族自治县	英海镇	海盐
重庆市自贡市自流井区	塘湾77号	井盐 麻袋 塑编袋
安徽省滁州市定远县	东兴	精制碘盐 聚丙烯塑编袋 红砖
安徽省滁州市定远县	池河	黄沙
广东省汕尾市城区	汕尾大道中段	海盐
广东省河源市源城区	南湖居委会63号	莹石精矿
河北省承德市围场满族蒙古族自治	广发永村	莹石
广西柳州地区象州县	罗秀街	重晶石矿
广西玉林市玉州区	城站路17号	萤石矿 化工锰矿 萤石精粉
广西	钦善	萤石
辽宁省沈阳市东陵区	王家村	白泥粉
广西柳州地区象州县	罗秀街	重晶矿

续 6

企业名称	法人代表	电　话	分 机	邮政编码
彰武县硅砂矿	陈力			123204
施秉县石油矿粉厂	吴友才	4221575		556200
象州县矿粉厂	郑慧山	4362145		545800
围场满族蒙古族自治县莹石矿	孙井坡	7510911		068465
金华县九峰山浮选厂	陈志松	2666484		321075
木材及竹材采运业				
黑龙江省友好林业局	岳维祥	3692278		153031
大兴安岭塔河林业局	李廷祥	2729754		165200
黑龙江省朗乡林业局	徐中泰	2874082		152519
大兴安岭林管局新林林业局	段光晨	2725141		165023
吉林省临江林业局	张显成			134600
吉林省敦化林业局	周全恩	6209781		133714
大兴安岭呼中林业局	刘亚文	3431700		165036
林业部大兴安岭林业管理局松岭林业局	李英瑞	2721001		165012
黑龙江省兴隆林业局	林广志	7531388	2332	151801
黑龙江省大海林林业局	刘学新	7550015		157125
黑龙江省苇河林业局	林乐海	3402821		150623
吉林省三岔子林业局	李凤春	3748380		134701
黑龙江省山河屯林业局	王东旭	3571002		150232
吉林森工集团松江河林业有限公司	宫喜福	6311115		134504
吉林省白河林业局	李瑞森	5718216		133613
吉林省露水河林业局	冯顺福	6369104		134506
黑龙江省沾河林业局	陈忠祥	6353888		164133
汪清林业局	王悦山	8812422		133200
黑龙江省东京城林业局	张旭东	7919317		157421
大兴安岭阿木尔林业局	李英瑞	2752201		165302
黑龙江省亚布力林业局	侯德忠	3423040	22564	150631
黑龙江省汤旺河林业局	陶延孝	3532929		153037
黑龙江省东方红林业局	马万章	5912312		158402
吉林省泉阳林业局	石国新	6515324		134505
黑龙江省鹤北林业局	李国军	6081645		154212
黑龙江省绥棱林业局	李忠臣	4502336		152200
黑龙江省美溪林业局	安忠辉	3632817		153021
黑龙江省金山屯林业局	吕志超	3732995		153026
黑龙江省方正林业局	孙朝杰	7134476		150822
黑龙江省柴河林业局	陈贵权	7520521		157131
内蒙古图里河林业局	张良武	7449201		022167

企业名录一览表

企业所在地区	企业详细地址	主要产品（或主要业务活动）
辽宁省阜新市彰武县	阿尔乡	硅沙
贵州省黔东南苗族侗族自治州施秉	水河村	重晶石粉
广西柳州地区象州县	象州街	重晶石矿粉
河北省承德市围场满族蒙古族自治	红砬子村	莹石
浙江省金华市金华县	厚大桥头	莹石浮选开采
黑龙江省伊春市友好区	东升街	木材 胶合板 水泥
黑龙江省大兴安岭地区塔河县	塔河镇	木材生产
黑龙江省伊春市铁力市	林城街	木材加工 加工人造板 加工锯材
黑龙江省大兴安岭地区新林区	新林镇	木材生产
吉林省白山市临江市	南围子	木材 刨花板 细木工板
吉林省延边朝鲜族自治州敦化市	丹江路16号	木材
黑龙江省大兴安岭地区呼中区	呼中镇	木材采运
黑龙江省大兴安岭地区松岭区	大兴安岭松岭区小扬气	木材采运
黑龙江省哈尔滨市巴彦县	巴彦县兴隆镇铁东街	木材 锯材 胶合板
黑龙江省七台河市海林市	解放	木材 木材加工
黑龙江省哈尔滨市尚志市	一里地	木材 锯材 人造板
吉林省白山市江源县	森工	木材 锯材 人造板
黑龙江省哈尔滨市五常市	山河镇	原木 锯材 人造板
吉林省白山市抚松县	松林	木材 锯材 纤维板
吉林省延边朝鲜族自治州安图县	二道	木材 锯材 刨花板
吉林省白山市抚松县	正阳	木材采运
黑龙江省黑河市五大连池市	沾河林业局	木材采运
吉林省延边朝鲜族自治州汪清县	东振路14号	锯材 人造板
黑龙江省七台河市宁安市	振兴路	木材 锯材
黑龙江省大兴安岭地区漠河县	劲涛镇	木材采运
黑龙江省哈尔滨市尚志市	尚志市亚布力镇	木材 锯材 胶合板
黑龙江省伊春市汤旺河区	河南街	木材采运 生产刨花板 生产胶合板
黑龙江省鸡西市虎林县	东方红	木材采运
吉林省白山市抚松县	东风	木材采运
黑龙江省鹤岗市萝北县	鹤北大街	木材 锯材
黑龙江省绥化地区绥棱县	工人街	木材 人造板 锯材
黑龙江省伊春市美溪区	美溪街道办事处	木材
黑龙江省伊春市金山屯区	团结街	木材采运
黑龙江省哈尔滨市方正县	方正县高楞镇	木材 胶合板 普通锯材
黑龙江省七台河市海林市	铁路4号	木材 锯材 胶合板
内蒙古呼伦贝尔盟牙克石市		木材 胶合板 纤维板

1998年部分限额以上

续 7

企业名称	法人代表	电话	分机	邮政编码
桦南林业局	张德安	6220026		154431
黑龙江省翠峦林业局	侯颖达	3682662		153013
内蒙古根河林业局	鹿占山	7442161		022350
吉林省天桥岭林业局	姚世家	8412487		133204
吉林省大石头林业局	王铁华	6508466		133702
大兴安岭图强林业局	潘录	2756988		165301
黑龙江省绥阳林业局	王荣洲	3720544		157212
黑龙江省伊春市五营林业局	李　江	3812610		153033
黑龙江省带岭林业实验局	吴炳佳	3432854		153106
内蒙古库都尔林业局	刘潮海	7473953		022164
大兴安岭十八站林业局	赵宪阳	2745207		165201
大兴安岭西林吉林业局	吴玉波	27372301		165301
黑龙江省乌伊岭林业局	吕志超	3522623		153038
内蒙古甘河林业局	吴国良	7481116		022465
食品加工业				
湖北鄂州武昌鱼集团有限责任公司	付小安	3223366	2707	436000
南宁统一糖业有限责任公司	熊可模	4910567		530031
广东省广前糖业有限公司	庞道文	7881188	21772	524348
烟台龙大企业集团	宫学斌	7710314		265209
山东金锣企业集团	周连奎	8641049		276036
吉林德大有限公司	王秀林	7222945		130300
中国水产舟山海洋渔业公司	孙信昌	3013912	6525	316101
诸城市对外贸易集团公司	王金友	6063672		262200
洛阳春都集团有限责任公司	高风来	3311157		471000
河南省漯河市双汇实业集团有限责任公司	万隆	2622616		462000
广东省丰收糖业发展有限公司	黄国涛	8944037		524244
山东沙土裕鲁实业集团	李凡聪			274003
黑龙江正大实业有限公司	姜鸿斌	7351941		150525
江门甘蔗化工厂(集团)股份有限公司	梁振耀	3361611		529075
福建省漳州糖厂	王乃贵	2933454		363000
贵糖集团股份有限公司	杨和荣	4214012	22042	537100
青岛正进实业集团公司	高正进	7860377		266109
日照市水产集团总公司	王起达	8321746		276826
柳兴公司	欧纯敏	3834513		545112
黑龙江省红光糖厂	秦春成	3721460	2054	161342
舟山兴业有限公司	渡边敬三	3093812	340	316101
新疆石河子八一糖业有限公司	郭庆人	2514756	2586	832005

企业名录一览表

企业所在地区	企业详细地址	主要产品（或主要业务活动）
黑龙江省佳木斯市桦南县	柳毛河乡	木材 原煤 锯材
黑龙江省伊春市翠峦区	曙光街	木材 地板块
内蒙古呼伦贝尔盟根河市	中央	木材 刨花板 锯材
吉林省延边朝鲜族自治州汪清县	天桥北	木材 锯材 胶合板
吉林省延边朝鲜族自治州敦化市	大石头镇	木材
黑龙江省大兴安岭地区漠河县	图强	木材
黑龙江省七台河市东宁县	正阳街	木材
黑龙江省伊春市五营区	中心大街73号	木材采运 生产胶合板
黑龙江省伊春市带岭区	带岭街道办事处	木材采运
内蒙古呼伦贝尔盟牙克石市	库都尔	木材
黑龙江省大兴安岭地区塔河县	大兴安岭十八站林业局	木材生产 锯材 原煤
黑龙江省大兴安岭地区漠河县	西林吉	木材采运
黑龙江省伊春市乌伊岭区	乌伊岭街	木材采运
内蒙古呼伦贝尔盟鄂伦克自治旗	甘河	木材 锯材 纤维板
湖北省鄂州市市辖区	南浦路92号	肉制品 水产品 化学药品
广西南宁市江南区	亭洪路48号	机制糖 机制纸 酒精
广东省湛江市遂溪县	城月	机制糖 96%酒精 机制纸
山东省烟台市莱阳市	东庙后村	保鲜蒜台 速冻芋仔 速冻菠菜
山东省临沂市兰山区	半程	火腿肠 猪分割产品 鸡分割产品
吉林省长春市德惠市	和平街	鸡肉 饲料 豆佰
浙江省舟山市普陀区	平阳浦	冻海水鱼 修船
山东省潍坊市诸城市	密州路东首	冻鸡 混合饲料 玉米淀粉
河南省洛阳市西工区	凯旋西路29号	火腿肠 药品 饮料
河南省漯河市源汇区	人民东路100号	火腿肠 牛肉 鲜冻猪肉
广东省湛江市雷州市	调风镇	白砂糖
山东省菏泽地区菏泽市	沙土	脱水蔬菜 果汁 葡萄酒
黑龙江省哈尔滨市呼兰县	呼兰县利民开发区	饲料 油脂
广东省江门市蓬江区	广东省江门市甘化路1号	机制糖 机制浆 机制纸
福建省漳州市市辖区	古塘	食糖 纸浆 木糖
广西贵港市港北区	人民西路	机制糖 机制纸 酒精
山东省青岛市城阳区	南疃村	冷冻水产品
山东省日照市东港区	海滨三路74号	冷冻水产品
广西柳州市柳江县	穿山	机制糖 酒精
黑龙江省齐齐哈尔市讷河市	红光街一号	甜菜糖 甜菜糖 酒精
浙江省舟山市普陀区	大干	鱼糜 章鱼 冷藏
新疆兵团石河子市	石河子	机制糖 味精 酒精

续 8

企业名称	法人代表	电　话	分 机	邮政编码
宁夏银川糖厂	李爱实	3066425	216	750011
广州市永大集团公司	刘韶安	84563201		511443
青岛德维集团公司	王德学	8183916	2065	266400
广西壮族自治区桂平糖厂	蒙广全	3382700	8368	537233
大成食品有限公司	陈福狮	5250495		116308
漯河市华懋双汇实业(集团)有限公司	万隆	2622616	6321	462000
黑龙江省友谊糖厂	苗沛然	8582712		154004
广西三骏糖业有限责任公司	周鸿信	7228638		530300
哈尔滨大众食品集团有限责任公司	王春成	8384118		150020
国营大通湖糖厂	成庆去	5665160		413215
山东马山实业集团总公司	王炳光	7821185		264319
天津市肉类联合加工厂	王荫发	24390383		300300
清丰县金风禽蛋有限责任公司	王玉苏	7981160		457344
东莞市东糖集团公司	陈尧荣	8812123	3362	511775
蚌埠市天食肉类联合加工有限责任公司	叶洪涛	3014581	8316	233045
柳河县华龙实业集团总公司	蒋照军	7231874		135300
柳州凤山糖业集团有限责任公司	杨家驹	2550049		545002
宁城糖厂	李国有	4223808		024200
山东斥山水产集团总公司	王玉春	7321102		264308
山东大洋食品集团有限公司	张树山	8280395		266316
福建省仙游糖厂	杨玉平	8293497		351200
广东省遂溪洋青糖厂	方进	7231352		524394
寿光市圣海集团公司	丁立华	5342493		262714
食品制造业				
河南省中原工贸公司	耿付杰	8011274		462600
内蒙古伊利实业股份有限公司	郑俊怀	5961457		010031
菱花集团公司	江保安	2080655		272173
泉州中侨(集团)股份有限公司	林玉唐	2183914	2	362000
山东青援食品集团有限公司	徐传亮	2252837		276401
济南农工商集团有限公司	孙秀伦	2707904		250002
南乐县张果屯乡“三粉”有限公司	刘肖轩	6753320		457408
椰树集团有限公司	王光兴	6777124		570102
河北省邢台市隆尧县华龙食品集团有限公	范现国	6581588		055350
厦门罐头厂	王立其	2207897		361004
罗田供销总公司	程金平	5052441		436600
北京三元食品有限公司	邢春华	64071305		100009
厦门古龙集团有限公司	杨景成	2207897		361004

企业名录一览表

企业所在地区	企业详细地址	主要产品（或主要业务活动）
宁夏银川市新城区	新城区贸易街	机制糖 啤酒 酒精
广东省广州市番禺市	南村镇	摩托车 机制糖 商品电
山东省青岛市胶南市	铁山西路59号	猪制品 水产品
广西贵港市桂平市	西山	机制糖 酒精 机制纸
辽宁省大连市瓦房店市	炮台	饲料
河南省漯河市源汇区	人民东路100号	火腿肠 牛肉 鲜冻猪肉
黑龙江省佳木斯市永红区	友谊路440号	机制甜菜糖 颗粒粕 酒精
广西南宁地区横县	宝华西路1号	机制糖 食用酒精 纤维板
黑龙江省哈尔滨市道外区	道外区南极街54号	牲畜屠宰 畜肉制品
湖南省益阳市南县	老河口	机制糖 食用酒精 机制纸及纸板
山东省菏泽地区荣城市	东公嘴	水产品
天津市市区东丽区	东丽区张贵庄跃进路8号	屠宰
河南省濮阳市清丰县	裴营村村民委员会	配合及饲料制造
广东省东莞市	槎窖	机制柑蔗糖 高活性干酵母 火力发电
安徽省蚌埠市东市区	凤阳东路76号	解冻猪肉 罐头
吉林省通化市柳河县	华龙大街	鸡产品 饲料 豆粕
广西柳州市柳城县	柳糖路62号	机制糖 食用酒精 复合肥
内蒙古赤峰市宁城县	富家窝铺村	机制甜菜糖
山东省菏泽地区荣城市	东寨	水产品
山东省青岛市胶州市	魏家屯	生鱼片 烤鱼片 鱿鱼丝
福建省莆田市仙游县	木兰街37号	糖 酒精
广东省湛江市遂溪县	洋青	机制甘蔗糖 糖蜜酒精 徽粒板
山东省潍坊市寿光市	羊口镇	冻水产品加工
河南省漯河市临颍县	邢庄村	食品制造
内蒙古呼和浩特市玉泉区	泉源巷31号	食品加工
山东省济宁市市郊区	柳行	味精
福建省泉州市市辖区	温陵路北段	味精 面粉 制药
山东省临沂市沂水县	沂博路39号	饼干 方便面 糖果
山东省济南市市中区	六里山南路30号	消毒牛奶 鲜冻猪肉 肉制品
河南省濮阳市南乐县	丁庄	粉 条 粉皮 粉面
海南省海口市新华区	龙华路41号	罐头食品:硬罐头 饮料:软罐头
河北省邢台市隆尧县	西范	方便面
福建省厦门市市辖区	后滨路8号	罐头
湖北省黄冈市罗田县	前进街17号	板栗罐头 复混肥
北京市西城区	鼓楼西大街75号	液态奶 乳酸饮料 奶粉
福建省厦门市市辖区	后滨路8号	罐头、饮料 PE彩色软管

1998年部分限额以上

续 9

企业名称	法人代表	电　话	分　机	邮政编码
珠海华丰食品工业(集团)股份有限公司	萧木荣	7752428		519055
三英集团公司	孔凡鲁	4341316		273113
上海光明乳业有限公司	王佳芬	64041319		200032
湖北龙台实业股份有限公司	彭清华	3440072		444113
黑龙江省佳木斯肉类联合加工厂	于洪洲	8358355		154007
梅河口市曙光果仁厂	张文智			135002
杭州顶益国际食品有限公司	魏应州	6910122		310018
沈阳红梅企业集团有限责任公司	姜月恒	25820480		110026
福建紫山集团有限公司	洪长水	6655206		363118
牡丹江天利食品集团有限公司	王纪龙	6424035		157000
包头市奶业公司	李虎英	5154427		014013
随州市洪山镇食品工业集团公司	宁大勇	4812001		441318
江苏菊花味精集团公司	缪正兴	8481288		215612
安徽丰原生物化学集团有限公司	李荣杰	4928503		233010
上海冠生园食品有限公司	翁懋	64360501	8502	200233
成都新蓉新股份公司	陈卫东	2523984		611438
福建省莆田县罐头厂	翁国荣	3597174		351111
宁乡县石油化工总厂	梁浩文	7882919	68	410600
福州民天集团公司	单礼裕	3312754		350004
许昌县灵河豆制品有限公司	张建华	5661014		461141
天津市罐头厂	崔荣建	28300105		300202
沈阳顶益国际食品有限公司	魏应交	25815240		110141
南京市雨润肉食品公司	祝义才	2425155		210041
南京机轮酿造(集团)有限公司	范广文	3728991		210009
南宁罐头食品有限责任公司南宁罐头食品	李穗宪	3835076		530003
露露集团有限责任公司	王宝林	2066791	2065	067000
湖北安琪生物集团有限公司	俞学锋	6351161		443003
本溪食品总厂	赵有福	3854958		117000
广西桂元赖氨酸有限责任公司广西赖氨酸	罗润昌	4832589		530031
肇庆星湖味精股份有限公司	黄增麟	2239449		526060
青岛大洋食品集团公司	臧剑士	4852760		266042
杞县莲花周杞味精有限公司	李怀清	8991340		475200
饮料制造业				
四川省宜宾五粮液集团有限公司	王国春	3553988		644007
四川沱牌集团有限公司	李家顺	6766868		629209
青岛啤酒集团有限公司	李桂荣	5711119		266071
江苏维维集团	崔桂亮	3290134		221111

企业名录一览表

企业所在地区	企业详细地址	主要产品（或主要业务活动）
广东省珠海市斗门县	平沙区	方便面
山东省济宁市泗水县	中册三村	方面面 饼干 畜肉制品
上海市市区徐汇区	枫林路251号	液态奶 酸牛奶 奶粉
湖北省宜昌市当阳市	半月镇	饼干
黑龙江省佳木斯市东风区	佳木斯市东风区	罐头 豆粉 药品
吉林省通化市梅河口市	曙光村	果仁
浙江省杭州市江干区	下沙经济技术开发区10号	生产销售方便面
辽宁省沈阳市铁西区	卫工北街44号	味精 酱油 饲料
福建省漳州市龙海市	田址村	蔬菜罐头 矿泉水 酱菜软件
黑龙江省七台河市西安区	西十二条路	糕点 冷饮 得利斯香肠
内蒙古包头市郊区	麻池乡南	无定型产品
湖北省随州市	洪山镇	罐头
江苏省苏州市张家港市	港口	味精
安徽省蚌埠市西市区	大庆路73号	柠檬酸 柠檬酸钠 骨胶
上海市市区徐汇区	漕宝路２２０号	糖果 蜂蜜
四川省成都市新津县	劳动村	泡菜
福建省莆田市莆田县	铺尾97-1	蔬菜罐头 水果罐头 肉类罐头
湖南省长沙市宁乡县	金亭路16号	柠檬酸
福建省福州市市辖区	广达支路20号	酱油
河南省濮阳市许昌县	贺庄村民委员会	豆制品
天津市市区河西区	台儿庄路54号	罐头制造 冰淇淋
辽宁省沈阳市于洪区	开发区6号街	方便面
江苏省南京市雨花台区	双和村	肉食品
江苏省南京市鼓楼区	山西路四卫头74号	酱油 食醋 酱腌菜
广西南宁市永新区	新阳路310号	罐头饮料冷饮速冻 制罐.涂料
河北省承德市双桥区	翠桥街路南6号	杏仁露 纯净水 矿泉水
湖北省宜昌市市辖区	中南路24号	活性酵母 白酒 酱油
辽宁省本溪市明山区	解放北路79号	糕点饮料 冷冻饮品 单硫酸卡那霉素
广西南宁市江南区	槎路	饲料级赖氨酸 草甘膦(100%) 康脑灵
广东省肇庆市端州区	工农北路67号	味精
山东省青岛市四方区	四流南路9号	花生制品
河南省开封市杞县	北惠路10号	味精制造
重庆市宜宾地区宜宾市	岷江西路150号	酒 印刷 药
重庆市遂宁市射洪县	柳树镇	白酒
山东省青岛市市南区	东海路35号	啤酒
江苏省徐州市铜山县	铜山县潘塘乡	豆奶粉 大米 混合饲料

续10

企业名称	法人代表	电　话	分 机	邮政编码
山东兰陵企业(集团)总公司	崔学文	8322568	3005	276004
四川剑南春集团有限责任公司	田德举	6202268		618200
山西省杏花村汾酒集团公司	高玉文	7229920		032205
兰州黄河啤酒有限公司	杨纪强	2335811	1109	730050
江苏洋河集团有限公司	杨廷栋	5433008	8580	223725
黑龙江华润金玉实业有限公司	吴学军	7714809		151100
宣化钟楼啤酒集团有限公司	要世威	3063128	320	075100
重庆啤酒(集团)有限责任公司	华正兴	68611557		400039
杭州娃哈哈集团公司	宗庆后	6951559		310016
四川省成都全兴酒厂	杨肇基	7513999		610036
江苏双沟酒业集团有限公司	潘家洲	6713021	8045	223911
河南省汝阳县杜康集团总公司	刘洪振	8171199		471241
沈阳华润雪花啤酒有限公司	王群	25877591	431	110021
江苏汤沟酒厂	袁立峰	3402098		222535
河南金星啤酒集团有限公司	张铁山	6344574		450004
安徽口子集团公司	刘安省	6077140		235034
武汉欧联东西湖啤酒有限公司	尹盛盟	82847057		430000
泸州老窖股份有限公司	郭来虎	2390660		646000
广东今日（集团）有限公司	何伯权	2101803		528415
四川蓝剑集团	曾清荣	8202507		618400
江苏凤鸣集团股份有限公司	周兴堂	4222975		221700
江苏今世缘酒业有限公司	郑　宁	2426096	2001	223411
内蒙古宁城老窖集团	马德海			024231
甘肃凉州皇台酒实业有限公司	张景发	2213738	2019	733000
曲阜市孔府家集团有限公司	邢志远	4411612		273100
山东景芝集团公司	赵可金	4611195		262119
四川省文君酒厂	康佳柯	8791153		611530
中国绍兴黄酒集团公司	邱仁甫	5157501	8512	312000
济南啤酒集团总公司	徐士俊	5955519	3166	250031
新疆兵团四师伊犁酿酒总厂	徐勇辉	5266017		835811
广州市珠江啤酒集团公司	杨荣明	84206636	355	510315
安徽省明光酒厂	李亚南	8099036		239400
厦门银城股份有限公司	陈鸿禧	7035982		361100
吉林华润啤酒有限公司	黄铁鹰	3046286		132021
南昌罐头啤酒厂	熊贤祥	5231461	245	330001
河南仰韶集团有限公司	费国华	4812881		472400
江苏省泗洪酒厂	张保民	6222011		223900

企业名录一览表

企业所在地区	企业详细地址	主要产品（或主要业务活动）
山东省临沂市兰山区	沂蒙路426号	饮料酒 酒精生产
重庆市德阳市绵竹市	剑南春西路	白酒 片剂 酊水
山西省吕梁地区汾阳县	西堡	白酒
甘肃省兰州市七里河区		啤酒
江苏省宿迁市泗阳县	中大街118号	白酒
黑龙江省绥化地区肇东市	肇东市肇兰路18号	酒精 DDG饲料 玉米油
河北省张家口市宣化区	火车站街29号	白酒 啤酒
重庆市九龙坡区	石桥铺石扬路16号	啤酒
浙江省杭州市江干区	秋涛北路128-1号	软饮料 果奶
四川省成都市金牛区	土桥	白酒制造
江苏省宿迁市泗洪县	双沟街25#	大曲酒
河南省洛阳市汝阳县	杜康村	杜康酒 杜康曲酒
辽宁省沈阳市铁西区	建设东路42号	啤酒
江苏省连云港市罐南县	汤沟	白酒
河南省郑州市管城回族区	新郑路188号	啤酒制造批零
安徽省淮北市市辖区	340601	白酒
湖北省武汉市东西湖区	乡镇	啤酒
重庆市泸州市市中区	桂花	泸州老窖系列酒
广东省东莞市	小榄镇菊城大道东三十七	饮料
重庆市德阳市什邡市	蓝剑大道	啤酒 饮料 包装装璜
江苏省徐州市丰县	丰县城徐丰路1号	白酒
江苏省淮阴市涟水县	涟水县高沟镇天泉路1号	白酒
内蒙古赤峰市宁城县	杨树林村	白酒
甘肃省武威地区武威市	武威市新建路55号	白酒 纸箱
山东省济宁市曲阜市	静轩西路57号	白酒
山东省潍坊市安丘市	景芝	白酒 玉米淀粉
四川省成都市邛崃市	东街210号	曲酒
浙江省绍兴市越城区	北海桥	黄酒 白酒 瓶酒
山东省济南市天桥区	堤口路17号	啤酒
新疆伊犁地区新源县	肖尔布拉克	白酒 纸箱 发电运输
广东省广州市海珠区	新港东路磨碟沙大街	啤酒
安徽省滁州市明光市	池河大道21号	白酒
福建省厦门市同安县	大同	啤酒 纸箱
吉林省吉林市龙潭区	吉林市龙潭区华丹大街	啤酒
江西省南昌市青云谱区	三店西路17号	啤酒
河南省三门峡市渑池县	会盟大道北街	白酒 纸箱 瓶盖
江苏省宿迁市泗洪县	建北路12#	白酒

续11

企业名称	法人代表	电　话	分 机	邮政编码
烟台张裕集团有限公司	孙利强	6242258		264000
江苏双洋酒业集团有限公司	张得才	6781202		223907
包头市制酒厂	陈明亮	4145353	3031	014040
北京红星酿酒集团公司	张金钢	65022454		100022
烟草加工业				
贵州黄果树烟草(集团)有限责任公司	陈迅	5965715		550003
上海烟草(集团)公司	董浩林	65127623		200082
玉溪红塔烟草(集团)有限责任公司	字国瑞	2968872		653100
昆明卷烟厂	郑天一	5818118	3137	650202
张家口卷烟厂	李源诚	8666888		075000
常德卷烟厂	罗毅	7288888		415000
天津卷烟厂	宋国柱	24373046		300163
长沙卷烟厂	肖寿松	5559111		410014
颐中烟草(集团)有限公司	胡国盛	3837279		266071
曲靖卷烟厂	巍　剑	3141001		655001
蚌埠卷烟厂	朱建华	4082440		233010
零陵卷烟厂	武俊瑶	6228704	2277	425006
安阳卷烟厂	赵志正	3931801	1688	455004
许昌卷烟厂	宋有申	3315331	6268	461000
河南省新郑卷烟厂	郑建民	2619606		451150
郑州卷烟厂	周朝琦	6322918	3148	450000
芜湖卷烟厂	张建军	4812288	3020	241002
遵义卷烟厂	廖天福	8624941	6225	563003
昭通卷烟厂	吴常福	2130888		657000
延吉卷烟厂	衣景林	2818659		133001
哈尔滨卷烟厂	杨鹤声	2521456		150001
长春卷烟厂	王铁铭	4941578		130031
郴州卷烟厂	黄大康	2229803		423000
重庆卷烟厂	苏明贵	62512845		400061
云南红塔集团楚雄卷烟厂	张国良	3122929		675000
什邡卷烟厂	董兴顺	8216000		618400
山东将军烟草集团济南卷烟厂	孙其泽	8960098		250100
红河卷烟厂	邱建康	6122739		652300
开封卷烟厂	杨玉良	2921600	3013	475003
云南春城卷烟厂	马智林	5152289		650033
颐中烟草(集团)有限公司青州卷烟厂	蔚严春	3239350		262500
南阳卷烟厂	连仲祥	3223916	244	473007

企业名录一览表

企业所在地区	企业详细地址	主要产品（或主要业务活动）
山东省烟台市芝罘区	南郊金黄顶	葡萄酒
江苏省宿迁市泗洪县	双洋路11#	白酒
内蒙古包头市东河区	解放菜园甲1号	白酒制造
北京市朝阳区		二锅头酒
贵州省贵阳市云岩区	云岩区如意巷25号	卷烟
上海市市区杨浦区	杨浦区许昌路1062号	卷烟
云南省玉溪市红塔区	玉江路	卷烟
云南省昆明市官渡区	上庄村	卷烟 烟叶复烤
河北省张家口市桥东区	工业路65号	卷烟
湖南省常德市武陵区	洞庭大道199号	卷烟
天津市市区东丽区	雪莲路13号	卷烟
湖南省长沙市郊区	劳动东路346号	卷烟
山东省青岛市市北区	华阳路20号	卷烟
云南省曲靖市麒麟区	麒麟北路	卷烟
安徽省蚌埠市西市区	东海路121号	卷烟
湖南省永州市芝山区	河西工农路15号	卷烟
河南省安阳市铁西区	殷都路南段	卷烟 滤棒 铝箔
河南省濮阳市魏都区	西关大街130号	卷烟
河南省郑州市新郑市	烟厂大街16号	卷烟
河南省郑州市管城回族区	陇海东路72号	卷烟
安徽省芜湖市马塘区	芜石路135号	卷烟
贵州省遵义市市辖区	上海路	卷烟
云南省昭通地区昭通市	凤凰村	卷烟
吉林省延边朝鲜族自治州延吉市	天池路79号	卷烟
黑龙江省哈尔滨市南岗区	南岗区一曼街104号	卷烟
吉林省长春市二道河子区	二道区吉林大马路129号	卷烟
湖南省益阳市北湖区	七里大道3号	卷烟
重庆市南岸区	南岸区弹子石街操坝子18	卷烟
云南省楚雄彝族自治州楚雄市	鹿城东路	卷烟
重庆市德阳市什邡市	外南街1号	卷烟 雪茄烟
山东省济南市历城区	将军路80号	硬盒将军 硬盒明九洲 全包装嘴
云南省红河哈尼族彝族自治州弥勒	桃园路50号	卷烟 复烤烟叶
河南省开封市南关区	繁塔西街	卷烟
云南省昆明市五华区	莲花池正街120号	卷烟
山东省潍坊市青州市	玲珑山北路6号	卷烟
河南省南阳市卧龙区	仲景路49号	卷烟

续12

企业名称	法人代表	电　话	分 机	邮政编码
贵州省贵定卷烟厂	张水边	5220035	8320	551300
贵州省毕节卷烟厂	于明汉	223540	2126	551700
石家庄卷烟厂	严金虎	7026340		050051
合肥卷烟厂	王汉文	5313244	321	230081
呼和浩特市卷烟厂	张桐	5976633	346	010020
厦门卷烟厂	陈全志	5053016		361004
徐州卷烟厂	尉彭城	3672202		221005
南昌卷烟厂	彭志勇	6523747		330009
保定卷烟厂	谭新社	5062913		071008
武汉卷烟厂	康永胜	82847057		430000
大理卷烟厂	叶世兴	2125004	8746	671000
广州卷烟二厂	罗松亮	81812508	640	510145
玉阳实业股份有限公司	叶兆清	3225855		444100
纺织业				
新疆纺织工业(集团)公司	王继文	4871333	2221	830017
金轮集团公司	陆汉振	3205611	63009	315301
吴江丝绸集团公司	董东立	3241700		215200
山东德棉集团有限公司	王根远	2421735	2671	253002
包头市纺织总厂	王学增	5157788		014030
河南新野纺织(集团)股份有限公司	魏学柱	6221701	2333	473500
唐山华新纺织集团	左世中	3227421		063036
湖北蒲纺集团有限公司	雷爱武	5518341		437321
山西纺织印染厂	王德范	6076411		030024
湖州市丝绸总公司	杨京州	2026969		313000
新疆石河子八一棉纺织厂	郑聘山	2518000		832004
江苏众想集团有限公司	徐忠建	8365352		224001
江西棉纺织印染厂	陈景雷	8623772		330039
洛阳白马企业集团公司	吕书礼	3938311	22210	471009
河南省豫北棉纺织厂	梁中波	2923966		455005
卫辉市华新棉纺织厂	申铁兵	4495221	6222	453100
河南嵩岳集团郑州第六纺织有限公司	寇成林	7628683		450007
河北省邢台市方圆纺织印染有限责任公司	宋希田	3061406		054068
天津市第二棉纺厂	张德志	28331091		300202
安庆纺织厂	华冠雄	5510810	286	246018
天津天一纺织集团有限公司	李宝明	24314562	261	300170
国营石家庄第四棉纺织厂	张佑斌	6055770		050011
苏州丝绸集团有限责任公司	陆卫中	7291497		215005

企业名录一览表

企业所在地区	企业详细地址	主要产品（或主要业务活动）
贵州省黔南布依族苗族自治州贵定	河西堰	卷烟
贵州省毕节地区毕节市	望城坡	卷烟
河北省石家庄市桥西区	维明南大街1号	卷烟
安徽省合肥市西市区	长江西路651#	卷烟
内蒙古呼和浩特市玉泉区	锡林南路21号	卷烟
福建省厦门市市辖区	湖滨中路24号	卷烟
江苏省徐州市鼓楼区	环城路80号	卷烟
江西省南昌市郊区	抚生路118号	卷烟
河北省保定市南市区	烟厂路5号	卷烟
湖北省武汉市汉阳区	湖北省武汉市	卷烟
云南省大理白族自治州大理市	下关建设东路191号	卷烟
广东省广州市荔湾区	中山七路333号	卷烟
湖北省宜昌市当阳市	玉阳办	咀棒
新疆乌鲁木齐市水磨沟区	温泉西路12号	棉纱 棉布 印染纱
浙江省宁波市慈溪市	庙山	帘子布 摩托车 铝合金型材
江苏省苏州市吴江市	松陵镇	丝织品
山东省德州市市辖区	顺河西路18号	纱 布 印染布
内蒙古包头市青山区	钢铁大街7#	棉纱 棉布 印染布
河南省南阳市唐河县	村民委员会	棉　纱
河北省唐山市新区	新城道53号	布 纱 印染布
湖北省咸宁地区蒲圻市	陆水湖	纱 布 印染布
山西省太原市河西区	和平南路219号	棉纱 棉布 印染布
浙江省湖州市湖州市辖区	红旗路117-121号	丝印染 丝织品
新疆兵团石河子市	石河子	纱 布 印染布
江苏省盐城市城区	盐纺路20号	棉纱 棉布 毛线
江西省南昌市东湖区	塘山乡	棉纱 棉布 印染布
河南省洛阳市西工区	纱厂西路60号	棉纱棉布 服装医药
河南省安阳市北关区	纱厂路北段	棉纱 棉布
河南省新乡市辉县市	纱厂街	棉纱生产 生产布
河南省郑州市中原区	棉纺路5号	棉纱 棉布 毛呢
河北省邢台市桥东区	东围城北路18号	纱布 装饰布、印染布
天津市市区河西区	(河西)解放南路347号	棉纱
安徽省安庆市大观区	纺织南路80号	纱、线 坯布
天津市市区河东区	大直沽六号路17号	棉纱 棉布
河北省石家庄市长安区	和平东路209号	棉纱 棉布
江苏省苏州市平江区	苏州市人民路537号	丝织品 合成纤维

续13

企业名称	法人代表	电　话	分机	邮政编码
邯郸第三棉纺织有限公司	刘鹤	7020905		056025
五环(集团)实业有限责任公司	王树平	3511443		710038
国营西北第四棉纺织厂	王澍华	3524341		710038
石家庄棉三纺织股份有限公司	张锡民	6044668	2215	050011
河南嵩岳集团郑州蓝雀有限公司	刘占斌	7448562	15387	450007
河南嵩岳集团郑州四棉有限公司	赵新华	7446035	1694	450007
河南嵩岳集团郑州三棉有限公司	郎惠生	7448096	18987	450007
四川省达川地区棉纺织总厂	冯全礼	2761233		635000
福州棉纺织印染厂	陈昆	7720678		350003
邯郸第四棉纺织有限公司	何国安	7020906		056026
广东美雅集团股份有限公司	李澄海			529700
国营石家庄第二棉纺织厂	高秀兰	6047941	512	050011
兰州第三毛纺织(集团)有限责任公司	任俊亭	7556841	3284	730060
山东魏桥纺织集团有限责任公司	张士平	4731194		256212
河南龙马集团有限公司	李廷朝	7222117		456750
哈尔滨亚麻纺织厂	刘书论	2610568	9335	150040
湖北省荆沙棉纺织厂	侯世忠	8314821	462	434004
天津市第四棉纺织厂	王锋	28332951		300220
淮南新集(集团)纺织有限公司	洪一帆	2682418	364	232007
锦州纺织厂	肖福和	2813851	215	121003
长春银龙纺织集团有限公司	隋如珏	7620137	6272	130016
北京第二棉纺织厂	简军	65584499	2291	100025
服装及其他纤维制品制造业				
沈阳黎明服装集团	王宏明	86271694		110032
高丰纺织染联合企业有限公司	杨敏德	8682222	3317	528500
湖北美尔雅集团公司	罗日炎	6360242		435003
青岛三湖制鞋有限公司	朴渊九	2590101		266232
大杨企业集团	李桂莲	09450009		116215
红豆集团公司	周耀庭	8761888		214199
雅戈尔集团股份有限公司	李如成	7425873		315011
河北帝贤针纺集团公司	王淑贤	3011523		067400
东莞高步裕元制造厂第三分厂	李权	8874202		511784
东莞高步裕元制造厂第一分厂	李权	8874202		511784
晋江达狮雄皮革服装有限公司	柯永达(经理	8586828		362200
济南服装集团总公司	杨春宝	6915753		250011
东莞高步裕元制造厂第二分厂	李权	8874202		511784
东莞市常登鞋业有限公司	林端铭	2264226		511705

企业名录一览表

企业所在地区	企业详细地址	主要产品（或主要业务活动）
河北省邯郸市邯郸市直属	邯郸联纺路20号	纱 线 布
陕西省西安市灞桥区	纺西	纱 布 线
陕西省西安市灞桥区	东郊纺织城西街	棉纺织
河北省石家庄市长安区	和平东路201号	棉纱 棉布
河南省郑州市中原区	棉纺路1号	棉纱锭 棉布 染织布
河南省郑州市中原区	棉纺西路2号	棉纱 布
河南省郑州市中原区	棉纺路3号	棉纱 布
重庆市南充市达县	南坝31号	棉沙 棉布
福建省福州市市辖区	福飞路143号	纱 布
河北省邯郸市邯郸市直属	邯郸联纺路24号	纱 线 布
广东省江门市鹤山市	沙坪镇人西路40号	晴纶毛绒 晴纶条 拉舍尔经编毛毯
河北省石家庄市长安区	和平东路181号	纱 布
甘肃省兰州市西固区	西固区玉门街82号	毛料 服装
山东省滨州地区邹平县	齐东路34号	棉纱 棉布 皮棉
河南省鹤壁市淇县	三海村	棉 纱
黑龙江省哈尔滨市动力区	动力区民生路120号	亚麻布 亚麻纱
湖北省孝感市市辖区	朝阳	棉纱 棉布
天津市市区河西区	大沽南路969号	纱布线
安徽省淮南市田家庵区	淮南市田家庵区	棉纱 棉布
辽宁省锦州市凌河区	解放路7段28号	纱
吉林省长春市绿园区	绿园区春城大街68号	棉纱 棉布
北京市朝阳区	八里庄东里 1 号	棉纱 布
辽宁省沈阳市皇姑区	昆山中路10号	服装 毛织品
广东省佛山市高明市	高丰路	棉纱 棉布 成衣
湖北省黄石市下陆区	桂林路8号	呢绒 服装 化纤面料
山东省青岛市即墨市	府前街4号	旅游鞋
辽宁省大连市普兰店县	杨树房村	服装
江苏省无锡市锡山市	港下镇	服装
浙江省宁波市鄞县	宁波段塘雅戈尔大道1号	衬衫
河北省承德市承德县	新兴居委会	针织服装 针织坯布 棉纱
广东省东莞市	高步	运动鞋
广东省东莞市	高步	运动鞋
福建省泉州市晋江市	晋江罗山荆山工业区	服装
山东省济南市历下区	榜棚街20号	服装制造
广东省东莞市	高步	运动鞋
广东省东莞市	主山管理区	运动鞋

1998年部分限额以上

续14

企业名称	法人代表	电　话	分 机	邮政编码
武汉冰川集团股份有限公司	冯三九	82847057		430000
山东声乐鞋业集团公司	吴培龙	3221280		276300
福建富的乐运动用品有限公司	苏清禄	3623761		350014
波特(厦门)鞋业有限公司	陈坤树	7023481		336110
福建省莆田县鞋革集团有限公司	徐建华	2292289		351100
江苏晨风丝绸集团股份有限公司	尹国新	2323888	8801	213200
莆田新果鞋业有限公司	吴庆喜	3991178		351119
江苏华西集团公司	吴协东	6201349		214421
西安康贝制衣实业公司	陈仁寿	4262169		710077
东莞裕元制造厂	李运权	8874202		511784
湖北多佳(集团)股份有限公司	杨立康	3862587		436000
鹤山市宏业毛织厂	易耀联	8888656		529700
宁波申洲织造有限公司	马宝兴	6885510		315800
福建省安溪凤华制衣有限公司	叶秀元	3232389	31	362400
山东乳山笙歌集团公司	曹善珍	6655588		264500
南安南晶针织时装(中国)有限公司	林燕忠	6682562		362331
顺德百茂鞋业有限公司	黄茂德	2282012		528300
福建和诚鞋业有限公司	周贻赐	2011868		362012
现代时装(厦门)有限公司	陈启泰	6069998		361021
宁波杉杉集团有限公司	郑永刚	7711333		315040
中山市三乡镇宝元制鞋厂	柯伟恒	6683651		528463
东莞高步裕元制造厂第四分厂	李权	8874202		511784
东莞伟太鞋业有限公司	余志超	7712996		511741
湖北天宇时装有限公司	张晓林	4861115		431705
浙江三江实业集团公司	吴肖根	3033501		312400
江苏康博集团公司	高德康	2532888	6688	215532
南海里水得胜管理区经济联合社	李忠	5662621		528244
天津韩飞鞋业有限公司	李容九	26330559	25	300240
仙桃市雅仙集团公司	姜耀堂	2832136		433005
波特(安溪)鞋业有限公司	陈坤树	3251305		362400
中国人民武装警察部队五三0三工厂	雷三仁	4952222	5002	010051
皮革、毛皮、羽绒及其制品业				
福建清禄鞋业有限公司	梅村建二	3688888		350015
福建荔丰鞋业有限公司	王秋雄	3497668		351119
福建三丰鞋业有限公司	毛桂荣	3497968		350018
福建协丰鞋业有限公司	王秋雄	2894210		351131
番禺创信鞋业有限公司	吴振昌	84931988		511473

企业名录一览表

企业所在地区	企业详细地址	主要产品（或主要业务活动）
湖北省武汉市汉阳区	乡镇	羽绒服 呢绒
山东省临沂市沂南县	南村	鞋 塑料制品 人造革
福建省福州市晋安区	福兴投资区	高尔夫球鞋
福建省厦门市同安县	大同	运动鞋
福建省莆田市莆田县	英龙街坑边巷16号	布鞋
江苏省常州市金坛市	晨风路88号	真丝服装 面料 床上用品
福建省莆田市莆田县	梧塘镇	皮鞋
江苏省无锡市江阴市	华士镇华西村	毛纺 黑色 有色
陕西省西安市雁塔区	昆明池路1号	梭织服装 缝制帽
广东省东莞市	高步	运动鞋
湖北省鄂州市鄂城区	凤凰	服装
广东省江门市鹤山市	沙坪	服装
浙江省宁波市北仑区	塘湾工业区	服装制造
福建省泉州市安溪县	河滨北路336号	短裤 套装 棉褛
山东省菏泽地区乳山市	胜利街	服装
福建省泉州市南安市	对外工业加工区	针织服装
广东省佛山市顺德市	云良路	女鞋 雪靴 皮类
福建省泉州市洛江区	阳山	皮鞋
福建省厦门市集美区	内头八号厂房	服装
浙江省宁波市江东区	百丈东路158号	西服 时装 衬衫
广东省东莞市	第一工业区	运动鞋 轻便鞋
广东省东莞市	高步	运动鞋
广东省东莞市	墟镇	运动鞋
湖北省天门市	圣水大道89号	儿童棉服 男女茄克系列 宇豪
浙江省绍兴市嵊州市	医院路34号	服装
江苏省苏州市常熟市	常熟市白茆镇	羽绒服
广东省佛山市南海市	得胜	皮鞋
天津市市区东丽区	东丽区大毕庄镇何兴庄村	制鞋
湖北省仙桃市	三伏潭	服装
福建省泉州市安溪县	同美开发区	运动鞋
内蒙古呼和浩特市新城区	呼哈公路2公里	服装
福建省福州市马尾区	开发区上岐路1号	运动鞋
福建省莆田市莆田县	梧塘	运动鞋 鞋配件
福建省福州市仓山区	城门	运动鞋
福建省莆田市莆田县	西天尾	NIKE运动鞋
广东省广州市番禺市	九比	皮运动鞋

续15

企业名称	法人代表	电　话	分 机	邮政编码
福州市顺大运动用品有限公司	梅村建二	3621791		350014
龙海市鞋业有限公司	陈荣足	6522564		363100
青岛泰光制鞋有限公司	金风九	6491140	232	266604
丰源制靴大连有限公司	南清一	7677620	138	116100
焦作市雪羊皮毛集团公司	白虎战	8593605		454771
中山通佳鞋业有限公司	杨基烈	5214510		528451
厦门鑫兴鞋业有限公司	朱陈官美	6022151		361006
广州海丰鞋业有限公司	刘明桂	85516772	6235	510623
福建省莆田三路鞋业集团有限公司	郑玉瑞	2793762		351100
福州福禄鞋业有限公司	杨村建	7660202		350011
珠海经济特区美星制鞋有限公司	陈敏雄	8610198	330	519070
东莞纬球鞋厂有限公司	林钟九	5538698		511768
江苏森达集团公司	朱相桂	6213511	2048	224700
厦门集立工业有限公司	李景山	6068991		361021
莆田涵江金星鞋业有限公司	李长嵘	3596036		351111
莆田市涵江大福鞋业有限公司	张文仪	3596566		351111
河北省辛集市皮革商业城集团公司	刘运铎	3215436		052360
青岛世原鞋业有限公司	申奇东	6239240		266323
青岛昌新鞋有限公司	郑焕一	7224091		266300
珠海特区裕元工业有限公司	何志强	8613456	308	519070
莆田涵江鞋业有限公司	张文仪	3597317		351111
广州荣诚鞋业有限公司	庄兆勇	86622471		510430
高要市庆隆工业有限公司	吴键均	8391979		526100
福州市东顺鞋业有限公司	黄学春	3664840		350007
福建省仙游亿承鞋业有限公司	周敏郎	7396098		351253
上海光伟实业有限公司	赖贤功	57471883		201406
南海金星鞋业有限公司	陈海山	5113995		528241
广州万邦鞋业有限公司	许崇钜	86622991		510440
辽阳韩华鞋业有限公司	魏保威	4150518	820101	111000
肇庆市肇杰鞋业有限公司	李钢鸣	2831350	3018	526020
番禺世门手袋有限公司	朴殷宽	84754777		511434
福州市山一鞋业有限公司	毛桂荣	3441992		350026
福建万丰鞋业有限公司	毛桂荣	2762324		350119
达狮雄(石狮)鞋服有限公司	林育艺	8586826		362700
顺德百利鞋业有限公司	黄茂德	2625588		528300
广州欣昌鞋业有限公司	何树滋	82386985		510725
福建仙游宏茂鞋业有限公司	吴荣芳	7090373		351252

企业名录一览表

企业所在地区	企业详细地址	主要产品（或主要业务活动）
福建省福州市晋安区	福兴投资区	运动鞋
福建省漳州市龙海市	人民西路100号	皮鞋
山东省青岛市莱西市	李权庄	生产旅游鞋
辽宁省大连市甘井子区	苏家村	旅游靴
河南省焦作市孟州市	桑坡村民委员会	羊剪绒系列
广东省东莞市	南朗镇第二工业区	皮鞋
福建省厦门市市辖区	华昌路悦华路交叉鑫兴	鞋类
广东省广州市天河区	猎德路海心沙岛	皮鞋
福建省莆田市莆田县	畅林	皮鞋
福建省福州市市辖区	福马路五里亭199号	运动鞋
广东省珠海市香洲区	前山翠微工业区	牛皮鞋
广东省东莞市	居民居委会	运动鞋 方便鞋
江苏省盐城市建湖县	建湖县近湖乡森达村	男女皮鞋
福建省厦门市集美区	叶厝居委会	鞋
福建省莆田市涵江区	涵三路	鞋
福建省莆田市涵江区	新坡	鞋
河北省石家庄市辛集市	商业城	皮衣 手套
山东省青岛市胶州市	大朱戈556号	鞋 鞋底 鞋帮
山东省青岛市胶州市	泉州路6号	生产鞋及鞋附件
广东省珠海市香洲区	翠景工业区1栋裕元公司	运动鞋
福建省莆田市涵江区	国欢	PV真皮女式时装鞋马靴 服饰及运动器材
广东省广州市白云区	石井镇石沙路300号	皮鞋
广东省肇庆市高要市	广新一路11号	劳动保护皮鞋
福建省福州市市辖区	光明路13号	运动鞋皮鞋地
福建省莆田市仙游县	东路89号	牛皮皮鞋 人造革皮鞋 其他皮鞋
上海市郊县奉贤县	光明镇东街	运动鞋
广东省佛山市南海市	官和大道28号	运动鞋
广东省广州市白云区	新市镇平沙村	牛面运动鞋
辽宁省阜新市太子河区	南新华街76号	旅游鞋
广东省肇庆市端州区	火车站西侧	售运动鞋
广东省广州市番禺市	工业路	手袋 线包
福建省福州市仓山区	白湖村	女鞋
福建省福州市闽侯县	福厦公路24.5公里处	马鞋旅游鞋
福建省泉州市石狮市	东西二路前廊工业区	鞋 仿皮茄克
广东省佛山市顺德市	红岗	鞋
广东省广州市黄埔区	文冲	牛皮工作鞋
福建省莆田市仙游县	仙华村	时装鞋 马靴

续16

企业名称	法人代表	电　话	分　机	邮政编码
青岛万德集团股份有限公司	段善亮	4121087		266404
福建省莆田大吉利鞋业有限公司	吴庆喜	3991588		351119
雪豹集团公司	曹浩强	7411067	63310	314408
木材加工及竹、藤、棕、草制品业				
黑龙江省南岔木材水解厂	张国俊	3412951	302	153100
河北省邢台市邢台县胶合板有限责任公司	赵炳旭	3037602		054001
吉林省红石林业局	王富生	6886716		132400
河北省邢台市邢台县恒兴胶合板有限责任	禹维兴			054001
扬州市快乐集团公司	王道江	6716050	8081	225248
吉林省白河林业集体企业总公司	刘世久	5718824		133613
和龙林业局集体企业总公司	陈冬女	4224755		133500
岗上镇股份公司	李全德			052160
南海粤华装饰板材厂	冯明昌	6913888		528208
抚顺市梨花木业集团公司	杨伟言	4058087		113116
寿光市鲁丽集团有限公司	薛茂林	5361300		262724
国营正阳河木材综合加工厂	张长春	4603514	3016	150076
国营哈尔滨木器制造厂	费春申	4603330	6313	150076
国营牡丹江木材综合加工厂	姜勇军	6613388	82	157005
敦化林业局集体企业总公司	陈清峰	6208477		133714
山东天齐集团股份有限公司	田家亮	8580201		256402
四川省成都木材综合工厂	康年兴	3174512	3016	610081
吉林省长春胶合板厂	崔庆敏	4715012	330	130032
黑龙江省佳木斯木材综合加工厂	龚春环	8449025		154002
黑龙江省金山屯林业局木材综合加工厂	申庆彬	3732800		153026
国营松江胶合板厂	曲忠良	5666853		150036
湖南人造板厂	刘衡甫	4480008	2388	410008
杭州木材总厂	王连星	6051344	6668	310008
黑龙江省翠东工业小区	陈国锋	3033173		153013
上海福海(木业)企业有限公司	潘同兴	58911188		201204
重庆木材综合工厂	邓小强	68550230		400082
深圳光大木材工业有限公司	孔丹	6695030	209	518052
云南思茅三木(集团)有限公司	陈学忠	2123865		665000
北京市建筑木材总厂	宋学礼	67782761	362	100022
黑龙江省伊春市新星木业有限公司	夏青云	3562770		153036
漳平市菁林有限责任公司	邓煌基	7522500		364400
永安人造板实业有限公司	方兴添	3635940		366000
黑龙江省伊春市五营区中植企业集团	解植坤	3816531		153033

企业名录一览表

企业所在地区	企业详细地址	主要产品（或主要业务活动）
山东省青岛市胶南市	朱家小庄	皮革服装
福建省莆田市莆田县	梧塘镇	皮鞋 凉鞋
浙江省嘉兴市海宁市	辛江	革皮服装 革皮
黑龙江省伊春市南岔区	民主街	中密度纤维板 甲醛 纤维板
河北省邢台市邢台县	邢台县东汪镇	胶合板
吉林省吉林市桦甸市	临江	锯材
河北省邢台市邢台县	邢台县东汪镇东静庵南街	胶合板
江苏省盐城市江都市	江都市高徐镇繁荣路2号	单板 胶合板 球拍
吉林省延边朝鲜族自治州安图县	白林	人造板 锯材
吉林省延边朝鲜族自治州和龙市	站前街10号	木材
河北省石家庄市藁城市	岗上	人造板
广东省佛山市南海市	石江工业区	夹板
辽宁省抚顺市抚顺县	救兵村	地板块
山东省潍坊市寿光市	侯镇	胶合板
黑龙江省哈尔滨市道里区	道里区通达街442号	刨花板
黑龙江省哈尔滨市道里区	道里区河梁街74号	人造板 家具 缝纫机台板
黑龙江省七台河市东安区	东新安街345号	刨花板 装饰板 浸渍板
吉林省延边朝鲜族自治州敦化市	丹江街衡山路30号	木制品
山东省淄博市桓台县	田庄	木制门窗
四川省成都市金牛区	西北桥北街1号	胶合板 安波板 机制纸
吉林省长春市二道河子区	二道区远达街4号	胶合板 刨花板
黑龙江省佳木斯市永红区	松林路60号	锯材 胶合板 军工箱
黑龙江省伊春市金山屯区	金山街	生产锯材 生产地板块
黑龙江省哈尔滨市香坊区	香房区公滨路街574号	浸渍纸 浸渍纸二次贴面板
湖南省长沙市北区	北堤一号	胶合板 中密度纤维板 双贴面创花板
浙江省杭州市上城区	秋涛路190号	锯材 胶合板 刨花板
黑龙江省伊春市翠峦区	向阳街	生产用木制品 生活用木制品
上海市郊县浦东新区	北蔡镇中心路88号	胶合板制造
重庆市大度口区	大渡口区茄子溪制材三村	刨花板
广东省深圳市南山区	月亮湾大道93-2号	胶合板 中度纤维板 装饰板
云南省思茅地区思茅市	环城南路97号	胶合板.刨花板.原木 松节油.蒎烯.
北京市朝阳区	百子湾路1号	生产用木制品 纤维板 锯材
黑龙江省伊春市新青区	东建街	纤维板
福建省龙岩市漳平市	八一路37号	木材 薪材 锯材
福建省三明市永安市	兴坪	纤维板
黑龙江省伊春市五营区	育林街	水泥 饲料 木制品

续17

企业名称	法人代表	电　话	分 机	邮政编码
天津福津木业有限公司	田兆贞	28323426		300221
上海新加木业公司	宋家安	58120888	8215	201318
广东省鱼珠林产集团有限公司	黄国缪	82279355	270	510711
维德木业(苏州)有限公司	庄启程	5393113		215151
徐州胜阳木业有限公司	麦友华	2730652		221112
中国江海木业有限公司	沈生源	3753992		214171
榆次市新兴企业集团	白武选	2025714		030600
黑龙江省金山屯林业局人造板厂	岑彦林	3025329		153026
图们制材厂	瞿守发	3623811	224	133100
广东省宜华企业（集团）有限公司	刘绍喜	5164898		515834
柳州木材厂	梁永安	2514314		545002
四川省天全县二郎山企业集团公司	高守伦	7222012		625500
家具制造业				
吉林市木业总公司	刘炎	2553679		132001
伊春市双龙江省双丰林业局家具公司	杨锡民	2782549		152511
天津隆庆集团有限公司	于培田	27380519		300102
光明家具集团股份有限公司	冯永明	3603184		153000
合肥东方室内装饰集团	端木世冬	2673144		230001
上海震旦办公设备有限公司	陈永泰	59165258		201818
齐齐哈尔华鹤木业有限公司	吴雪松	2346436		161005
广东天健实业集团有限公司	梁广义	6578798		529159
温岭市泽国钢木家具制作公司	钟振地	6444797		317523
哈尔滨室内装饰集团股份有限公司	吕建启	4844891		150076
南京木器厂	周小娥	4432611		210049
成都八一家具股份有限公司	王学茂	5011092		610043
青岛一木集团公司	王金训	3736706		266031
烟台木材工业总公司	李修龙	6528824		264002
南海市联邦家私装饰有限公司	杜泽华	5770588		528247
河北省邢台市蓝鸟家俱实业总公司	贾然	3036230		054077
寿光市家具总公司	付士祥	5101257		262703
山东风阳集团股份有限公司	寇祖山	6182436	3028	255300
福建联福林业有限公司	毛桔荣	2249947		350111
黑龙江万力木业有限责任公司	于卫民	8444521	297	154002
日照三木集团有限公司	杨宝友	8221888		276807
淄博美亚达集团公司	时会涛			255318
汨罗市保安设备集团公司	陈范兴	5680033		414411
淮南市金三角家具公司	吴君锁	3646324		232007

企业名录一览表

企业所在地区	企业详细地址	主要产品（或主要业务活动）
天津市市区河西区	河西区尖山街解放南路46	人造板
上海市郊县南汇县	康桥路787号	化妆板
广东省广州市黄埔区	黄埔大道东838号	胶合板 纤维板 刨花板
江苏省苏州市郊区	浒墅关新区文昌路	胶合板
江苏省徐州市铜山县	三堡	胶合板 木工板 密度板
江苏省无锡市锡山市	西漳镇锡澄路	胶合板
山西省晋中地区榆次市	大同街97号	保丽板 房地产开发
黑龙江省伊春市金山屯区	金山街	胶合板 刨花板 贴面板
吉林省延边朝鲜族自治州图们市	向上路	锯材 纸板
广东省汕头市澄海市	莲下镇大坪工业区	地板块 木家具
广西柳州市柳北区	北雀路45号	胶合板 倒花板 饰面刨花板
重庆市雅安地区天全县	正西街	刨花板 企口地板 水泥
吉林省吉林市昌邑区	昌邑区嫩江街42号	木制品 化工 机械
黑龙江省伊春市铁力市	双丰街	制造家具 胶合板
天津市市区南开区	南开区长江道26号	家具
黑龙江省伊春市伊春区	青山路118号	生产实木家具 板式家具
安徽省合肥市中市区	美菱大道542#	木制家具 玻璃加工 室内装饰工程及配套
上海市郊县嘉定区	沪嘉辅道99号	计算器 办公家具
黑龙江省齐齐哈尔市龙沙区	新立街52号	木制家具生产 软体家具
广东省江门市新会市	河村	家具
浙江省丽水地区温岭县	箕头村	桌 椅 钢丝床
黑龙江省哈尔滨市道里区	道里区前进路73号	木制家具 金属家具 木制品
江苏省南京市栖霞区	马群街1号	木家具
四川省成都市武侯区	高碑村	床垫 家具
山东省青岛市四方区	宜昌路1号	木家具
山东省烟台市芝罘区	只楚路29号	木制家具 无节材
广东省佛山市南海市	广佛公路平地路西3号	民用家具 办公家具
河北省邢台市桥东区	城东路70号	木家具 软体家具
山东省潍坊市寿光市	张建桥乡	家具 人造板
山东省淄博市周村区	风阳路138号	床垫
福建省福州市闽侯县	陈厝	木制家具
黑龙江省佳木斯市永红区	松建街12号	家具 刨花板 贴面板
山东省日照市东港区	安东卫西	木制家具
山东省淄博市周村区	水磨村	床垫 沙发
湖南省岳阳市汨罗市	长乐	金属门 保险柜
安徽省淮南市田家庵区	舜耕镇	红木家具 白木家具

续18

企业名称	法人代表	电 话	分 机	邮政编码
厦门西华家具有限公司	黄锡斌	6060648		361023
平安家具公司	王全连	8291221		050800
成都长城床垫厂(永丰)	董德寿			610041
黑龙江常安木制品有限公司	李玉坤	6802374		150069
美心.麦森门业有限公司	夏明宪	62911235		400060
广州环美家具有限公司	李有田	82214068		510730
肇庆欧美家私厂	曹俊文	8471241		526116
福州福日视听器材厂	林正	3662694		350011
高要市金海岸宏福家具有限公司	蔡国忠	8393040		526100
厦门新技术集成有限公司	李基天	5791158		361009
七台河市双叶实木家具有限公司	郭文祥	8334719		154603
家全家具(漳州)有限公司	王家全	2106911		363000
酒泉富康家具总公司	李新民	2614658		735000
上海轻工厨房设备有限公司	王鸿新	58428999		200126
乐陵市木制工艺品总厂	李振武	6422948		253600
青岛良木集团公司	王友旭	4820633		266108
杭州市家具工业公司	濮荣生	7822153		310003
浙江省义乌市红木家具厂	金樟溪	5795078		322000
湛江碧丽华模压木制品总厂	陈显德	7974594		524334
许昌大观家具(集团)有限公司	黄诚彬	2621974		461000
东莞市富和家具有限公司	林正华	7722447	28	511752
造纸及纸制品业				
湖南省邵东县造纸有限公司	姚宏宾	2721531		422800
金城造纸(集团)有限责任公司	何捷智	8285193		121203
石岘造纸厂	刘怀	3868351	389	133101
北京市造纸包装工业公司	刘顺舟	64660220		100028
齐齐哈尔市造纸有限公司	张伟东	2817931	20	161005
金城造纸集团营口造纸有限责任公司	张继跃	3815564		115001
南海市黄岐六联纸箱厂	孔松煊	5931827		528248
南平造纸厂	黄国英	8808888		353000
岳阳纸业集团有限责任公司	王新松	8561622	567	414002
吉林造纸(集团)有限公司	曲丹时	2702525		132002
鸭绿江造纸厂	刘作金	4143849		118001
佳木斯纸业集团有限公司	刘耀中	8377185		154005
广州造纸有限公司	谢树文	84336888	3311	510281
黑龙江黑龙股份有限公司	张伟东	2816277		161005
江西纸业有限责任公司	姜和平	8621141	2294	330006

企业名录一览表

企业所在地区	企业详细地址	主要产品（或主要业务活动）
福建省厦门市集美区	北部工业区	金属家具 藤铁家俱
河北省石家庄市正定县	平安屯	家具
四川省成都市武侯区	核桃村	床垫
黑龙江省哈尔滨市动力区	朝阳乡	实木家具 卫生筷
重庆市南岸区	南坪花园村	防盗门
广东省广州市黄埔区	庙头工业村	木制品家具 布艺沙发 木制配件
广东省肇庆市高要市	开发区	办公家具系列
福建省福州市市辖区	象园路61号	各类音箱壳体系列 家俱 视听柜
广东省肇庆市高要市	湖西路	红木家具
福建省厦门市湖里区	钟宅蚵仔沟	无缝焊管 桥牌桌椅 童床
黑龙江省七台河市新兴区	站前路5号	木制家具
福建省漳州市芗城区	金峰工业区国道西路285	木家俱
甘肃省酒泉地区酒泉市	西峰	家具制造
上海市郊县浦东新区	浦东新区杨思潘家宅189	木制家具
山东省德州市乐陵市	董家村	木制家具
山东省青岛市城阳区	红埠村	桐木拼板 家具
浙江省杭州市下城区	体育场路91号	木制家具 软家具
浙江省金华市义乌市	江湾	红木家具
广东省湛江市遂溪县	坪石	横压木质家具 横压木质教材
河南省濮阳市魏都区	七一路51号	各类家具
广东省东莞市	东深工业区	办公台
湖南省邵阳市邵东县	衡宝路40号	机制纸
辽宁省锦州市凌海市	东湖1号	胶印书刊纸
吉林省延边朝鲜族自治州图们市	石岘路	新闻纸 商品木浆 双面胶版纸
北京市东城区	香河园1号	机制纸及纸板
黑龙江省齐齐哈尔市龙沙区	新立街长青路27号	玻璃纸生产
辽宁省营口市站前区	站前区河湾北街1号	胶印书刊纸 单面书写氏 涂料白板纸
广东省佛山市南海市	六联	纸箱 电缆
福建省南平市市辖区	滨江北路177号	新闻纸 本色浆板
湖南省岳阳市南区	洪家洲	胶印书刊纸 胶印新闻纸 箱板纸
吉林省吉林市昌邑区	昌邑区林荫路九号	新闻纸 纸袋纸
辽宁省丹东市元宝区	珍珠街249号	新闻纸 纸袋纸、牛皮纸
黑龙江省佳木斯市东风区	光复路306号	机制纸 发电量 造纸用网
广东省广州市海珠区	工业大道南广纸路40号	新闻纸 瓦楞原纸
黑龙江省齐齐哈尔市龙沙区	长青路27号	新闻纸 冰刀 冰鞋
江西省南昌市东湖区	青山南路112号	机制纸

1998年部分限额以上

续19

企业名称	法人代表	电 话	分 机	邮政编码
天津造纸厂	姜宏亮	28340153	238	300222
浙江民丰造纸厂	吕士林	2080971		314000
佳木斯造纸股份有限公司	彭泽元	8377185		154005
河北省邢台市邢台县康达企业集团	何青海	3036965	3034	054001
山东潍坊恒信纸业集团总公司	杨广英	8233981		261041
牡丹江恒丰纸业集团有限责任公司	李荣华	6331111	64	157013
辽阳工业纸板股份有限公司	杨习兵	3302901	338	111004
黑龙江斯达造纸有限公司	董 鹰	3122892	366	161202
吉林纸业股份有限公司工业公司	孙宏翊	2703195		132002
成都市造纸工业公司	李 霖	5432855		610021
华泰集团有限公司	李建华	6888851		257335
山东太阳纸业集团有限公司	李洪信	3412388		272000
山东晨鸣纸业集团股份有限公司	陈永兴	5280000		262700
宜宾纸业有限公司	王立人	3558047		644007
天津振华纸业有限责任公司	朱斌中	28392191		300350
山东淄博博汇实业总公司造纸厂	杨延良	8530542		256405
河北冀腾纸业公司	白云泽	4122179		063500
国营乐山造纸厂	张从心	2490015		614000
鹤山市雅图仕印刷有限公司	冯学洪	8766115		529723
迁安市华丰造纸厂	李祥庭	7613489		064400
河北省垦丰造纸总厂	孟令斌	8711329	2503	063200
福建省青山纸业股份有限公司	张小麟	5656888		365506
四川长江包装纸业股份有限公司	沈振兴	3581906	322	644004
开纤厂集经总公司	王连生	3412598		133417
广西柳江造纸厂	杨贝祥	2750846		545011
山东省泰山造纸厂	李敦让	6611308		271125
浙江亚伦集团股份有限公司	王品发	7022912	238	324400
杭州华丰纸业有限公司	黄胜利	8091424	440	310011
安徽皖纸纸业有限公司	王德安	3622282		232007
武汉晨鸣汉阳纸业有限责任公司	陈兴国	82847057		430000
印刷业、 记录媒介的复制				
东莞大岭山亚美磁带厂	邝炯华	3351537		511774
大连盛道集团有限公司	刘丽春	2672193		116013
江西印刷集团公司	熊贤祥	6413112		330002
随州市勤工俭学办公室	陈三发	3223011		441300
沈阳新华印刷厂	田淑荣	25872814	2046	110021
北京轻联包装印刷集团公司	荣玉增	65241092		100005

企业名录一览表

企业所在地区	企业详细地址	主要产品（或主要业务活动）
天津市市区河西区	大沽南路1069号	纸及纸板
浙江省嘉兴市城区	角里街70号	机制纸 机制纸板 纸浆
黑龙江省佳木斯市东风区	光复路306号	机制纸
河北省邢台市邢台县	邢台县北康庄经济试验区	纸张 玻璃 陶瓷
山东省潍坊市奎文区	民生东街30号	文化用纸 生活用纸
黑龙江省七台河市阳明区	光华街	卷烟纸 铝箔衬纸 滤嘴棒纸
辽宁省阜新市白塔区	建设路21号	机制纸板
黑龙江省齐齐哈尔市富裕县	先拓街99号	机制纸生产 商品浆
吉林省吉林市昌邑区	昌邑区兴华街9号	卫生纸 信用纸袋纸
四川省成都市武侯区	致民路十五北街	机制纸及纸板 纸制品
山东省东营市广饶县	大王镇	书写纸 双面胶版纸 涂布白板纸
山东省济宁市兖州县	西关大街66号	涂布后皮卡纸 涂布白纸板
山东省潍坊市寿光市	圣城路403号	机制纸及纸极制造
重庆市宜宾地区宜宾市	岷江西路54号	新闻纸
天津市市区津南区	咸水沽建国大街25号	纸及纸板制造
山东省淄博市桓台县	大城工业小区	机制纸
河北省唐山市滦南县	南大街92号	牛皮箱板纸 黄板纸 高强瓦楞纸
重庆市乐山市市中区	柏阳路106号	机制纸及纸板
广东省江门市鹤山市	古劳墟	纸盒
河北省唐山市迁安市	迁安市迁安镇	胶印书刊纸 胶板印刷纸
河北省唐山市唐海县	桥西街	机制纸板
福建省三明市沙县	青州村	纸袋纸 本色木桨 碱回收
重庆市宜宾地区宜宾市	马鞍石	机制纸
吉林省延边朝鲜族自治州龙井市	南山街	机制纸
广西柳州市市郊区	洛埠	机制纸及纸板制造
山东省菏泽地区莱城区	沈家岭	机制纸及纸板制造
浙江省衢州市龙游县	龙游镇龙兰路151号	机制纸浆 机制纸 印刷品
浙江省杭州市拱墅区	和睦路155号	机制纸浆 机制纸 机制纸板
安徽省淮南市田家庵区	电厂路	卷烟纸 滤咀纸 文化用纸
湖北省武汉市汉阳区	湖北省武汉市	机制纸及纸板
广东省东莞市	南区工业村16-18号	空白录像带盒
辽宁省大连市中山区	捷山街奋斗巷30号	包装塑料印刷制品
江西省南昌市西湖区	站前西路121号	单色印刷 多色印刷 凹印印刷
湖北省恩施土家族苗族自治州随州	烈山大道近圣门街 3 号	印刷 服装 粮食加工
辽宁省沈阳市铁西区	铁西区建设中路30号	书刊排字 书刊印刷 书刊装订
北京市东城区	校尉胡同10号	多色印刷品 金属制包装物品

续20

企业名称	法人代表	电　话	分 机	邮政编码
番禺艺彩印刷联合有限公司	曾广乾	84853923		511450
重庆华彩印务实业公司	王组建	63851395		400014
河北新华印刷一厂	任海江	3133971	345	071051
北京新华印刷厂	高福成	68358831	250	100044
北京印刷一厂	刘国庆	63013654		100053
黑龙江新华印刷厂	王克政	6662900	216	150086
四川新华印刷厂	杨海康	3333012	3014	610081
河南省安阳市长虹彩印厂	木新省	822088		456473
武汉长印集团股有限公司	李东	82847057		430000
重庆新华印刷厂	许志明	68824917		400050
永德信(福建)磁带有限公司	李云孝	5380195		350301
凸版印刷(深圳)有限公司	服部卓尔	7812211		518101
福建新华印刷厂	张竹光	3661824		350011
山东凌志包装集团公司	李进军	2583350		272157
贵州新华印刷厂	罗筑昌	6834181	2172	550001
陕西省印刷厂	田晓康	7322707	3004	710003
湖南省新华印刷一厂	崔乃元	4311466		410008
河南第一新华印刷厂	王拾	5952264		450003
汕头市升平区万安工业公司	张烈勇	8275385		515011
天津环球磁卡股份有限公司	刘栋来	23266601	2120	300202
云南新华印刷实业总公司	肖　元	3122808		650011
安徽省新华印刷厂	张全兴	5521096	2238	230041
北京外文印刷厂	张振堂	68413344	312	100044
湖北省新华印刷厂	田武英	82847057		430000
洛阳市印刷厂	王北平	3992700		471009
太原印刷厂	霍国平	3083041		030009
黑龙江省新华印刷二厂	杨英岐	3722426		150301
江西新华印刷厂	余三保	6262021		330002
江西新华印刷总厂	黄友苏	8583496	8050	332000
保定地质图制印厂	张国保	3135971	306	071051
江苏联通集团公司	六以方	6885441		214400
长春新华印刷厂	魏洪和	4945346		130031
广西民族印刷厂	杨玉玮	3135904		530001
山东新华印刷厂德州厂	王庆华	2621303	8206	253006
山东森达集团公司	王金德	4641108		262127
北方装潢印刷集团公司	付树梅	3073969		075100
西安新华印刷厂	薛常铭	4241134	5215	710077

企业名录一览表

企业所在地区	企业详细地址	主要产品（或主要业务活动）
广东省广州市番禺市	小龙	玩具书 礼物咭 跳弹书
重庆市渝中区	渝中区鹅岭正街1号	多色印刷品 扑克牌 本册
河北省保定市新市区	省印路102号	书刊排字 书刊印刷 书刊装订
北京市西城区	车公庄大街4号	书刊印刷
北京市宣武区	53号	书刊印刷 胶印印刷 商品印刷
黑龙江省哈尔滨市南岗区	南岗区学府路新华居委会	书刊印刷
四川省成都市金牛区	人民北路16号(金牛区)	印刷品
河南省安阳市滑县	西万古村	彩印包装
湖北省武汉市乔口区	湖北省武汉市	多色印刷品 塑料印刷
重庆市九龙坡区	九龙坡区杨家坪兴胜路	多色印刷品 单色印刷品
福建省福州市福清市	棋山村	空白录像带
广东省深圳市宝安区	创业路27	印刷 彩盒 复制磁盘
福建省福州市市辖区	福新中路42号	印刷产品 装订产品 排版
山东省济宁市市郊区	长沟	纸箱 玩具
贵州省贵阳市云岩区	云岩区友谊路186号	单色印刷品 多色印刷品
陕西省西安市莲湖区	西北三路28号	教材.期刊印刷 包装.装璜
湖南省长沙市北区	芙蓉北路564号	单色印刷品 多色印刷品
河南省郑州市金水区	经五路12号	书刊印刷 胶印印刷 书刊装订
广东省汕头市升平区	永平路32号	印刷制品
天津市市区河西区	解放南路325号	胶印印刷 磁卡
云南省昆明市盘龙区	吴井路130号	胶印印刷 书刊印刷 装订
安徽省合肥市中市区	濉溪路26#	单色印刷品 多色印刷品
北京市海淀区	车公庄西路19号	印刷
湖北省武汉市乔口区	乡镇	书刊印刷 胶印印刷 书刊装订
河南省洛阳市老城区	中州中路108号	印刷品
山西省太原市北城区	城坊街7号	单色印刷品 多色印刷品
黑龙江省哈尔滨市阿城市	阿城市通城街	胶印印刷 书刊印刷
江西省南昌市西湖区	丁公路120号	单色印刷 多色印刷
江西省九江市庐山区	浔阳	多色印刷品 单色印刷品
河北省保定市新市区	七一中路137号	多色印刷
江苏省无锡市江阴市	人民中路200号	烟皮 烟盒 水松纸
吉林省长春市二道河子区	二道区吉林大路35号	单色印刷品 多色印刷品
广西南宁市城北区	明秀西路53号	单色印刷品 多色印刷品
山东省德州市市辖区	新华路155号	激光照排 书刊印装 单多色印刷
山东省潍坊市安丘市	凌河	印刷品
河北省张家口市宣化区	南关桥北25号	包装装潢印刷品
陕西省西安市莲湖区	团结南路1号	书刊印刷 书刊装订 胶印印刷

续21

企业名称	法人代表	电 话	分 机	邮政编码
山西新华印刷厂	安小慧	4042338	3099	030012
山东省烟草工业印刷厂	任学敏	2212508		261400
文教体育用品制造业				
东莞市兴发玩具厂有限公司	杜月澧	2201697		511705
东莞市伟易达电子厂	黎诚坚	5581877		511771
镇泰广州有限公司	卢沃堂	86621998		510440
江苏好孩子集团公司	宋郑还	7671798	3078	215331
镇泰(中国)工业有限公司	卢沃棠	84926666	8672	511480
南海永和玩具制品有限公司	张胜谭	5775547		528247
南海市飞龙机铸玩具有限公司	黄伟标	5772148		528247
东莞市龙昌玩具有限公司	梁麟	220168	288	511705
镇泰海珠有限公司	卢沃棠	84209303		510320
广州日成玩具制品有限公司	郑柱成	87422633		510540
青岛华仁玩具有限公司	朴辰浩	7897051		266101
山东东方玩具有限公司	贾永春	7711698		277300
南海市东秀经济实业公司	周锡威	5781221		528247
广州珠江钢琴集团有限公司	童志成	81502729		510380
东莞鑫达玩具礼品有限公司	胡海林	3375750		511732
番禺市友利玩具厂	劳日	84828478		511400
南海市中美玩具厂	黄汝	5887383		528237
康贝有限公司	藤枝孝子	7673692		215300
北京星海乐器有限责任公司	翟康乐	67718885	131	100022
永隆(番禺)塑料五金电器有限公司	谢国庆	84832983		511450
东莞常平建达玩偶厂	周泮林	3331330		511732
上海海文（集团）有限公司	黄莅国	63774271	15	200011
中山皇冠玩具有限公司	高月明	5592638	21387	528437
东莞望牛墩民生玩具厂	梁松稳	8852099		511777
东莞冠越玩具有限公司	高月明	5555828		511761
中山太平玩具有限公司	陈执伟	6500362		528459
营口东北钢琴(集团)公司	丁弘戬	4838502		115004
山东菏泽印刷厂	刘波	5624612	2809	274015
晋江市展望电子有限公司	许慕萱	5281288		362241
敏腾(广州)实业有限公司	陈景格	84926535		511480
东莞里堡玩具有限公司	罗祖耀	3342610		511738
东莞凤岗竹尾田玩具厂	赖静思	7753128		511749
厦门进雄企业有限公司	李胤宰	6022106		361006
中山崇高玩具制品厂有限公司	张宝伦	8402969		528447

企业名录一览表

企业所在地区	企业详细地址	主要产品（或主要业务活动）
山西省太原市南城区	双塔西街120号	书刊印刷 胶印印刷 书刊装订
山东省烟台市莱州市	莱州南路450号	烟盒
广东省东莞市	堑头管理区	玩具
广东省东莞市	三屯管理区	电子玩具
广东省广州市白云区	鹤边村	塑胶玩具
江苏省苏州市昆山市	陆家镇	童车 自行车 童床
广东省广州市番禺市	良地埠工业区	玩具
广东省佛山市南海市	盐步大道	塑料玩具 工艺品
广东省佛山市南海市	新城区居委会	玩具车
广东省东莞市	汉塘街	玩具制品
广东省广州市海珠区	新窖华洲路18号	玩具
广东省广州市白云区	白云区太和镇米龙村	玩具
山东省青岛市崂山区	中韩村	玩具制造
山东省聊城地区峄城区	峄城镇	布绒玩具
广东省佛山市南海市	东秀	玩具 变形钢筋 家具
广东省广州市芳村区	花地大道南渔尾西路	钢琴
广东省东莞市	新城工业区	合金塑胶玩具
广东省广州市番禺市	光明南路36号	玩具 塑料模具
广东省佛山市南海市	工业大道	玩具
江苏省苏州市昆山市	陆家	童车
北京市朝阳区		钢琴 西管乐器
广东省广州市番禺市	罗家	塑料玩具
广东省东莞市	振兴路87-107号	玩偶布公仔 塑胶玩具
上海市市区南市区	南市区黄家阙路92号	笔类产品 墨水 汽步枪
广东省东莞市	张家边中山港大道侧	车缝玩具 塑胶玩具
广东省东莞市	金牛路49号	塑胶制品玩具等
广东省东莞市	龙眼管理区	塑胶玩具 电子玩具 毛绒玩具
广东省东莞市	板芙镇深湾村委会	塑胶玩具
辽宁省营口市西市区	渤海大街五段客车场里1	立式钢琴 三角钢琴
山东省菏泽地区菏泽市	菏泽八一东街83号	扑克牌 包装印刷
福建省泉州市晋江市	晋江市龙湖镇福林村	塑胶电子玩具 电子表 毛绒玩具
广东省广州市番禺市	榄核镇	塑胶玩具
广东省东莞市	迳联管理区	塑胶玩具 布公仔
广东省东莞市	竹尾田	玩具
福建省厦门市湖里区	悦华东路	帐篷 睡袋
广东省东莞市	港口镇岐港公路	塑胶玩具 布绒玩具 电子玩具

1998年部分限额以上

续22

企业名称	法人代表	电　话	分 机	邮政编码
上海英雄股份有限公司	赵松生	62506261	33	200331
莱州市鑫城集团总公司	綦俊玉	2551088		261424
增城市运豪五金塑料有限公司	谭哲豪	82915168		511328
南海市河西玩具厂	梁相	5775936		528247
中山市隆成日用制品有限公司	曾溢江	2225176		528414
上海康尼文具用品有限公司	许健亮	58613651		200137
工贸合营江都市邵伯玩具配件厂	高朋章	6581326		225261
连州永和玩具制品有限公司	林健峰	6625504		513400
广州华隆丰玩具有限公司	曹德浩	87402168		510550
丹东金笔厂	王力军	6161607		118002
厦门新凯复材科技有限公司	沈文振	6210452		361022
石油加工及炼焦业				
齐鲁石化公司	王延康	7588673		255408
北京燕山石油化工(集团)有限公司	曹湘洪	69342281		102500
中国巴陵石油化工公司	谢培清	8844706		414000
中国石油大庆石油化工总厂	王昱	6763228		163714
中国石化茂名石油化工公司	何德先	2242241		525011
中国石化金陵石油化工公司	吴瑞林	5097755		210037
中国石油天然气集团公司抚顺石油化工公	张新志	2628111	1104	113008
中国石化集团公司天津石化公司	朱理琛	63804611		300271
中国石化上海高桥石油化工公司	刘根元	58711001	2509	201208
中国石油兰州炼油化工总厂	陈守杰	7932343		730060
中国石化安庆石油化工总厂	喻道成	5375133		246001
中国石油乌鲁木齐石油化工总厂	王永明	6893601		830019
中国石油锦西炼油化工总厂	刘宝林	2179398		125001
巴陵石化长岭炼油化工总厂	蒋信成	8451000	52048	414012
中国石化大连石油化工公司	张义	6671371		116032
镇海炼油化工股份有限公司	张家仁	6444000		315207
中国石化荆门石化总厂	王瑞光	2211501	21015	448000
上海焦化有限公司	赵持恒	64343649	30504	200241
中国石化广州石油化工总厂	洪志铭	82380237		510726
中国石油锦州石油公司	杨学庄	4152281		121001
锦西炼化渤海集团公司	于立明	2178869		125001
中国石化洛阳石油化工总厂	王富龙	6994806		471012
中国石化武汉石油化工厂	郛昆华	82847057		430000
中国石化集团公司石家庄炼油厂	戢守山	5162985		050032
北园集团公司	刘传利	5801041		250033

企业名录一览表

企业所在地区	企业详细地址	主要产品（或主要业务活动）
上海市市区普陀区	祁连山路127号	自来水笔 圆珠笔 铅笔
山东省烟台市莱州市	城子埠	铅笔
广东省广州市增城市	沙庄街	合金玩具 塑胶玩具 五金配件、制品
广东省佛山市南海市	河西大道	塑料玩具
广东省东莞市	东升镇东港大道北	童车
上海市郊县浦东新区	浦东行南路工业小区	万用手册 相册 笔记
江苏省盐城市江都市	江都市邵伯镇	艺眼 艺鼻 卡通眼
广东省清远市连州市	连州市城南开发区	塑胶玩具制品
广东省广州市白云区	钟落潭镇开发区	毛绒玩具
辽宁省丹东市振兴区	人民路65号	自来水笔
福建省厦门市杏林区	永兴路1号	网球拍
山东省淄博市临淄区	辛店	原油加工 乙烯 尿素
北京市房山区	岗南路1号	原油加工量 乙烯 塑料
湖南省岳阳市南区	南湖大道	原油加工 合成橡胶 尿素
黑龙江省大庆市龙凤区	兴化	原油加工 塑料 腈纶丝
广东省茂名市茂南区	红旗北路2号	原油加工 乙烯
江苏省南京市玄武区	龙蟠路51-8号	原油加工 尿素 烷基苯
辽宁省抚顺市新抚区	东二街3号	原油加工 汽油煤油柴油 化工产品
天津市市区大港区	大港胜利街	汽煤柴油 涤纶纤维 聚醚
上海市郊县浦东新区	浦东大道3000号	原油加工量 合成橡胶 塑料及共聚物
甘肃省兰州市西固区	兰州市玉门街10号	原油加工
安徽省安庆市大观区	集贤路	原油加工量 尿素 发电量
新疆乌鲁木齐市东山区	石化	原油加工 化学肥料制造 涤纶长短丝
辽宁省锦西市连山区	新华大街	原油加工
湖南省岳阳市北区	路口	原油加工 炼油催化剂
辽宁省大连市甘井子区	山中街1号	原油加工
浙江省宁波市镇海区	俞范	原油加工 尿素 聚丙烯
湖北省荆门市市辖区	白庙	原油加工
上海市市区闵行区	龙吴路4280号	焦炭 煤气 甲醇
广东省广州市黄埔区	黄埔石化路	原油加工 化学肥料 火力发电
辽宁省锦州市古塔区	重庆路2号	汽油 和成橡胶 异丙醇
辽宁省锦西市连山区	石油55	污油处理量 内燃机用油 凡士林
河南省洛阳市吉利区	大庆路	原油加工 聚烯烃塑料制造 塑料薄膜
湖北省武汉市青山区		原油加工 汽油 柴油
河北省石家庄市长安区	长安区	石油加工 聚丙烯 弹力丝
山东省济南市天桥区	北园大街493号	润滑油

1998年部分限额以上

续23

企业名称	法人代表	电　话	分 机	邮政编码
抚顺石化公司石油一厂远大实业总公司	王忠立	2331569		113008
平朔多种经营开发公司	田宝	2053788		038506
义马矿务局多经处	丁建础	5892891		472310
中国石油化工集团公司九江石油化工总厂	张文标	8492114		332000
长庆局集经处	邓火孝	3292404		745100
山西安泰国际企业(集团)股份有限公司	李安民	7536414	2005	031200
平顶山炼焦化学工业(集团)有限公司	武豪	3933011	6627	467021
景德镇市焦化煤气总厂	郝来春	8331282	3883	333000
茂名石化华粤企业集团公司	杨耀才	2284059		525000
威远县建业总公司	罗炎明	8222598		642450
中国石化济南炼油厂	陈玉常	8987331	2403	250101
兰州三叶公司	蒋得强	7932250		730060
中国石化集团沧州炼油厂	黄焯明	2042405		061000
宁夏大元炼油化工有限责任公司	朱志良	2025528		750021
中国石化林源炼油厂	董孝利	6713486		163813
黑龙江黑化股份有限公司	阎树忠	6817904		161041
石家庄焦化厂	马玉廷	5051996	7027	050031
济宁市煤炭化学工业公司	李云鹤	2315241	8134	272015
华北石油管理局呼和浩特炼油厂	乔明凯	5941081		010070
中国石油前郭炼油厂	曾宪君	2188111		138008
化学原料及化学制品制造业				
吉化集团公司	焦海坤	3978173		132021
大化集团有限责任公司	于朝元	6672299		116032
衢化集团公司	刘奇	3096232		324004
中国石油化工总公司兰州化学工业	朱廉宝	7555981	84676	730060
山东海化集团有限公司	杜德富	5329888		262737
辽阳石油化纤公司	韩述岐	5152879		111003
南京化学工业集团有限公司	陈鸿光	7792455	6353	210048
太原化学工业集团公司	薛文富	6071261		030021
中国石化扬子石油化工有限责任公司	彭哲春	7782954		210048
北京化学工业集团有限责任公司	柴晓钟	63022806		100053
巴陵石油化工总公司岳阳石油化工总厂	刘路安	8412741	3350	414014
锦西化工集团有限责任公司	方福生	2709164		125001
铜陵市化学工业集团有限公司	张凤腾	2862639		244000
牡丹江石油化学工业集团公司	王喜生	6926616		157000
川化集团有限责任公司	谢木喜	3302000	2866	610301
辽宁庆阳化学工业公司	闫飞	3181622		111002

企业名录一览表

企业所在地区	企业详细地址	主要产品（或主要业务活动）
辽宁省抚顺市新抚区	千金路52号	洗油 润滑油 劳务
山西省朔州市朔城区	民福	润滑油
河南省三门峡市义马市	朝阳路	润化油 普通机械
江西省九江市浔阳区	滨江东路62号	汽油 柴油 重油
甘肃省庆阳地区庆阳县	庆阳县	溶剂油 电焊机
山西省晋中地区介休市	义安	焦炭 生铁 水泥
河南省平顶山市卫东区	矿工路1号	焦炭生产
江西省景德镇市珠山区	历尧	焦炭 煤气 炭黑
广东省茂名市茂南区	油城四路18号	特种蜡 白油 蜡烛
重庆市遂宁市威远县	东街116号	机焦 墙地
山东省济南市历下区	工业南路26号	原油加工
甘肃省兰州市西固区	西固区玉门街37号	聚丙烯 润滑油、脂 石油添加剂品
河北省沧州市新华区	石化街	原油加工
宁夏银川市新城区	文昌南街75号	原油加工
黑龙江省大庆市大同区	文化街	原油加工
黑龙江省齐齐哈尔市富拉尔基区	向阳大街号	焦炭生产 硝酸铵生产 原油加工
河北省石家庄市长安区	谈固北大街23号	焦炭
山东省抚州地区市辖区	东五里营路1号	焦炭 硫酸 玻璃管
内蒙古呼和浩特市郊区	格尔图	石油加工及深加工
吉林省松原市宁江区	石化街56号	原油加工
吉林省吉林市龙潭区	龙潭区遵义东路31号	乙醇 辛醇 丁苯橡胶
辽宁省大连市甘井子区	工兴路10号	纯碱
浙江省衢州市柯城区	衢化	合成氨 烧碱 电石
甘肃省兰州市西固区	西固区福利西路189号	合成塑料 化学肥料 合成橡胶
山东省潍坊市寿光市	大家洼	纯碱 原盐 溴素
辽宁省阜新市宏伟区	火炬大街5号	聚酯切片 涤纶短纤维 聚乙烯
江苏省南京市大厂区	葛关路361号	普通过磷酸钙(折纯) 合成氨 硫酸
山西省太原市河西区	义井54号	硝酸铵 电石 烧碱
江苏省南京市大厂区	新华路777号	精对苯二甲酸 塑料树脂及共聚物 乙二醇
北京市宣武区	槐柏树街	乙烯丙烯 烧碱 焦炭
湖南省岳阳市北区	路口	合成橡胶 合成纤维 合成塑料
辽宁省锦西市连山区	化工	烧碱 聚氯乙烯 环氧丙烷
安徽省铜陵市铜官山区	铜官山区	硫铁矿 普通过磷酸钙(100%) 磷酸二铵
黑龙江省七台河市东安区	东三条路98号	电石 草酸 烧碱
四川省成都市青白江区	团结东路	尿素 硫酸 三聚氰胺
辽宁省阜新市文圣区	台子沟2号	梯恩梯 苯胺 泡沫

续24

企业名称	法人代表	电　话	分 机	邮政编码
盘锦辽河化工集团有限责任公司	冯恩良	5855242		124021
福建省三明化工总厂	周文成	8208959		365000
西安惠安化工厂	胡高社	4969905		710302
湖北中天集团公司	向汉林	2211003	6304	448000
武汉葛化集团有限公司	江涤清	82847057		430000
上海氯碱化工股份有限公司	徐荣一	64340000	3313	200241
开封黄河化肥化工集团	旷鹊翔	2922955		475002
渤海化工(集团)股份有限公司天津碱厂	宁培海	25871471		300450
安徽淮化集团有限公司	陈法宣	6414556	5402	232038
山西省南风化工集团股份有限公司	王梦飞	2017022		044000
渤海化工(集团)股份有限公司天津化工厂	张东民	25602448		300480
山西兴安化学材料厂	张健	3058411	2792	030008
湖南株洲化工集团有限责任公司	杨正贤	8630056		412004
西安庆华电器制造厂	李灿英	3271881	2345	710025
长寿化工总厂	徐增轩	40262651		401220
泸天化集团有限责任公司	任小善	4122222	2500	646300
四川银山化工(集团)股份有限公司	王治仲	5452244		641202
河南开普集团有限公司	谢贤骅	4379330		451200
甘肃银光化学工业公司	赵永杰	8222470	20338	730900
湖北省沙隆达集团公司	陈立洲	8314802		434001
唐山三友碱业集团有限公司	么志义	8511173		063305
自贡鸿鹤化工股份有限公司	彭布尔	4662501		643000
辽宁向东化工厂	伍后雨	6336329		122522
锦州石化天元集团公司	陈青松	4568298		121001
福州二化集团有限公司	潘恒琨	7555403		350011
上海中远化工有限公司	周智新	56992502		200431
渤海化工(集团)股份有限公司天津大沽化	龚锁柱	25392414		300455
河北沧州大化集团有限公司	洪天敏	2046486		061000
国营江阳化工厂	王联明	3058841	3688	030041
医药制造业				
华北制药集团有限责任公司	吕渭川	5051133	7636	050015
东北制药总厂	陈钢	25806210		110026
石家庄制药集团有限公司	蔡东晨	7037022		050051
山东新华医药集团有限责任公司	贺端是	2184223	2413	255005
红桃K集团股份有限公司	谢圣明	82847057		430000
哈尔滨医药股份有限公司哈尔滨制药总厂	刘存周	6664526		150086
山东鲁抗医药企业集团公司	章建辉	2213961	3210	272021

企业名录一览表

企业所在地区	企业详细地址	主要产品（或主要业务活动）
辽宁省盘锦市双台子区	大洋河	尿素 复合肥
福建省三明市市辖区	工业中路159号	尿素 电石
陕西省西安市户县	余下镇	精制棉 硝化棉 羧甲基纤维素
湖北省荆门市市辖区	杨湾路132号	聚烯烃塑料制造
湖北省武汉市洪山区	湖北省武汉市	烧碱 聚氯乙烯 苯甲酸钠
上海市市区闵行区	龙吴路4747号	烧碱 聚氯乙烯 盐酸
河南省开封市顺河回族区	东郊大花园村	合成氨 硝算磷肥 硫 酸
天津市市区塘沽区	塘沽区解放路街新华路87	纯碱 氯化铵 自发电
安徽省淮南市田家庵区	淮南市田家庵区	合成氨 精甲醇 尿素
山西省运城地区运城市	解放南路294号	硫化碱 无水硫酸钠 合成洗涤剂
天津市市区汉沽区	汉沽区寨上街新开南路	烧碱 聚氯乙烯 一氯化苯
山西省太原市北城区	新兰路80号	炸药 钙塑料制品
湖南省株洲市南区	清水塘	烧碱 硫酸 聚氯乙烯树脂
陕西省西安市灞桥区	田王	各种化工品
重庆市成都市长寿县	长寿县凤城关口	氯丁橡胶 氯酸钾 烧碱
重庆市泸州市纳溪市	安富	合成氨
重庆市遂宁市资中县	和平街	磷酸一铵 过磷酸钙 碳酸氨铵
河南省郑州市巩义市	第一居民委员会	烧 碱 氯化苯 苯 胺
甘肃省白银市白银区	白银市	聚氨酯泡沫塑料 甲苯二异氰酸脂 梯恩梯
湖北省孝感市市辖区	北京东路1号	烧碱 甲胺碱 甲荃1605
河北省唐山市丰南市	开发区	纯碱 石灰石
重庆市自贡市自流井区	三八路	纯碱 烧碱 氯化铵
辽宁省朝阳市凌源市	杨村子	浮法玻璃 覆铜层压板 贴面板
辽宁省锦州市古塔区	锦朝路2号	溶济油 其他商品原料油 建筑沥青
福建省福州市市辖区	连江北路118号	生产烧碱 聚氯乙烯 漂白粉
上海市市区宝山区	长江西路501号	电石 硝酸 合成氨
天津市市区塘沽区	大梁子街兴化道1号	100%烧碱 聚氯乙烯 环氧丙烷
河北省沧州市运河区	北环中路66号	尿素 合成氨 双氧水
山西省太原市北城区	西留路18号	炸药 摩托车 客车
河北省石家庄市长安区	和平东路388号	抗生素 维生素 淀粉葡萄糖
辽宁省沈阳市铁西区	重工北街37号	维生素C 脑复康 磷霉素钠
河北省石家庄市桥西区	中山西路276号	青霉素 维生素丙 咖啡因
山东省淄博市张店区	东一路14号	安乃近 咖啡因
湖北省武汉市洪山区	湖北省武汉市	红桃K生血剂 饮料
黑龙江省哈尔滨市南岗区	学府路109号	青霉素纳 氨苄青霉素 头孢唑啉钠
山东省抚州地区市辖区	太白西路173号	化学原料药 粉针剂 片剂

1998年部分限额以上

续25

企业名称	法人代表	电　话	分 机	邮政编码
西南合成制药总厂	杨尚元	67867755		400025
中国北京同仁堂集团公司	殷顺海	67699862		100075
山东新华制药股份有限公司	贺端	2184223	3669	255005
上海市药材有限公司	许琴法	36237578	110	200002
山西省太原制药厂	王征	6076941		030021
湖北宜药集团有限责任公司	李杰	6737192		443000
赤峰制药厂	石秋林	8221312	312	024001
牡丹江制药厂	苗胜国	6380437	3	157013
福州抗生素集团有限公司	黄光华	3710885		350002
太极实业集团股份有限公司	白礼西	72865513		408000
江西东风制药有限责任公司	许滇雄	6832100		333300
长征制药股份有限公司	孟德钧	2441306		614000
陕西省西安制药厂	吴　秦	4243841	2125	710077
北京制药厂	乔俊峰	65060077	2074	100020
黑龙江省铁力制药厂	姚志荣	2395043		152500
河北省邢台市沙河市恒利集团公司	李长庚	8651118		054009
东北第六制药厂	张宝忠	24830993		110043
河南省开封制药厂	苏玉林	2921088		475003
长春制药有限责任公司	李继庆	4946151	223	130031
河南省南阳普康药业集团公司	鲁喜远	3132470		473051
广州白云山制药股份有限公司	黄平	87706688	3288	510515
无锡山禾集团有限公司	孙志剑	2750068		214031
吉林市制药集团	马景田	4809019		132012
山东洁晶集团股份有限公司	林鹤峰	8281747		276800
天津药业有限公司	师春生	24564932		300161
张家口市制药(集团)有限责任公司	王承效	2013445		075000
湖南制药厂	黄国平	4223611	6559	410008
武汉制药厂	谢国范	82847057		430000
山东潍坊医药集团股份有限公司	芮智义	8324797		261021
中原制药厂	师修国	7981166	2081	450066
杭州民生药业集团公司	竺福江	8074824	3277	310011
南京医药集团有限责任公司	李家淼	4415515	8408	210002
江西国药有限责任公司	邓跃华	8222888		330002
广州白云山企业集团公司	黄平	87706688		510515
四川制药股份有限公司	杨培明	4316212	224	610051
东北制药集团公司沈阳第一制药厂	张连刚	25875291	3044	110023
广西壮族自治区南宁制药企业集团公司	宋克平	3155723		530003

企业名录一览表

企业所在地区	企业详细地址	主要产品（或主要业务活动）
重庆市江北区	寸滩	原料药 制剂产品
北京市丰台区	甲20	中成药生产 中药饮片
山东省淄博市张店区	东一路14号	化工原料
上海市市区黄浦区	黄浦区汉口路239号	珍珠粉 麝香保心丸 珍菊降压片
山西省太原市河西区	化工路1号	化学药品生产销售 制剂制品
湖北省宜昌市市辖区	西陵二路59号	L-异亮氨酸 针剂 胶囊
内蒙古赤峰市红山区	无门牌	土霉素 麻黄素
黑龙江省七台河市阳明区	裕民路160号	葡萄淀粉 葡萄糖 山梨醇
福建省福州市市辖区	台江区祥坂路138号	盐酸金霉素 硫酸庆大霉素
重庆市涪陵区	太极	急支糖浆 儿康宁 太极通天液
江西省景德镇市乐平县	东风路15号	青霉素原药 青霉素针剂 玻璃瓶
重庆市乐山市市中区	柏杨路120号	化学原料
陕西省西安市莲湖区	汉城路17号	红霉素碱 盐酸四环素 片剂
北京市朝阳区	光华路9号	化药制剂
黑龙江省伊春市铁力市	建设街	加工中成药
河北省邢台市沙河市	栾卸	康必得 煤 水泥
辽宁省沈阳市东陵区	凌云街103巷6号	非那西丁
河南省开封市南关区	禹南街1号	庆大霉素 强力霉素 土霉素
吉林省长春市二道河子区	二道区和顺街56号	原料药 片剂 口服液
河南省南阳市宛城区	工业北路143号	庆大针 洁霉素原料 盐酸林可霉素
广东省广州市白云区	同和	片剂 抗菌素分装 化学原料药
江苏省无锡市北塘区	人民西路54号	中西药品生产 中西药品销售
吉林省吉林市船营区	林市船营区长春路99号	阿斯匹林 退热冰 水杨酸
山东省日照市东港区	海曲西路126号	甘露醇 褐藻酸钠 柠檬酸
天津市市区河东区	程林庄道91号	地塞米松系列 醋酸曲安奈德 醋酸氟轻松
河北省张家口市桥东区	建国路24号	青霉素G钠(钾) 氨苄西林钠 青霉素
湖南省长沙市北区	浏阳河路12号	咖啡因 片剂 针剂
湖北省武汉市乔口区	湖北省武汉市	安乃近 氯霉素 甲硝唑
山东省潍坊市潍城区	东风西街362号	化学原料药 片剂 中成药
河南省郑州市中原区	化工路30号	维生素C 淀粉 葡萄糖
浙江省杭州市拱墅区	余杭塘路108号	粉针剂 针剂 片剂
江苏省南京市白下区	中山东路488号	片剂 中成药 化学原料药
江西省南昌市西湖区	解放西路80号	盐酸土霉素 洁霉素 中成药
广东省广州市白云区	同和	化学药品制剂 中成药 兽用药
四川省成都市成华区	杉板桥路1号(成华区)	青霉素 四环素 青霉素粉针
辽宁省沈阳市铁西区	兴华南街54号	粉针 注射液 片剂
广西南宁市永新区	新阳路286号	针剂 片剂 大输液

1998年部分限额以上

续26

企业名称	法人代表	电　话	分　机	邮政编码
天津市氨基酸公司	李宁	26602297		300051
化学纤维制造业				
上海石油化工股份有限公司	吴亦新	57941941		200540
仪征化纤股份有限公司	李毅中	3261693		211900
中国济南化纤总公司	靳珊	8902560	8683	250100
丹东化学纤维(集团)有限责任公司	赵向东	6192898		118002
潍坊巨龙化纤集团总公司	朱群玉	7251481	1235	261100
中国神马集团有限责任公司	宋春迎	3921272		467000
中国石化集团四川维尼纶厂	刘家荣	68974716		401254
吉林化纤集团有限责任公司	付万才	3058474	2432	132101
保定天鹅化纤集团有限公司	王春雨	3127598		071055
福建纺织化纤集团有限公司	唐金海	3638123		366016
开山屯化学纤维浆厂	臧家顺	3405147		133417
万杰集团	孙启玉	4650598		255213
黑龙江龙涤集团有限公司	赵瑞民	3722601	2214	150316
三门峡神力企业集团	员万印	3832261	2091	472143
浙江小小企业总公司	王永良	4091900		312030
江西化学纤维厂	叶文生	8622111		330006
杭州蓝孔雀化学纤维(股份)有限公司	姬军	8091888		310011
神马实业股份有限公司	王志远	3921626		467000
江苏三房巷实业集团总公司	卞兴才	6222870		214423
辽宁银珠(集团)有限责任公司	王成厚	3810522		115001
国营新乡化学纤维厂(白鹭集团)	陈玉林	3096601	2022	453011
广西维尼纶厂	牟善良	3212235		546307
山西锦纶集团有限责任公司	郭富海	3026811		030600
河北省秦皇岛腈纶厂	张恩恒	3016152		066000
山东高密化纤集团有限公司	李桂荣	2323121	6046	261500
广东省开平涤纶企业集团股份有限公司	梁树相	2213758		529300
锦州合成纤维厂	刘成斌	2815034		121003
九江化学纤维厂	张棠华	8234601		332000
宜宾化学纤维厂	樊从新	2334946	6019	644002
翔鹭涤纶纺纤(厦门)有限公司	陈由豪	6051111		361026
鞍山合成(集团)股份有限公司	陈平	8895113		114012
江苏省清江合成纤维厂	刘玉甫	3964468	2638	223002
无锡市太极实业股份有限公司	李文海	3101371	370	214041
北京化学纤维厂	王正宜	69243811	3239	102600
内蒙古化学纤维总厂	刘德	396337		010030

企业名录一览表

企业所在地区	企业详细地址	主要产品（或主要业务活动）
天津市市区和平区	沙市道22号	大输液 针剂
上海市上海市金山区	金山区石化街道纬二路	合成纤维 乙烯 高压聚乙烯
江苏省盐城市仪征市	胥浦镇	聚酯切片 涤纶短纤维 精对苯二甲酸
山东省济南市历下区	化纤厂路2号	聚酯 涤纶长丝 涤纶短纤
辽宁省丹东市振兴区	纤维街58号	粘胶纤维 合成纤维
山东省潍坊市寒亭区	潍县北路518号	粘胶纤维 帘帆布 棉浆粕
河南省平顶山市卫东区	建设路中段63号	锦纶长丝 浸胶帘子布
重庆市成都市长寿县	化工村	聚乙烯醇 甲醇 维纶短纤
吉林省吉林市昌邑区	昌邑区九站街516-1号	粘胶短纤维 粘胶长丝 染纶长丝
河北省保定市新市区	纸厂路一号	粘胶长丝 涤纶长丝
福建省三明市永安市	汶洲	涤纶加工丝 聚乙烯醇
吉林省延边朝鲜族自治州龙井市	开山街	化纤浆柏 造纸浆 精印纸
山东省淄博市博山区	岜山	涤纶长丝 塔夫绸 丙纶短纤
黑龙江省哈尔滨市阿城市	和平街一居委会	涤纶短纤维 涤纶长丝 涤纶弹力丝
河南省三门峡市陕县	温塘村	棉浆粕 啤 酒 印染布
浙江省绍兴市绍兴县	柯西工业区	合成纤维.纺织等
江西省南昌市东湖区	青山南路	粘胶纤维 纱 布
浙江省杭州市拱墅区	莫干山路花园岗	粘胶人造丝 涤纶纤维 锦纶纤维
河南省平顶山市卫东区	新华路东居委会	锦纶长丝 侵胶布
江苏省无锡市江阴市	周庄镇三房巷村	纤维 纱 染整整理布
辽宁省营口市站前区	大庆路178号	锦纶纤维 内纶纤维 超细纤维
河南省新乡市北站区	区府路	粘胶纤维
广西河池地区宜州市	红村	聚乙烯醇 电石
山西省晋中地区榆次市	锦纶路71号	锦纶纤维 锦纶弹力丝 锦纶帘子布
河北省秦皇岛市市辖区	海港区黄土坎	腈纶纤维 腈纶毛条
山东省潍坊市高密市	人民大街101号	粘胶短纤维 棉浆粕 涤纶长丝
广东省江门市开平市	长沙港口路10号	涤纶丝 锦纶丝
辽宁省锦州市凌河区	解放路6段6号	涤纶
江西省九江市庐山区	周岭	粘胶棉型短纤维
重庆市宜宾地区宜宾市	航天路中段	粘胶长丝 面浆
福建省厦门市市辖区	芦坑	涤纶长丝 涤纶短丝 聚酯切片
辽宁省鞍山市铁西区	柳西屯8号	合成纤维
江苏省淮阴市市辖区	清浦区延安西路9号	合成纤维
江苏省无锡市崇安区	锡澄路化工桥南	烟用聚丙烯过滤丝束 涤纶民用丝 涤纶
北京市郊县大兴县	黄村兴华中路9号	涤纶长短丝
内蒙古呼和浩特市回民区	鄂尔多斯路	粒胶短纤维 涤伦纸丝

1998年部分限额以上

续27

企业名称	法人代表	电 话	分 机	邮政编码
石家庄化工化纤有限公司	孟祥臻	2042424	2060	050309
启东合纤丝绸总厂	陆建平	3313805		226200
仪化佛山聚酯有限公司	李仁贵	2814411		528000
茂名腈纶化学工业公司	朱永志	2265241		525011
成都泰康化纤股份有限公司	王大伟	2722311	2132	611130
江西涤纶厂	胡杰华	8212536		330002
广东新会美达锦纶集团公司	陈柏森	6129328		529100
余姚化纤集团公司	史荣奎	2633092		315400
哈尔滨化学纤维厂	高庆华	7682894	259	150050
南京化学纤维厂	丁明国	5561011	665	210038
橡胶制品业				
青岛双星集团公司	汪海	2689532		266002
上海轮胎橡胶(集团)股份有限公司	虞国卫	63290433	39	200002
桦林集团有限责任公司	孙玉生	6276945		157032
河南轮胎集团有限责任公司	张生林	3933955		454003
桂林南方橡胶(集团)公司	张福喜	5815653		541004
青岛橡胶集团有限责任公司(本部)	高巨谦	4842493		266041
山东成山橡胶(集团)股份有限公司	郑维峰	7572628		264300
贵州永力橡胶（集团）有限公司	付登高	6819225		550001
温州荣光集团公司	李荣光	5602311		325200
杭州中策橡胶有限公司	傅冬明	6053939		310008
三角集团有限公司	丁玉华	5322983	3208	264200
贵州轮胎股份有限公司	马世春	4842490		550008
辽宁轮胎集团有限责任公司	滕瑞远	3815801		122009
银川中策〈长城〉橡胶有限公司	崔志东	3014163		750011
阜新橡胶总厂	周久才	2901704		123000
厦门正新橡胶工业有限公司	陈秀雄	6211606		361022
广州番禺大兴制鞋实业有限公司	郭耀辉	84937909		511470
厦门海燕实业有限公司	杨光慈	2022115		361004
安徽佳通轮胎有限公司	吴丰富	3812509		231202
丹东骏马轮胎橡胶(集团)总公司	郭凤山	3128215		118000
河北省邢台市鲸鱼集团有限责任公司	韩克一	2623951		054019
沈阳第四橡胶厂	苏平凡	25804673		110021
云南省轮胎厂	郭全亮	7892352		650600
重庆中策轮胎有限公司	迟威	65219451		400052
江苏轮胎厂	徐国强	3725986		221005
湖南橡胶厂	夏纯玉	5563566	1218	410011

企业名录一览表

企业所在地区	企业详细地址	主要产品（或主要业务活动）
河北省石家庄市井陉县	河北省石家庄市井陉县	电石 聚乙烯醇 涤沦长丝
江苏省南通市启东市	汇龙镇人民中路842号	合成纤维长丝
广东省佛山市城区	佛罗公路45号	聚酯
广东省茂名市茂南区	腈东路198号	腈纶纤维 腈纶毛条
四川省成都市温江县	新西路86号	合成纤维
江西省南昌市西湖区	解放西路378号	涤纶长丝 涤纶坯绸
广东省江门市新会市	江会路上浅口	化学纤维
浙江省宁波市余姚市	劳动路85号	粘胶短纤维 棉绒浆粕
黑龙江省哈尔滨市太平区	太平区哈东路305号	粘胶短纤维 丙纶丝束 丙纶短丝
江苏省南京市栖霞区	伏家场	粘胶短纤 浆粕 二流化碳
山东省青岛市市南区	贵州路5号	胶鞋 皮鞋 布鞋
上海市市区黄浦区	四川中路63号	轮胎外胎 轮胎内胎
黑龙江省七台河市阳明区	桦林镇	轮胎
河南省焦作市山阳区	(街道)焦东南路48号	轮胎生产
广西桂林市七星区	七星路26号	轮胎制造 力车胎制造 乳胶制品加工
山东省青岛市李沧区	沧安路1号	轮胎制造
山东省菏泽地区荣城市	南山路11号	轮胎生产销售
贵州省贵阳市云岩区	云岩区瑞金北路	运输带 传动带 胶管 风扇带 胶鞋
浙江省温州市瑞安市	东山车头村	布胶鞋
浙江省杭州市上城区	经济技术开发区M10-1-1	轮胎 手推车胎 自行车胎
山东省菏泽地区环翠区	青岛中路56号	轮胎外胎 轮胎内胎
贵州省贵阳市云岩区	百花大道41号	汽车外胎 汽车内胎 汽车垫带
辽宁省朝阳市龙城区	向阳街01号	轮胎制造
宁夏银川市新城区	新城区怀远东路12号	汽车轮胎
辽宁省阜新市海州区	电工街27号	输送带 电线电缆 布
福建省厦门市杏林区	杏林区西滨路15号	自行车内外胎 摩托车内外胎
广东省广州市番禺市	兴业路8号	运动鞋
福建省厦门市市辖区	将军祠28号	轮胎 力车胎 布胶鞋
安徽省合肥市经济技术开发区	始信路8#	轮胎外胎
辽宁省丹东市振兴区	振七街七十九号	各种力车胎 轮胎 化工产品
河北省邢台市桥西区	中兴西路155号	轮胎
辽宁省沈阳市铁西区	齐贤北街32号	高压钢丝编织管 钢丝缠绕管
云南省昆明市晋宁县	郑和路	轮胎制造
重庆市九龙坡区	九龙区中梁山玉清寺	轮胎外胎 摩托车外胎
江苏省徐州市鼓楼区	复兴北路27号	轮胎 摩托车胎 力车胎
湖南省长沙市郊区	韶山路47号	轮胎 再生橡胶 橡胶鞋类

续28

企业名称	法人代表	电　话	分 机	邮政编码
中南橡胶集团有限责任公司(城区)	牟欣	6357383		443003
重庆竞博工业(集团)有限责任公司	陈雨田	67701083		400025
杭州中华橡胶总厂	吴金林	8111537		310021
青岛双星集团鲁中公司	姜桂圣	3311343	9032	256117
广州珠江轮胎有限公司	陈镇国	86823333	8031	510828
铁岭市橡胶厂	金明义	4840101		112002
天津轮胎橡胶工业有限公司	马树立	28340924		300220
鞍山青山橡胶产品有限集团公司	郎青山	7722168		114314
上海橡胶制品有限公司	杜孟镛	65865941		200082
沈阳第三橡胶厂	李汝源	25874496		110025
开滦范各庄矿劳动服务公司	王希波	3555837		063109
山东安泰橡胶有限责任公司	薛东山	3365400		277103
山东泸河集团总公司	许传第	6401130	8009	262216
北京橡胶一厂	于忠潮	68181144	297	100039
沈阳胶鞋总厂	赵鸣	22929235		110014
广西壮族自治区南宁橡胶厂	黄桂	3172861	3028	530003
青岛第六橡胶厂	张杰青	3834184		266021
双喜轮胎工业股份有限公司	马绍祥	7072521	8245	030006
泉州鸿星尔克鞋业公司	吴汉杰	2485522		362000
塑料制品业				
兰州银兰工贸集团有限公司	张志德	7317401	83261	730060
河北宝硕集团有限公司	周　山	3209683		071051
重庆毛氏实业(集团)有限公司	毛良模	62810240		400082
福清市明达塑胶(福建)有限公司	陈克恭	5381343		350301
烟台万华合成革集团有限公司	曲进胜	6532468		264002
北京雪花电器集团公司	程连元	69243911	8972	102600
成都双流霜洋实业有限公司	王泽军	5806888		610200
江苏三笑集团有限公司	韩国平	7278084		225111
莆田市成果鞋业有限公司	郭秀松	2295128		351100
内蒙古黄河化工集团公司	高宏斌	2021084		016000
山东北联集团总公司	崔安永	3222108		262500
大连宏大企业总公司	王永福	8611397		116400
瑞安市塑胶鞋总厂	余庆松	5580535		325207
山东威海环球渔具有限公司	周新良	5251213	3006	264200
海伦塑料制品厂	李秉和	5722825		152300
安徽天大企业(集团)公司	徐先桂	7511022	2005	239311
济南方信集团有限公司	李世新	7964337		250022

企业名录一览表

企业所在地区	企业详细地址	主要产品（或主要业务活动）
湖北省宜昌市市辖区	中南路55号	输送带 胶管 V带
重庆市江北区	江北区寸滩115号	胶鞋
浙江省杭州市江干区	丁桥镇丁桥村	橡胶鞋 工作鞋邦 工作皮鞋
山东省淄博市沂源县	滑石峪	胶鞋
广东省广州市花都市	炭步镇松仔岗	轮胎外胎 轮胎内胎
辽宁省铁岭市银州区	汇工103号	运动胶鞋
天津市市区河西区	河西区陈塘庄街	轮胎
辽宁省鞍山市岫岩满族自治县	大营村	轮胎内胎
上海市市区杨浦区	上海杨树浦路647号	汽车胶管 胶板 橡胶布
辽宁省沈阳市铁西区	北三东路9号	汽车轮胎
河北省唐山市东矿区	范各庄	高压胶管 塑料双抗网
山东省枣庄市市中区	解放南路219号	输送胶带 胶管 橡胶另件
山东省潍坊市诸城市	昌城村	轮胎
北京市海淀区	半壁店永定路	农用车外胎 自行车外胎 手推车外胎
辽宁省沈阳市沈河区	广昌路49号	布面胶鞋 旅游鞋
广西南宁市永新区	明秀西路170号	胶鞋 轮胎 再生胶
山东省青岛市市北区	华阳路36号	橡胶板、管、带
山西省太原市南城区	亲贤北街3号	轮胎
福建省泉州市鲤城区	火炬开发区	旅游鞋
甘肃省兰州市西固区	西固区西固西路116号	农用薄膜 硝酸钠 石油溶剂
河北省保定市新市区	向阳南路117号	塑料薄膜 塑料管.异型材 聚氯乙烯树脂
重庆市大度口区	茄子溪吊鱼嘴	塑料鞋
福建省福州市福清市	宏路村上郑	PVC塑胶制品
山东省烟台市芝罘区	幸福南路7号	合成革 MDI PU树酯
北京市郊县大兴县	兴华中路1号	塑料薄膜 塑料管材 注塑制品
四川省成都市双流县	场镇	塑料彩条布
江苏省盐城市邗江县	邗江县杭集镇	牙刷 香皂 牙膏
福建省莆田市市辖区		雪靴 便鞋 凉鞋
内蒙古乌海市海勃湾区	新华西	氯乙烯树脂 烧碱 电石
山东省潍坊市青州市	北关村	塑料无隔膜
辽宁省大连市庄河市	丹普路95号	塑料编织袋 涤纶纺真丝 变压器
浙江省温州市瑞安市	镇西街2号	塑革鞋
山东省菏泽地区环翠区	烟台东路99号	钓鱼竿 玻璃钢卫生洁具 长碱玻璃纤维纱
黑龙江省绥化地区海伦市	雷炎大街130号	塑料制品
安徽省滁州市天长市		塑料编织袋 贯流风叶 无缝钢管
山东省济南市市中区	白马山路15号	聚氯乙烯薄膜

续29

企业名称	法人代表	电　话	分 机	邮政编码
安徽国风注塑总厂	郑忠勋	2885333	3798	230001
甘肃省武威市荣华工贸总公司	张严德	2212183		733000
荆门石化工贸集团公司	颜泽斌	2211501	23082	448000
天津市塑料集团有限公司	孙学敏	27376269		300073
福清市永超鞋革制品有限公司	林培獐	5681955		350307
福清市茂山塑料制品有限公司	林运茂	5292002		350323
齐鲁塑编(集团)股份有限公司	崔洪禄	7188666		255400
河北沧州塑料集团股份有限公司	廖秉德	2023009	2099	061001
新疆石河子市天业塑化(集团)有限责任公	郭庆人	2515242		832000
浙江三友集团有限公司	张小赧	2700362		318056
龙门县华强塑胶有限公司	陈殿成	7560178		511260
上海化工厂有限公司	李力	65193960	547	200090
广州永发塑料制品有限公司	陈耀宗	82232378	16	510760
拥华(厦门)家用品有限公司	方建富	6035230		361006
高明市第二塑料集团股份公司	李永枝	8821111	2127	528500
东莞竞业塑胶五金制品厂有限公司	刘抗成	8812843		511775
杭州塑料工业公司	杨叶根	8088788	68	310007
杭州新丰塑料厂	周维萍	6064306	266	310016
吉林化学工业公司龙山化工厂	于喜伶	3987429		132022
厦门佛大工业有限公司	陈一民	6210695		361022
汕头中孚集团公司	林衍城	2511396		515021
沈阳塑料集团公司	段同	22727248		110013
厦门明达塑胶有限公司	徐天培	6512222		361022
白山市喜丰塑料股份有限公司	曹志强	3222790		134300
惠州麦科特和幸技研工业有限公司	小出荣次郎	3321486		516229
福建省宏明塑胶股份有限公司	李万星	8322399		365001
丽宝第集团公司	史树之	6852600	3015	213001
温岭市鸿达塑料工业公司	赵云飞	6333108		317525
非金属矿物制品业				
唐山陶瓷集团有限公司	邢平均	3271011		063022
邯郸陶瓷集团总公司	张士成	5022122	6926	056200
北京建筑材料集团有限责任公司	张　毅	66411587		100031
江苏省宜兴陶瓷公司	肖杏林	7401426		214221
徐州矿务局多种经营总公司	王永录	5753940	20457	221006
中国洛阳浮法玻璃集团有限责任公司	郭晓寰	3908632		471009
吉林炭素集团有限责任公司	杨超	2738590	2219	132002
北京玻璃集团公司	薄贯亚	67711645		100022

企业名录一览表

企业所在地区	企业详细地址	主要产品（或主要业务活动）
安徽省合肥市西市区	马鞍山路1#	塑料制品 蒸发器 电源插头线
甘肃省武威地区武威市	武威市新关村	玉米淀粉 农膜 面粉
湖北省荆门市市辖区	白庙路	塑料编织品
天津市市区南开区	南开区鞍山西道西湖村	薄膜.农地膜 人造革 聚氨酯泡沫制品
福建省福州市福清市	上郑村	沙滩拖鞋
福建省福州市福清市	溪头村	塑料雨衣
山东省淄博市临淄区	375号	塑料编织袋 塑料编织布 服装
河北省沧州市运河区	新华西路15号	塑料包装箱及容器 塑料编织袋 pvc手套
新疆兵团石河子市	石河子	塑料薄膜
浙江省丽水地区路桥区	路桥区下梁镇卷桥村	塑料纱管 毛纱 公路货运
广东省惠州市龙门县	中下洋村	塑料包装袋
上海市市区杨浦区	杨树浦路1578号	聚氯乙烯制品 聚乙烯制品 聚酯薄膜
广东省广州市黄埔区	笔岗村师山	塑料制品
福建省厦门市湖里区	兴盛工业中心25号厂房	发梳及日用品
广东省佛山市高明市	沿江路36号	地胶板 针织革 薄膜
广东省东莞市	蕉莉管理区	塑胶五金家庭用品
浙江省杭州市西湖区	天目山路14号	pvc塑料压延硬片 复合片 PVC塑料粉料
浙江省杭州市上城区	清江路136号	塑料编织袋 塑料凉 拖鞋
吉林省吉林市龙潭区	龙潭区遵义东路7号	聚苯乙烯 歧化松香酸钾皂 冰箱板材
福建省厦门市杏林区	马銮路8号	塑料包装制品 塑料加工机械
广东省汕头市升平区	升平工业区	聚编二氯乙烯
辽宁省沈阳市沈河区	南清真路52号	塑料制品
福建省厦门市市辖区	新阳工业区	PVC薄膜 塑胶制品
吉林省白山市八道江区	新民街喜丰路9号	薄膜
广东省惠州市惠阳市	陈江镇陈澳头	精密塑胶件 电子产品的冲压件
福建省三明市市辖区	长兴路23号	塑料薄膜 塑料人造革 塑料片材
江苏省常州市钟楼区	怀德南路89号	塑料地板 建材机械 标准红砖
浙江省丽水地区温岭县	大溪塑料工业区	塑料制品
河北省唐山市路北区	缸窑路29号	日用陶瓷 卫生陶瓷 建筑陶瓷
河北省邯郸市邯郸市直属	邯郸大路沟1号	日用陶瓷制造
北京市西城区	宣武门西大街甲129号	水泥 建材产品 家具
江苏省无锡市宜兴市	解放西路	陶瓷
江苏省徐州市郊区	淮海西路235号	水泥 服装
河南省洛阳市西工区	唐宫中路9号	浮法玻璃 玻璃纤维纱布 起重机
吉林省吉林市昌邑区	吉林市昌邑区和平街9号	石墨电极类 炭块类 炭糊类
北京市朝阳区	21号	日用玻璃制品 包装瓶 玻璃器皿

1998年部分限额以上

续30

企业名称	法人代表	电　话	分 机	邮政编码
国营四川省威远县康达实业总公司	林荣贵	8220420	8069	642450
山东华盛集团总公司	王廷江	8244646		276017
济南建筑材料工业集团有限公司	张才奎	7938835		250022
沈阳星光集团建材有限公司	张继良	23239175		110001
兰州炭素厂	潘锡光	6211511		730084
四川金顶集团股份有限公司	白德华	5521350		614200
河南省郾城县召陵工贸总公司	蒋建清			462321
洛阳耐火材料集团有限责任公司	施振权	4208817		471039
德化佳美瓷厂	苏尧棠	3589818		362500
河南省葛天集团有限责任公司	赵国珍	6611088		461503
山东晶华集团有限公司	苗建中	2421972	3016	253021
杭州玻璃集团有限公司	蒋荣贵	8144501	5520	310022
海城市陶瓷工业公司	李风举	3302054		114200
焦作市陶瓷总厂	王江洪	3933904	4104	454002
舞阳县候集窑业有限公司	薛东方			462412
洛阳玻璃股份有限公司	郭晓寰	3908632		471009
湖南省铜官陶瓷总公司	余晓严	8202129		410203
牡丹江水泥集团有限责任公司	王奎廷	6277517		157041
湖南省界牌陶瓷总厂	唐云新			421001
芜湖光华集团有限公司	周恩光	3830906		241020
衡阳县银河陶瓷公司	方松柏			421246
广东佛陶集团钻石陶瓷有限公司	陈雄飞	2265326		528031
吉林省松江水泥厂	王家勤	2738541	201	132002
湖南国光瓷业集团股份有限公司	费明仪	3232911		412200
河北太行集团公司	赵炳吉	5013722	2915	056200
兰州平板玻璃厂	王和平	7556702	736	730060
福建省水泥股份有限公司	丁仕达	3572888		366014
山东丛林集团公司	张修基	8561241	8031	265705
沈阳第一砂轮厂	刘洪海	89812541	523	110101
辽西渤海建材集团公司	丁日忠	2603424		125001
新疆兵团农一师青松建材化工总厂	程小山	2124401	8347	843000
天津市玻璃纤维总厂	王洪明	27380589		300193
淄博华光陶瓷有限公司	苏同强	2064346		255076
重庆水泥厂	徐良治	62803301		400060
浙江尖峰集团股份有限公司	杜自弘	2326868		321000
抚顺电瓷厂	车念坚	2424053		113008
韶峰水泥集团有限公司	王玉林	6996035		411423

企业名录一览表

企业所在地区	企业详细地址	主要产品（或主要业务活动）
重庆市遂宁市威远县	河北街	玻动纤维原料球 玻动纤维纱、布
山东省临沂市罗庄区	罗庄	日用陶瓷 建筑陶瓷 肉食品
山东省济南市槐荫区	西光明街5号	水泥 商品混凝土 花岗石
辽宁省沈阳市和平区	和平北大街94号	玻璃 建材机械 建筑机械
甘肃省兰州市红古区	红古区海石湾	石墨电极类 炭块类 炭糊类
重庆市乐山市峨眉山市	名山路中段	水泥制造
河南省漯河市郾城县	黄 庄	机制砖 予制构件
河南省洛阳市涧西区	西苑路1号	耐火材料制品
福建省泉州市德化县	宝美村	陶瓷
河南省濮阳市长葛市	后河村	卫生陶瓷 电瓷生产 高压电器
山东省德州市市辖区	天衢西路20号	日用玻璃 平板玻璃 水泥
浙江省杭州市拱墅区	半山沈半路279号	平板玻璃 玻璃纤维沙 玻璃纤维布
辽宁省鞍山市海城市	二台子二组98号	建筑陶瓷 镁质耐火材料
河南省焦作市山阳区	工字路	日用炻瓷
河南省漯河市舞阳县	侯集村民委员会	机砖
河南省洛阳市西工区	唐宫中路9号	浮法玻璃
湖南省长沙市望城县	铜官	日用陶器 釉面砖 琉璃制品
黑龙江省七台河市西安区	温春镇	普通硅酸盐水泥
湖南省衡阳市城北区	五一路67号	日用陶瓷 瓷土
安徽省芜湖市鸠江区	延安北路光华工业园内	保温瓶 太阳能热水器 金属卤化物灯
湖南省衡阳市衡阳县	新街	日用陶瓷 建筑瓷
广东省佛山市城区	石湾和平路12号	墙地砖
吉林省吉林市昌邑区	昌邑区和平街30号	水泥 石棉水泥瓦 预制构件
湖南省株洲市醴陵市	花园庵270号	日用陶瓷
河北省邯郸市邯郸市直属	建国路2号、王庄村	普通硅酸盐水泥525R# 矿渣硅酸盐水泥
甘肃省兰州市西固区	西固区东路81号	平板玻璃
福建省三明市永安市	坑边路82号	水泥
山东省烟台市龙口市	北村	水泥 铸铁管 铝型材
辽宁省沈阳市苏家屯区	沙柳路7号	磨具 磨料
辽宁省锦西市连山区	兴工大街28号	水泥 熟料
新疆阿克苏地区阿克苏市	林园	水泥 岭肥 硫酸
天津市市区南开区	南开区西湖道31号	玻璃纤维薄毡 玻璃纤维布 玻璃纤维纱
山东省淄博市张店区	湖光路6号	日用陶磁
重庆市南岸区	南岸玛瑙溪五一村86#	水泥
浙江省金华市婺城区	婺江东路88号	普通硅酸盐水泥 通信电缆 自应力压力管
辽宁省抚顺市新抚区	礼泉路2号	高压电瓷 避雷器 高压隔离开关
湖南省湘潭市湘乡市	棋梓	水泥

续31

企业名称	法人代表	电　话	分 机	邮政编码
黑色金属冶炼及压延加工业				
鞍山钢铁集团公司	刘介	6728866		114021
武汉钢铁(集团)公司	刘本仁	82847057		430000
攀钢(集团)公司	洪及鄙	3394261		617067
本溪钢铁(集团)有限责任公司	张营富	7827523		117000
太原钢铁(集团)有限公司	李成	3044009		030003
包头钢铁(集团)有限责任公司	林东鲁	2125619		014010
唐山钢铁集团有限责任公司	王天义	2702482		063016
首钢总公司	毕群	68293520		100041
马鞍山钢铁股份有限公司	顾建国	2883492		243003
新余钢铁有限责任公司	张春明	6292925		338001
宣化钢铁集团有限责任公司	乔贵祥	8674513		075103
济南钢铁厂	李长顺	6949393	68180	250101
河南省安阳钢铁集团有限责任公司	李文山	3122219		455004
酒泉钢铁公司	马鸿烈	6221642		735100
昆明钢铁总公司	马玉康	8699530		650302
莱芜钢铁总厂	李景常	6821020		271104
邯郸钢铁集团有限责任公司	刘汉章	4042342		056015
四川川投长城特殊钢(集团)有限责任公司	马　麟	3653558		621700
水城钢铁(集团)有限责任公司	朱继民	8922989		553028
上海梅山(集团)有限公司	张思明	63178913		200070
河北省承德钢铁集团有限公司	刘克忠	4074291		067002
湘潭钢铁公司	林　武	8654888		411101
攀钢(集团)钢城企业总公司	栗素娟	3900808		617023
涟钢股份有限公司	詹先礼	8612500		417009
广西柳州钢铁(集团)公司	詹开基	2593500		545002
长治钢铁(集团)有限公司	柳寿亭	5063341		046031
抚顺特殊钢有限公司	张玉颖	6668968		113001
上海第一钢铁(集团)有限公司	毛乾龙	56825682		200431
北台钢铁有限责任公司	杨新华	4843119	8145	117022
冶钢集团有限公司	刘建新	6293043		435001
通化钢铁集团有限责任公司	王茂清	3793186		134003
鄂城钢铁集团有限责任公司	陈明洁	3223404		436000
南京钢铁集团有限公司	李前煦	7791615	4419	210035
福建三明钢铁厂	欧阳元和	8205699		365000
广东省韶钢集团公司	曾德新	8786100		512123
上海宝钢集团公司	谢企华	58358888		200122

企业名录一览表

企业所在地区	企业详细地址	主要产品（或主要业务活动）
辽宁省鞍山市铁西区	鞍钢大白楼1号	钢材
湖北省武汉市青山区	武汉市	钢 铁 钢材
重庆市攀枝花市东区	向阳村	转炉钢 生铁 钢材
辽宁省本溪市平山区	人民路16号	生铁 钢 钢材
山西省太原市北城区	尖草坪	生铁 钢 钢材
内蒙古包头市昆都伦区	河西	钢 铁 材
河北省唐山市路北区	滨河路9号	钢 生铁 钢材
北京市石景山区	石景山路厂东门	生铁 转炉钢 钢材
安徽省马鞍山市雨山区	红旗中路8号	钢材 生铁 钢
江西省新余市渝水区	冶金路	钢 钢材 铁合金
河北省张家口市宣化区	牌楼东街30号	生铁 钢材 碳黑
山东省济南市历城区	工业北路21号	钢 铁 材
河南省安阳市铁西区	安钢大道	钢材 生铁
甘肃省嘉峪关市	嘉峪关市雄关东路12号	生铁 钢 钢材
云南省昆明市安宁市	郎家庄	钢 生铁 钢材
山东省菏泽地区钢城区	友谊大街	黑色金属冶炼及压延
河北省邯郸市邯郸市直属	邯郸市复兴路232号	钢材 连铸坯锭 生铁
重庆市绵阳市涪城区	江东路195号	钢 钢材 钢丝
贵州省六盘水市钟山区	巴西中路	钢 生铁 钢材
上海市市区闸北区	恒丰路600号	生铁 热轧板卷 铁矿石
河北省承德市双滦区	滦河	钢材 钢锭 五氧化二钒
湖南省湘潭市岳塘区	岳塘	钢 生铁 钢材
重庆市攀枝花市东区	长寿路	钢材 烧碱 金属结构件
湖南省娄底地区娄底市	黄泥塘	钢材 钢 生铁
广西柳州市柳北区	北鹊路117号	钢 生铁 钢材
山西省长治市郊区	长钢东大街9号	钢铁冶炼 钢压延加工
辽宁省抚顺市望花区	和平路东段56号	钢铁 钢材 耐火砖
上海市市区宝山区	长江路７３５号	钢 钢坯 钢材
辽宁省本溪市平山区	宁家村	生铁 钢板 铁管
湖北省黄石市石灰窑区	黄石大道316号	钢 钢材 耐火制品
吉林省通化市东昌区	东胜路14号	钢 生铁 钢材
湖北省鄂州市鄂城区	鄂城区武昌大道105号	钢材 生铁 钢
江苏省南京市大厂区	卸甲甸	中厚钢板 线材 钢带
福建省三明市市辖区	工业中路	钢 铁 钢材
广东省韶关市曲江县	马坝	钢.钢材.生铁
上海市郊县浦东新区	市浦东新区浦电路370号	薄钢板 中厚钢板 无缝钢管

续32

企业名称	法人代表	电　话	分　机	邮政编码
重庆钢铁股份有限公司	郭代仪	68846512		400081
杭州钢铁集团公司	童云芳	8144301		310022
上海五钢(集团)有限公司	乐景彭	56679080		200940
重庆特殊钢(集团)有限责任公司	苏兆贵	65137138		400032
合肥钢铁集团有限公司	杨复强	4401114	241	230011
山西省临汾钢铁公司	傅之舜	3092102		041000
通化钢铁集团公司企业公司	耿瑞利	3793766		134003
天津天钢集团有限公司	韩贵义	84262709		300180
河北省邢台市钢铁有限责任公司	袁世臻	2042008		054027
有色金属冶炼及压延加工业				
白银有色金属公司	吴金生	8811985		730900
金川有色金属公司	杨金义	8812230		737104
云南锡业公司	肖建明	2123381		661000
铜陵有色金属集团公司	杨振超	2833457		244000
中国长城铝业公司	宋培凯	8915033		450041
贵州铝厂	殷毓符	4898036		550014
中条山有色金属公司	赵波	6033001		043700
大冶有色金属公司	罗忠民	5392415		435005
山东铝业公司	梁中秀	2980334		255052
葫芦岛锌厂	郭宗昌	2101431	5040	125003
水口山矿务局	邹恒春	7582412		421513
东北轻合金有限责任公司	贾绍其	6564075		150060
广东韶关岭南铅锌集团有限公司	冯秋明	8899404		512000
镍都实业公司	谭世雄	8811579		737104
云南会泽铅锌矿	李洪福	5641894		654211
西南铝加工厂	孙华山	65808168		401326
洛阳铜加工厂	宋厚启	4922411	3253	471039
抚顺铝厂	陈国经	6428471	3425	113001
锡矿山矿务局	刘学明	5212291	31029	417502
甘肃银城实业总公司	李文弟	8812104		730900
包头铝业(集团)有限责任公司	史九宽	4171144		014046
平桂矿务局	李阳通	8831201		542601
葫芦岛锌厂工贸实业总公司	王锦生	2101431	4011	125003
平果县铝业公司	杨世杰	5802386		531400
株洲硬质合金厂	周菊秋	8260731		412000
沈阳冶炼厂	顾立民	25865411	3573	110025
青海铝厂	吴伟成	2726030	2073	810108

企业名录一览表

企业所在地区	企业详细地址	主要产品（或主要业务活动）
重庆市大度口区	大渡口区钢铁路30号	钢材 钢 生铁
浙江省杭州市拱墅区	半山路132号	钢 生铁 钢材 坯
上海市市区宝山区	同济路３３３号	钢锭 钢坯 钢材
重庆市沙坪坝区	双碑团结坝143号	钢 钢材 钢丝
安徽省合肥市东市		生铁 钢 钢材
山西省临汾地区临汾市	桥东街3号	钢 生铁 钢材
吉林省通化市东昌区	东胜街14号	钢材 水泥 耐火产品
天津市市区河东区	河东区郑庄子街张达庄街	钢锭 钢坯 高速线材
河北省邢台市桥西区	钢铁南路161号	钢坯 生铁 线材
甘肃省白银市白银区	白银区	铜 铅 锌
甘肃省金昌市金川县	金川区北京路	电解镍 电解铜 电解钴
云南省红河哈尼族彝族自治州个旧	金湖东路121号	精锡 电铅 铜精矿含铜
安徽省铜陵市铜官山区	铜官山区	电解铜 铜盘条 硫酸
河南省郑州市上街区	厂前路28号	氧化铝 铝 水 泥
贵州省贵阳市白云区	白云区铝兴街24号	氧化铝 铝 石墨及炭素制品
山西省运城地区垣曲县	东峰山	粗铜 电解铜 硫酸
湖北省黄石市下陆区	新下陆	粗铜 阴极铜 硫酸
山东省淄博市张店区	五公里路1号	氧化铝 电解铝 水泥
辽宁省锦西市葫芦岛区	马杖房西24	锌 铜 硫酸
湖南省衡阳市常宁市	渡西	电铅加工 电锌生产 电铜
黑龙江省哈尔滨市平房区	新疆三道街１１号	铝材 镁材 铝镁材
广东省韶关市北江区	解放路１２８号	铅.锌精矿 铅.锌金属 硫酸
甘肃省金昌市金川县	金川路文体巷	电解铜及铜加工材 镍铜钴盐类产品
云南省曲靖市会泽县	新工地办事处	锌 铅 锗
重庆市九龙坡区	西南	铝材
河南省洛阳市涧西区	建设路50号	铜镍材 铝镁材 电解铜
辽宁省抚顺市望花区	鞍山路东段6号	铝锭 镁锭 钛锭
湖南省娄底地区冷水江市	株木山	精锑 氧化锑 隔膜烧碱
甘肃省白银市白银区	白银市	电铜 硫精矿 水泥
内蒙古包头市东河区	毛其来	铝锭
广西梧州地区钟山县	平桂	精锡加工
辽宁省锦西市葫芦岛区	龙港区锦葫北路	锌粉 氧化锌 锌锭
广西百色地区平果县	雷感村城西路	铝锭 氧化铝 炭块
湖南省株洲市东区	钻石路	硬质合金 钨钼 钽铌
辽宁省沈阳市铁西区	铁西区北二中路10号	电铜 电铅 电锌
青海省西宁市大通回族土族自治县	黄家寨	重熔用铝锭

续33

企业名称	法人代表	电　话	分 机	邮政编码
株洲冶炼厂	方炳祺	8391231		412004
中国长城铝业公司中州铝厂	张宝琦	3936934	21540	454000
烟台有色金属集团有限公司	李新文	6822561		264002
吉林镍业公司	张凤志	5610778		132311
青铜峡铝厂	周景琦	3034196		751603
沈阳有色金属加工厂	张成杰	89812521	5395	110102
红华实业总公司	朱国英	2711437		614700
洛阳栾川钼业公司	郝松道	6822193	8020	471500
浙江铝业股份有限公司	张建卫	8884848		321103
兰州铝厂	冯诗伟	7557344		730060
自贡硬质合金有限责任公司	张德胜	4716591		643011
西北铝加工厂	郭士安			748111
南丹县龙泉矿冶总厂	黎东明	7233185		547200
太原铜业公司	张吉东	7073135	219	030012
兰州连城铝厂	魏光前	6905688		730335
山西省运城地区解州铝厂	许复活	2024110	2352	044001
三门峡天元铝业(集团)有限公司	李永正	2863831		472000
柳州锌品股份有限公司	蒋文杰	2858735		545001
金属制品业				
太原赵家堡企业集团公司	赵贵发			030400
清徐县同戈站暖气片工业公司	张恒要			030400
猴王集团公司(城区)	朱黎阳	6333261		443000
哈尔滨量具刃具厂	魏华亮	2623021		150040
宁夏恒力钢铁集团有限公司	刘京喜	3681920		753202
贵州钢绳厂	何胜云	8422980		563000
哈尔滨第一工具厂	姚东元	8350840		150020
成都成量集团公司	夏义宝	3241923	2419	610056
河北省冀州市暖气片	王占国	8615653	3057	053200
吉林市吉冶钢铁有限公司	刘　进	4621049	243	244084
天元散热器集团公司	王长泉	8462308		053100
山西省太谷县玛钢厂	夏来林	6322168	3130	030800
法尔胜集团公司	周建松	6882883	276	214400
唐山钢铁集团公司附属企业总公司	张毅刚	3715026		063016
上海工具厂有限公司	孙宝鑫	65038055	314	200092
浙江万达集团公司	陈强	2301088		311258
营口营冷(集团)有限责任公司	盛东升	4832902	3012	115004
耶鲁—固力保安制品（广东）有限公司	何家权	2102326		528415

企业名录一览表

企业所在地区	企业详细地址	主要产品（或主要业务活动）
湖南省株洲市南区	清水塘	锌 铅 铜
河南省焦作市修武县	申国村	氧化铝
山东省烟台市芝罘区	幸福中路178号	铜 铜加工材 化肥
吉林省吉林市磐石市	红旗大街54号	高冰镍 硫酸镍 铜精矿
宁夏银南地区青铜峡市	大坝镇	矿产铝 炭素糊
辽宁省沈阳市苏家屯区	苏家屯区中兴街	铜材 镍材 钛材
重庆市乐山市金口河区	永和镇	六氟化硫 硅铁
河南省洛阳市栾川县	君山路	钼冶练产品 钼精矿 钼粉和钼制品
浙江省金华市兰溪市	城郊西路17号	电介铝 阳极糊 铜 铝加工
甘肃省兰州市西固区	西固区环行西路6号	铝锭
重庆市自贡市大安区	马冲口街	硬质合金 稀有金属 钨钼化合物
甘肃省定西地区陇西县	陇西巩昌西郊	铝材 有色金属粉
广西河池地区南丹县	民行街103号	锡锭 锑锭 电解铅
山西省太原市南城区	并州南路133号	铜盘条 电解铜 铜材
甘肃省兰州市永登县	永登县建设坪街	铝锭 炭素糊
山西省运城地区运城市	新建路30号	普通铝锭 电解铜 氯化盐
河南省三门峡市湖滨区	东风南路10号	铝 锭 铝加工材 火电
广西柳州市柳北区	白沙中2号	氧化锌 兰德粉 电解锌
山西省太原市清徐县	赵家堡	暖气片
山西省太原市清徐县	同戈站	暖气片
湖北省宜昌市市辖区	西陵一路102号	焊接材料 柴油机 啤酒
黑龙江省哈尔滨市动力区	动力区和平路44号	直柄钻头 锥柄钻头 机用丝锥
宁夏石嘴山市石嘴山区	河滨	金属丝绳及其制品 钢锭 小型钢材
贵州省遵义市市辖区	桃溪路47号	钢丝 钢丝绳 小型钢材
黑龙江省哈尔滨市道外区	道外区南马路117号	齿轮滚刀 拉刀 扦齿刀
四川省成都市成华区	二环路东一段14号	金属切削工具 硬质合金制品
河北省衡水市冀州市	冀州市冀新西路86号	铸铁散热器
吉林省吉林市丰满区	吉林市丰满区大长屯街28	钢坯 钢材 金属及制品
河北省衡水市枣强县	马屯村	灰铸铁散热器
山西省晋中地区太谷县	新代	玛钢管件
江苏省无锡市江阴市	通江路57号	钢丝绳 钢丝
河北省唐山市路北区	钢厂道25号	金属制品 铸钢、铸件
上海市市区杨浦区	杨浦区大连路920号	金属切削工具
浙江省杭州市萧山市	朝红村	工具出口 贸易 管理
辽宁省营口市西市区	小庙塘里53号	防盗门 空调 电冰箱
广东省东莞市	小榄镇沙口菊城大道	球开门锁

续34

企业名称	法人代表	电　话	分 机	邮政编码
淮南潘一矿多种经营总公司	赵东余	7633769		232082
山东省三环制锁集团公司	解维坤	6254401	223	264000
济南长泰集团公司	柴洪生	7224072		250300
山西省清徐北录树铸造工业公司	李金亮			030400
永嘉工业有限公司	黄团结	5027999		361009
襄汾县襄陵暖气集团公司	郝记东	3688122		041504
山西省太行锯条厂	逄中祐	5052152		046021
冶钢集团劳动服务公司	李德贵	6291641		435001
联盛(番禺)塑料五金模具有限公司	马奕群	84928001		511480
国营哈尔滨第二工具厂	陈明喜	8325211		150020
山东金宝集团总公司	戴瑞德	8806777		261051
平顶山市煤业(集团)一矿劳动服务公司	鲁长平	2925410		467001
广东金叶不锈钢制品集团公司	卫桂康	2736621		526060
抚顺石油化工公司石油三厂服务公司	李海城	6428041	333441	113000
吉林江北机械厂建东工业公司	车彪	3038505		132021
天津南华工具(集团)有限公司	徐连起	28227745		300200
广东华丽电镀工业公司	陈锡彬	6773378		528251
河南省卫辉市虎头工具有限公司	秦学祥	4410139		453100
太原市清徐县燕兴暖气片有限公司	杨果平			030400
宁波双圆有限公司	张炳祥	7834371		315040
山东环日集团总公司	泮书昌	2331056		261413
顺德惠而浦蚬华微波制品有限公司	顾文基	6656922		528312
重庆搪瓷总厂	崔极明	67614129		400021
湖北田野集团	周宝生	6718005		437224
浦江县锡箔实业公司	冯建炼	4169001		322201
清徐县高花暖气片工业公司	白臻英			030400
普通机械制造业				
洛阳轴承(集团)公司	武维国	4986331		471039
瓦房店轴承集团有限责任公司	王路顺	5509888	2747	116300
徐州工程机械集团有限公司	董天化	5756044	2405	221006
大连冰山集团有限公司	张和	6653081		116033
哈尔滨轴承股份有限公司	张正滨	5315011	2660	150036
潍坊柴油机有限责任公司	谭旭光	82349518		261001
北内集团总公司	冯启泰	67715588		100022
沈阳机床股份有限公司	姚俊喜	24855106		110011
哈尔滨汽轮机有限责任公司	邵哲如	2681404	2580	150046
无锡开源机床集团有限公司	陈巨昌	5802978		214061

企业名录一览表

企业所在地区	企业详细地址	主要产品（或主要业务活动）
安徽省淮南市潘集区	袁庄	金属网 煤 水泥预制构件
山东省烟台市芝罘区	西南河路47号	锁
山东省莱芜市长清县	灵岩路	金属门窗
山西省太原市清徐县	北录树	铸造
福建省厦门市开元区	洪文村	不锈钢餐具
山西省临汾地区襄汾县	河北	暖气片
山西省长治市郊区	桥东北路5号	木工带锯 木工圆锯 硬质含金圆锯
湖北省黄石市石灰窑区	二门房管处院内	冶金机械设备加工 劳务服务
广东省广州市番禺市	太平工业区	注塑模具
黑龙江省哈尔滨市道外区	道外区南极街171号	金属切削刃具
山东省潍坊市奎文区	南屯村	货箱 洗涤器 玻璃钢制品
河南省平顶山市卫东区	寺沟村	阻燃风筒 金属网 元钢
广东省肇庆市端州区	端州宋路14号	不锈钢制品 铝制品、阀门、抛光管
辽宁省抚顺市望花区	海城三路1号	各种规格钢桶 润滑油 二氧化碳
吉林省吉林市龙潭区	龙潭区团结路45号	
天津市市区河北区	河北区民主道63号	铁滑车 各种钳子 各种扳手
广东省佛山市南海市	永安路五十六号	电镀
河南省新乡市辉县市	工农路	钳子 压力机
山西省太原市清徐县	北关	暖气片
浙江省宁波市江东区	周宿渡路16号	精铝制品 铝板
山东省烟台市莱州市	潘家村	钢瓶
广东省佛山市顺德市	蓬莱路1 8号	微波炉
重庆市江北区	下石门1号	日用搪瓷
湖北省咸宁地区嘉鱼县	官桥村	钢丝绳 磁合金
浙江省金华市浦江县	上赵	锡箔 锡块
山西省太原市清徐县	高花	暖气片
河南省洛阳市涧西区	建设路96号	轴承制造
辽宁省大连市瓦房店市	北共济街1段1号	轴承
江苏省徐州市郊区	苏堤北路5号	汽车起重机 压路机 装载机
辽宁省大连市沙河口区	西南路888号	制冷设备
黑龙江省哈尔滨市香坊区	香坊区红旗大街14号	轴承
山东省潍坊市奎文区	民生东街20号	6160A柴油机 6200Z柴油机 WD615柴油机
北京市朝阳区	广渠路31号	内燃机制造
辽宁省沈阳市沈河区	西顺城街247号	金属切削机床制造
黑龙江省哈尔滨市动力区	动力区大庆路1号	电站汽轮机 船用汽轮机
江苏省无锡市郊区	湖滨路11号	金属切削机床 轴承 机床电器元件

续35

企业名称	法人代表	电 话	分 机	邮政编码
无锡威孚集团有限公司	许良飞	2708345		214031
广西玉柴机器股份有限公司	王建明	3289168		537005
四川长江工程机械集团有限公司	王力	3582543		646006
东方汽轮机厂	张绳铨	6302192		618201
大连机床集团有限责任公司	周魁	3631851	2020	116022
山西机床厂	沈仁裕	3084941	3020	030009
上海柴油机股份有限公司	陈龙兴	65745656	2457	200432
齐齐哈尔市第二机床厂	张弦冲	2475931		161005
南京机床(集团)有限公司	曾永健	3229290		210018
哈尔滨锅炉有限责任公司	李荣时	2681711	3015	150040
东风朝阳柴油机公司	吴景春	2824554		122000
哈尔滨松江机械厂	李晓明	2681367		150046
齐齐哈尔市第一机床厂	刘广田	2305454		161005
济南二机床集团有限公司	张宝玮	7963311	8394	250022
首钢吉林柴油机厂	富强	4841798		130031
西北轴承股份有限公司	高续纯	2030255		750021
武汉锅炉集团有限公司	陈德根	82847057		430000
上海汽轮机有限公司	周飞达	64358331	2501	200240
济南一机床集团有限公司	于志海	7963300	2321	250022
东方锅炉(集团)股份有限公司	文秉友	4732455		643000
天水海林轴承厂	郝崇德	8381819		741018
杭州制氧机集团公司	杜忠海	5372001	3271	310004
莱动内燃机有限公司	张子云	7211122	3398	265200
青岛泰发集团股份有限公司	张世义	3191005	2088	266431
南京汽轮电机(集团)有限责任公司	潘宗健	5503750		210037
广西柳工机械股份有限公司	张沛	3886054		545007
沈阳鼓风机厂	苏永强	25801965		110021
山西平阳机械厂	陈占贤	4223411	2123	043002
北京第一机床厂	李黎	65023765		100022
武汉重型机床厂	陈国新	82847057		430000
湖南省浦沅集团有限公司	陈励青	5587111	233	410007
沈阳水泵股份有限公司	郑年	25822411	6673	110026
常柴股份有限公司	李汉华	6603656		213002
一汽无锡柴油机厂	蒋彬洪	5014990		214026
大连大起集团有限责任公司	刘志轩	4640934	2047	116022
专用设备制造业				
中国一拖集团有限公司	尹家喜	4973280		471004

企业名录一览表

企业所在地区	企业详细地址	主要产品（或主要业务活动）
江苏省无锡市南长区	人民西路107号	高压油泵总成 三对偶件 喷油器总成
广西玉林市市辖区	天桥路168号	内燃机发电机组 挖掘机 进出口
重庆市泸州市市中区	茜草坝	起重机 挖掘机 液压元件
重庆市德阳市绵竹市	东汽厂	电站汽轮机及其零配件
辽宁省大连市沙河口区	鞍山路38号	金属切削机床
山西省太原市北城区	胜利街247号	汽轮机 石油钻锭 拆炉机
上海市市区杨浦区	上海军工路2636号	135型柴油机 D114型柴油机 18型柴油机
黑龙江省齐齐哈尔市龙沙区	永安大街54号	金属切削机床生产 锻压设备生产
江苏省南京市玄武区	珠江路280号珠江大厦13	数控机床 齿轮加工机床 机床配件
黑龙江省哈尔滨市动力区	动力区大庆路17号	电站锅炉
辽宁省朝阳市双塔区	黄河路三段51号	车用柴油机生产 柴油机配件生产
黑龙江省哈尔滨市动力区	动力区通乡街174号	
黑龙江省齐齐哈尔市龙沙区	安顺路61号	金属切削机床生产 锻压设备生产
山东省济南市槐荫区	机床二厂路4号	锻压设备 金切机床
吉林省长春市二道河子区	长春市二道区东盛大街22	6110系列柴油发动机
宁夏银川市新城区	新市区北京西路4号	轴承
湖北省武汉市武昌区	乡镇	电站锅炉
上海市市区闵行区	闵行区江川路333号	电站汽轮机
山东省济南市市中区	机一西厂路4	金属切削机床制造
重庆市自贡市自流井区	五星街	电站锅炉 电站辅机 化工核电设备
甘肃省天水市秦城区	秦城区岷山路55号	轴承
浙江省杭州市下城区	东新路90号	气体分离设备及液化设 气体压缩机
山东省烟台市莱阳市	五龙北路10号	柴油机
山东省青岛市胶南市	大卢家滩	手推车 农用车轮胎
江苏省南京市下关区	中央北路80号	汽(燃气)轮机 汽轮发电机 交流电动机
广西柳州市柳南区	柳太路1号	装载机 工矿配件
辽宁省沈阳市铁西区	云峰北街36号	风机制造
山西省临汾地区侯马市	望桥街	液压支架
北京市朝阳区	建国门外大街4号	数控及加工中心 龙门铣床 升降台式铣床
湖北省武汉市武昌区	乡镇	车床 镗床 齿轮加工机床
湖南省长沙市南区	新风路2号	工程机械建筑机械 超重运输机械及配件
辽宁省沈阳市铁西区	熊家岗路28号	泵工
江苏省常州市钟楼区	钟楼区怀德中路123号	柴油机
江苏省无锡市南长区	塘南一支路9号	柴油机 柴油发电机组 汽车
辽宁省大连市沙河口区	五一路97号	起重机械
河南省洛阳市涧西区	建设路154号	拖拉机 内燃机具

1998年部分限额以上

续36

企业名称	法人代表	电 话	分 机	邮政编码
中信重型机械公司	李和平	4218711	4903	471039
中国第二重型机械集团公司	姚正耀	2203919	2406	618013
北京首钢机电有限公司	郑章石	68292266	3114	100043
中国第一重型机械集团公司	李叔彦	6809001	3276	161042
太原重型机械集团公司(太原重型机器厂)	卢贤缵	6066173		030024
上海企业发展有限公司	冯建平	57953255		200540
长春拖拉机制造厂	马福文	4842911	346	130031
兰州石油化工机器总厂	王永森	2333611	2806	730050
天同集团有限公司	谷全诚	5051173		050033
河北省邢台市机械轧辊(集团)有限公司	黄庚辰	2023911	5396	054025
太原矿山机器厂	申晋鸣	3041515	2253	030009
沈阳重型机械集团有限责任公司	陈斌	25876935		110025
沈阳矿山机械(集团)有限责任公司	常守谦	24833572		110042
衡阳有色冶金机械总厂	侯厚培	8331011		421002
北汽福田车辆股份有限公司	安庆衡	65921776		100020
西北煤矿机械总厂	王发清	2173546		753001
大连重工集团有限公司	刘永盛	4604201	2965	116022
鞍山第一工程机械股份有限公司	于哲夫	6211222		114042
天津拖拉机制造有限公司	杜允中	23365726		300190
天津天重重型机器（集团）有限公司	赵锡忠	26340718		300400
国营郑州纺织机械厂	鲁成业	3937251	2729	450053
张家口煤矿机械厂	郭东林	2013291		075000
上海拖拉机内燃机公司	李积荣	65480006	6286	200433
朝重集团有限责任公司	张　智	2810629		122000
锦西化工机械厂	毕长怡	2126230	217	125001
上海重型机器厂	杭鹏飞	64301141		200240
山东拖拉机厂	孙久余	3413682		272011
经纬纺织机械股份有限公司	刘世同	2492010		030601
淮南煤矿机械厂	秦清增	5717631	260	232052
江西拖拉机制造厂	江建林	8459053		330002
兰州手扶拖拉机厂	吴永高	2864721	3204	730050
北京首钢重型机器厂	姜林	68210099	386	100039
山东推土机总厂	王富启	2314636	2029	272035
重钢集团建设工程有限责任公司	唐自明	68845602		400081
沈阳拖拉机汽车制造厂	鲁启阳	25864730		110026
新乡市第一拖拉机厂	职洪文	4592414	2030	453800
宣化工程机械集团有限公司	王建军	3012255	6149	075105

企业名录一览表

企业所在地区	企业详细地址	主要产品（或主要业务活动）
河南省洛阳市涧西区	建设路206号	建材设备 矿山设备 冶金设备
重庆市德阳市旌阳市	旌阳区岷江西路70号	冶金设备 工矿配件 钢
北京市石景山区	老山	冶金
黑龙江省齐齐哈尔市富拉尔基区	厂前路9号	金属轧制设备 炼油化工设备 冶练设备
山西省太原市河西区	玉河53	起重设备 挖掘设备 轨钢设备
上海市上海市金山区	市金山区石化街道纬二	
吉林省长春市二道河子区	二道区荣光路59号	大中型拖拉机 小型拖拉机
甘肃省兰州市七里河区	七里河区西津西路197号	钻采设备 化工设备 炼油设备
河北省石家庄市长安区	和平东路418号	拖拉机 农用运输车 汽车
河北省邢台市桥西区	兴路1号	冶金轧辊 冶金设备 冶金备件
山西省太原市北城区	解放北路76号	
辽宁省沈阳市铁西区	兴华北街8号	矿山设备 锻压设备 金属轧制设备
辽宁省沈阳市大东区	大东路178号	矿山设备 运输设备 装载机
湖南省衡阳市江东区	东风路	矿山设备 铸钢件 铸铁件
北京市朝阳区	东环中路32号	汽车 四轮农用车 三轮农用车
宁夏石嘴山市大武口区	向阳	刮板输送机 带式输送机 防爆电动机
辽宁省大连市沙河口区	汉阳街10号	金属冶炼设备
辽宁省鞍山市立山区	红旗路30号	推土机 通井机 装载机
天津市市区南开区	南开区红旗路278号	拖拉机制造 微载货车
天津市市区北辰区	北辰区高峰路	轧制设备 金属冶炼设备 铸锻件
河南省郑州市金水区	南阳路西一街1号	纺织机械
河北省张家口市桥东区	工业路6号	矿山专用设备
上海市市区杨浦区	杨浦区黄兴路2012弄40路	拖拉机 柴油机
辽宁省朝阳市双塔区	黄河路三段22号	水泥设备 矿山设备 环保设备
辽宁省锦西市连山区	化机路25	化工设备 铁路槽车
上海市市区闵行区	闵行区江川路1800号	矿山设备 冶金设备 大型铸锻件
山东省济宁市兖州县	辛北庄	大中型拖拉机 小型拖拉机 柴油机
山西省晋中地区榆次市	经纬路150号	纺织专用设备制造
安徽省淮南市谢家集区	蔡新路	掘进机 皮带运输机 铰车
江西省南昌市西湖区	井岗山大道257号	拖拉机 农用运输车 柴油机
甘肃省兰州市七里河区	七里河区民乐路8号	机动三轮车 四轮农用运输车 小型拖拉机
北京市石景山区	吴家村	冶金
山东省抚州地区市辖区	太白东路58路	推土机 液力变矩器 履带链轨总成
重庆市大度口区	大渡口中山堂	冶金专用设备修理 结构件制造
辽宁省沈阳市铁西区	建设中路62号	大中型拖拉机 农用运输车 内燃机
河南省新乡市获嘉县	胜利路	四轮拖拉机 四轮农用运输车
河北省张家口市宣化区	东升路	推土机 装载机 工矿配件

续37

企业名称	法人代表	电　话	分 机	邮政编码
山东潍坊拖拉机集团总公司	牟泽富	8651188		261004
四平东风联合收割机集团有限责任公司	赵国志	3387040	2381	136001
华南缝制设备集团公司	陈光荫	84429296		510220
抚顺挖掘机制造厂	陈允杰	7644450		113126
长沙重型机器厂	殷正富	5317085		410014
兰州通用机器厂	赵明超	2566111		730050
杭州前进齿轮箱集团公司	王兆勤	2673888	00404	311203
交通运输设备制造业				
中国重型汽车集团公司	徐仁根	5958554		250031
沈阳黎明发动机制造公司	林左鸣	24830679		110043
西安飞机工业(集团)有限责任公司	杨　忠	6845000		710089
跃进汽车集团公司	黄小平	3437788	30231	210037
哈尔滨飞机制造公司	崔学文	6501122		150066
沈阳一汽金杯汽车工业有限公司	徐兴尧	24800669	8620	110015
南昌飞机制造公司	姜亮	8467685		330024
成都飞机工业公司	杨宝树	7401033		610092
一汽金杯汽车股份有限公司	徐兴尧	24800669	8720	110015
沈阳飞机工业集团有限公司	许焕刚	86521070		110034
西安航空发动机(集团)有限公司	张则英	6613888	52114	710021
中国南方航空动力机械公司	陶光孟	8552884		412002
长春客车厂	马树坤	7914245		130062
齐齐哈尔市铁路车辆集团有限责任公司	冯静樵	2512981	61362	161002
成都发动机公司	景济南	4506426		610067
哈尔滨东安发动机制造公司	刘成佳	6502120	4245	150066
大连机车车辆厂	袁吉昌	4602043		116021
戚墅堰机车车辆厂	杨维书	8771711	51141	213011
中国三江航天工业集团公司	花禄森	3816324		444200
四方机厂	张军	3718168		266031
上海大众汽车有限公司	陈祥麟	59561888	62328	201805
晋西机器厂	黄福和	6275911	2812	030027
沪东造船厂	周振柏	58713222		200129
景德镇市昌河飞机工业公司	杨金槐	8442019	2515	333002
沈阳机车车辆厂	李荣琦	22056938		110035
唐山机车车辆厂	刘晓平	3242408		063035
中国第一汽车集团公司吉林轻型车厂	王少华	4661616		132013
中国轻骑集团总公司	张家岭	6953325		250014
株洲电力机车厂	赵小刚	8441436		412001

企业名录一览表

企业所在地区	企业详细地址	主要产品（或主要业务活动）
山东省潍坊市奎文区	北宫东街63号	小型拖拉机
吉林省四平市铁东区	平东大路5号	联合收割机
广东省广州市海珠区	滨江中路352号	缝纫机
辽宁省抚顺市顺城区	双阳北路2号	挖掘机 起重机 桩工机械
湖南省长沙市郊区	树木岭路22#	矿山设备 斗轮堆取类 铁路车辆
甘肃省兰州市七里河区	七里河区西津西路南湾	采油设备 建筑机械 军工产品
浙江省杭州市萧山市	萧金路45号	船用齿轮箱 工程机械变速箱 标准紧固件
山东省济南市天桥区	无影山中路53号	载重汽车
辽宁省沈阳市大东区	大东区东塔街6号	铝型材 增压器
陕西省西安市阎良区	红安路一号	运七系列飞机 铝型材 豪华客车
江苏省南京市鼓楼区	中央路331号	轻型载货汽车 轻型客车 轻型越野汽车
黑龙江省哈尔滨市平房区	平房区友协大街15号	飞机制造 微型汽车制造
辽宁省沈阳市沈河区	万柳塘路38号	汽车配件 汽油机
江西省南昌市青云谱区	新溪桥	摩托车 汽油机 片梭织机
四川省成都市青羊区	黄天坝(青羊区)	汽车模具 包装机械产品 洗涤设备
辽宁省沈阳市沈河区	万柳塘路38号	轻型货车 轻型客车
辽宁省沈阳市皇姑区	皇姑区陵北街1号	旅游车 吉普车
陕西省西安市未央区		发动机生产及大修 轧机及冶金备件
湖南省株洲市北区	董家段	摩托车 摩托车发动机 航空发动机
吉林省长春市绿园区	绿园区青荫路5号	新造铁路客车 修理铁路客车
黑龙江省齐齐哈尔市铁锋区	中华东路10号	生产铁路货车 铁道起重机
四川省成都市成华区	双桥子(成华)	WP-B发动机
黑龙江省哈尔滨市平房区	平房区保国大街51号	微型汽车发动机
辽宁省大连市沙河口区	中长街51号	机车
江苏省常州市戚墅堰区	戚墅堰区先行街	内燃机 制造货车 修理货车
湖北省宜昌市远安县	北门村	农用运输车 轻型客车 载货汽车
山东省青岛市四方区	杭州路16号	铁路客车
上海市郊县嘉定区	嘉定区安亭洛浦路63号	上海桑塔纳轿车 桑塔纳发动机
山西省太原市河西区	和平北路北巷5号	铁路货车 火车轴 无缝气瓶
上海市郊县浦东新区	浦东大道2851号	船舶制造 柴油机制造 钢结构件
江西省景德镇市珠山区	朝阳路539号	汽车制造
辽宁省沈阳市皇姑区	皇姑区昆山西路75号	货车修理 货车新造 机车修理
河北省唐山市新区	厂前路3号	新造客车 修理内燃机车 修理客车
吉林省吉林市丰满区	吉林大街泰山路12号	轻型载货汽车 微型载货汽车 客车
山东省济南市历下区	和平路34号	摩托车制造
湖南省株洲市南区	田心	标准轨距电力机车

1998年部分限额以上

续38

企业名称	法人代表	电　话	分 机	邮政编码
江南造船(集团)有限责任公司	陈金海	63151818		200011
万向集团公司	鲁冠球	2716888	8507	311215
大同机车厂	郑显道	5090124	02304	037038
凤凰股份有限公司	毛信忠	65122100	337	200080
河北田野汽车集团有限公司	李平玉	3027426		071051
哈尔滨车辆厂	吴耀斌	6467961		150010
辽宁渤海造船厂	贺荣光	2792001		125004
中国航空工业总公司西安远东公司	丁　凯	4264001	5042	710077
沈阳航天新新集团有限公司	蔡德功	86526119	2474	110034
庆安集团有限公司	汪幼军	4262122		710077
上海汇众汽车制造有限公司	戴宗琳	58201188	419	200122
国营武昌造船厂	吕大长	82847057		430000
国营大连造船厂	于世春	2637627		116005
西安车辆厂	李道本	4512407	69101	710086
太原机车车辆厂	姚建田	3045411	2215	030009
上海船厂	陈为铨	58790451		200120
电气机械及器材制造业				
西安电力机械制造公司	浦天祥	4261041		710077
海尔集团公司	张瑞敏	8938233		266101
上海电器股份有限公司	金红军	62588888		200040
广东科龙电器股份有限公司	潘宁	6628338		528303
湘潭电机集团有限公司	戴志强	8595804		411101
东方电机厂	陈卫建	2412857		618000
哈尔滨电机有限责任公司	盛树人	2102625		150040
沈阳变压器有限责任公司	左长林	25851211	3459	110025
甘肃长城电器工业公司	陈绍魁	8382606		741018
广东美的集团股份有限公司	何亨健	6656999	2128	528311
沈阳高压开关有限责任公司	项永春	25865754		110025
杭州金松集团有限公司	周林本	8085006		310014
兰州电机集团有限责任公司	阳贻华	2866951	8028	730050
青岛澳柯玛集团总公司	鲁群生	6765105		266555
长征电器公司	陆德峰	8622901	227	563000
湖南电线电缆集团公司	朱培立	8591550		411101
东莞城内区协益电子厂	叶钊	2264550	200	511700
万宝至马达（大连）有限公司	西村祥二	7611111	261	116600
沈阳电缆厂	黄兆纯	25850997		110025
郑州电缆(集团)股份有限公司	孟繁奇	8612255		450006

企业名录一览表

企业所在地区	企业详细地址	主要产品（或主要业务活动）
上海市市区卢湾区	高雄路2号	运输船舶制造
浙江省杭州市萧山市	宁牧村民委员会	汽车零部件制造
山西省大同市城区	前进街1号	电力机车 内燃机车 G60轻油罐车底架
上海市市区虹口区	高阳路168号	自行车制造
河北省保定市新市区	朝阳北路215号	轻型货车 轻型客车 汽车配件
黑龙江省哈尔滨市道里区	道里区工懋街2号	新造货车 检修货车 检修客车
辽宁省锦西市葫芦岛区	锦葫路132号	29000吨散货船 28200吨散货船
陕西省西安市莲湖区	大庆路西段29号	单螺杆泵 食品包装机 热能去毛刺机
辽宁省沈阳市皇姑区	皇姑区三台子乐山路2号	加油机 化油器 改装车
陕西省西安市莲湖区	大庆路158号	空调压缩机
上海市郊县浦东新区	浦东新区浦东南路1493号	桑车前悬挂总成 桑车后桥总成
湖北省武汉市武昌区	湖北省武汉市	船舶制造修理 压力容器制造
辽宁省大连市西岗区	沿海街1号	民用钢质船舶
陕西省西安市未央区	建章路	新造货车 修理客车 修理货车
山西省太原市北城区	解放北路84号	电力机车修理 货车修理 货车新造
上海市郊县浦东新区	即墨路1号	船舶 柴油机
陕西省西安市莲湖区	丰登北路29号	高压断路器 高压隔离开关 变压器
山东省青岛市崂山区	青岛高科技工业园	电冰箱 空调器 彩电 洗衣机电冰柜
上海市市区静安区	新闸路1378弄17号	低压电器元件 变压器 高.低压开关板
广东省佛山市顺德市	容港路8号	电冰箱 空调器
湖南省湘潭市岳塘区	下摄司街302号	交直流电动机 工矿机车
重庆市德阳市旌阳市	德阳市区黄河西路13号	水轮发电机组 汽轮发电机组 交直流电机
黑龙江省哈尔滨市动力区	动力区大庆路71号	发电设备 交流电机 直流电机
辽宁省沈阳市铁西区	北二中路18号	变压器制造 互感器
甘肃省天水市秦城区	秦城区南廓路1号	电工合金 高压开关板 低压电器主要元件
广东省佛山市顺德市	蓬莱路	空调器
辽宁省沈阳市铁西区	景星街38号	高压短路器 高压隔离开关
浙江省杭州市拱墅区	长板巷43号	洗衣机 空调器 电扇
甘肃省兰州市七里河区	七里河区民乐路66号	大中型电机 交流发电机 主轴伺服电机
山东省青岛市黄岛区	武当山路9号	冰柜冰箱 空调 洗衣机
贵州省遵义市市辖区	上海路100号	低压电器元件 高低压开关板
湖南省湘潭市岳塘区	建设南路1号	电力电缆 钢芯铝绞线 电磁线
广东省东莞市	东纵大道天宝工业区	微型马达及零部件
辽宁省大连市金州区	哈尔滨路41号	微型电机
辽宁省沈阳市铁西区	兴华北街34号	钢芯铝绞线 电力电缆 控制电缆
河南省郑州市中原区	华山路79号	电力电缆 钢芯铝绞线 通讯电缆

续39

企业名称	法人代表	电　话	分 机	邮政编码
北京重型电机厂	王庆生	68211199	2478	100039
哈尔滨电缆厂	吕国生	8326422	5889	150020
中国扬子集团有限公司	宣捍东	3063688		239016
东风电机厂	黄凤高	3250884		614802
山东小鸭集团有限责任公司	王世敦	8980106		250101
永济电机厂	董宇	8023825	5161	044502
阿城继电器集团公司	金　科	3722346	2580	150302
通用电气嘉宝照明有限公司	卢万兴	59127777	126	201802
上海电机厂有限公司	张晓明	64638221	2342	200240
保定天威集团有限公司	闫世博	3227971		071056
闽东电机(集团)股份有限公司	林团	3355466		350005
厦门灿坤实业股份有限公司	吴灿坤	6021708		361006
广东半球实业集团公司	苏世忠	3334214		524043
平顶山天鹰集团有限责任公司	张炳文	3804001		467001
合肥荣事达集团有限责任公司	陈荣珍	5319130		230088
日本电产大连有限公司	木村年宏	7310212	143	116600
佳木斯电机厂	何新兴	8311761		154002
国营长风机器厂	邵乐冲	7667111	241	730070
武汉汽轮发电机厂	夏士杰	82847057		430000
河南新飞电器集团	刘炳银	3381616		453002
上海嘉宝实业(集团)股份有限公司	卢万兴	59161888		200063
许继集团有限公司	王纪年	3315588	2594	461000
上海电缆厂	华昭茂	65487200	312	200093
沈阳电缆有限责任公司	黄兆纯	25850997		110025
汾西机器厂	张喜贵	6263401	271	030027
电子及通信设备制造业				
四川长虹电子集团公司	倪润峰	2418378		621000
摩托罗拉(中国)电子有限公司	杨查理	25328282	8536	300457
福建省新威电子工业有限公司	黄赛波	3792330		351117
深圳市华为技术有限公司	任正非	6540808		518057
长白计算机集团公司	顾明初	86712392		110036
熊猫电子集团公司	王松山	4800855	2822	210002
海信集团	周厚健	3876853		266071
东莞道窖镇协益电子厂	梁伯沂	8831848		511781
联想集团控股公司	柳传志	62521202		100080
友利电电子(深圳)有限公司	市川成	7391349		518103
大连大显集团有限公司	刘秉强	4313437		116022

企业名录一览表

企业所在地区	企业详细地址	主要产品（或主要业务活动）
北京市石景山区	吴家村	汽轮发电机 电站汽轮机 交流电动机
黑龙江省哈尔滨市道外区	道外区景阳街30号	钢芯铝绞线 电磁线 电力电缆
安徽省滁州市市辖区	南谯路126号	空调 汽车 油烟机
重庆市乐山市五通桥区	迎春街	发电设备
山东省济南市历下区	工业北路51号	家用洗衣机(滚筒.双桶 电热水器 冷柜
山西省运城地区永济市	中山西街	410kw牵引电动机
黑龙江省哈尔滨市阿城市	阿城市继电街	继电保护屏 继电器 自动化装置
上海市郊县嘉定区	嘉定区真南路4724路	灯泡 荧光灯
上海市市区闵行区	闵行区江川路555号	交流电机 直流电机 汽轮发电机
河北省保定市新市区	江城路318号	电力变压器 互感器 铝杆
福建省福州市市辖区	五一中路57号	交流电动机 交流发电机 分马力电机
福建省厦门市市辖区	湖里兴隆路88号	电熨斗 咖啡器 剪烤器
广东省湛江市赤坎区	海滨七路19号	电饭锅 电热水器
河南省平顶山市湛河区	南环路22号	高压断路器 高压隔离开关
安徽省合肥市高新技术产业开发区	长江西路669#	洗衣机 电冰箱 微波炉
辽宁省大连市金州区	辽河西二路1号	计算机用微电机
黑龙江省佳木斯市前进区	光复路464号	交流电动机
甘肃省兰州市安宁区	安宁区安宁西路164号	家用洗衣机 家用电冰箱 电视机
湖北省武汉市洪山区	乡镇	汽轮发电机组 水轮发电机组 改装汽车
河南省新乡市红旗区	北干道370号	电冰箱电冰柜
上海市郊县嘉定区	嘉定区嘉戬公路高速公路	灯头 调味食品
河南省濮阳市魏都区	建设路西段居	继电器 自动化装置 继电器保护屏
上海市市区杨浦区	军工路1076号	电力电缆 通讯电缆 船用电缆
辽宁省沈阳市铁西区	兴华北街34号	钢芯铝绞线 电力电缆 控制电缆
山西省太原市河西区	和平北路219号	发电机 洗衣机定时器
重庆市绵阳市涪城区	高新开发区	彩色电视机 空调器 VCD影碟机
天津市	第四大街	无线通讯设备制造 集成电路
福建省莆田市莆田县	江口	表钟芯 计算器 游戏机
广东省深圳市南山区	科技园科发路	程控交换机 电源
辽宁省沈阳市皇姑区	崇山西路10号	微型计算机 彩色电视机 打印机
江苏省南京市玄武区	中山东路301号	无线电通信设备 电视机 激光视盘机
山东省青岛市市南区	江西路11号	电视机 计算机 空调
广东省东莞市	工业大道5号	加工微形玩具马达
北京市海淀区	科学院南路10号	微机 激光打印机 笔记本电脑
广东省深圳市宝安区	塘尾工业村有利路1号	无绳电话 移动电话 卫星接收器
辽宁省大连市西岗区	胜利路98号	彩枪金属零件

1998年部分限额以上

续40

企业名称	法人代表	电　话	分 机	邮政编码
厦门华侨电子企业有限公司	郭则理	6021091		361006
深圳开发科技股份有限公司	王之	3216063		518035
西京电气总公司	孙润生	8234877	2042	710065
山西国营大众机械厂(国营电子计算机公司	胡新华	6065931		030024
番禺市钟村电子工业公司隆辉一厂	凌碧霞	84771830		511495
东莞篁村新科磁电制品厂	罗镒权	2810033		511716
成都红光实业总公司	周伟	4106423		610051
上海真空电子器件股份有限公司	顾培柱	64182818	107	200032
厦门ＴＤＫ有限公司	高杉春正	6150333		361021
青岛三美电机有限公司	森部一夫	6897333	107	266555
珠海三美电机有限公司	森部一夫	8613251	105	519070
浙江东阳磁性企业集团公司	何时金	6651225		322118
冠捷电子（福建）有限公司	王家铨	5285555		350301
石家庄宝石电子集团有限责任公司	董庆祥	5054586		050035
上海广电股份有限公司	徐为扈	64189198	416	200032
潍坊华光集团有限责任公司	王新华	8235397		261041
中华映管(福州)有限公司	林镇源	3971357		350015
国营燎原无线电厂	胡宽广	3381760	3222	453059
莆田新光电子有限公司	林金珍	3792330		351117
西湖电子集团有限公司	陈焕新	8271225		310012
华东电子集团公司	赵竞成	5312080	2602	210028
三洋电机(蛇口)有限公司	新保克司	6691616		518067
深圳中兴新通讯设备有限公司	张太峰	5739300	2326	518004
东莞厚街爱高电子总厂	王敬明	5581328		511771
中国华晶电子集团公司	徐发明	5807123	4486	214061
成都锦江电器制造公司	李涌	4122723	2455	610051
国营黄河机器制造厂	代志军	2521766	2662	710043
北京牡丹电子集团公司	段起	62046611	4194	100083
天津三美电机有限公司	森部一夫	24371221		300163
中国振华(集团)科技股份有限公司	陈清洁	6842674		550018
北京松下彩色显像管有限公司	何民生	64363355	2203	100015
国营宏明无线电器材总厂	谭宜成	4331317	8838	610058
华飞彩色显示系统有限公司	邵永昌	5421166	5200	210028
广东福地彩色显像管股份有限公司	詹宗庆	2404888	3295	511716
仪器仪表及文化、办公用机械制造业				
中国四联仪器仪表集团有限公司	鄢军	68203804		400700
云南光学仪器厂	胡士保	8590437		650114

企业名录一览表

企业所在地区	企业详细地址	主要产品（或主要业务活动）
福建省厦门市市辖区	湖里大道22号	彩色电视机 彩色显示器 通风设备
广东省深圳市福田区	彩田路	计算机磁头
陕西省西安市雁塔区	电子西街3号	电子元件 电子器件 电子材料
山西省太原市河西区	和平南路135号	24针打印机 自动络筒机 燃气热水器
广东省广州市番禺市	隆辉工业村	电子元件
广东省东莞市	篁村管理区	生产电脑磁头
四川省成都市成华区	建设南支路4号	黑白显像管 黑白显像管玻壳
上海市市区徐汇区	徐汇区斜土路1646号	黑白电视机 黑白显象管 灯泡
福建省厦门市集美区	东安村	电容器 线圈 磁头
山东省青岛市黄岛区	香江一路23号	磁头 线圈 遥控器
广东省珠海市香洲区	翠珠工业区丙型厂房	变压器 微小马达 整流开关
浙江省金华市东阳市	横店	磁性材料
福建省福州市福清市	宏路村上郑	电脑显示器
河北省	黄河大道9号	彩色显像管玻壳 销钉.阳极帽 电子枪
上海市市区徐汇区	徐汇区斜土路1646号	电视机 计算机 洗衣机
山东省潍坊市奎文区	东风东街272号	电子出版系统 程控交换机 光通信设备
福建省福州市马尾区	快安	单色显示管 彩色显示管 电子枪
河南省新乡市新华区	建设路4号	超短波对空通讯台 彩色电视机
福建省莆田市莆田县	江口镇	电子元件
浙江省杭州市西湖区	教工路1号	电视机 显示器 计算器
江苏省南京市栖霞区	迈皋桥长营村2号	电子束管 荧光灯 电视机
广东省深圳市南山区	太子路	收录机 马达 滤波器
广东省深圳市罗湖区	鹏基工业区710栋6楼	程控交换机 接入网 视讯
广东省东莞市	厚街管理区	收录机 镭射机
江苏省无锡市郊区	梁溪路14号	半导体集成电路 半导体分立器件
四川省成都市成华区	建设北路三段168号	雷达 VCD机 电视机
陕西省西安市新城区	幸福北路8号	雷达整机
北京市海淀区	花园路2号	电视机
天津市市区河东区	卫国道202号	电子元件
贵州省贵阳市乌当区	新天路150号	数字程控交换机 微型计算机
北京市朝阳区	酒仙桥北路9号	彩色显像管 彩色显示管 照明荧光灯
四川省成都市成华区	二环路东二段29号	电容器 电阻器 电位器
江苏省南京市玄武区	华飞路一号	彩色显像管 彩色显示管
广东省东莞市	周溪管理区	彩色显像管
重庆市北碚区	北碚区碚峡路人民村1#	
云南省昆明市西山区	中滩	望远镜 医用光学仪器 微光红外产品

1998年部分限额以上

续41

企业名称	法人代表	电　话	分　机	邮政编码
上海自动化仪表股份有限公司	周永清	62521870	273	200050
西安西北光电仪器厂	李忠义	2521712		710043
烟台北极星钟表集团公司	罗春生	6225875		264001
西仪集团有限责任公司(西安仪表厂)	蔡建陵	8613921		710082
西安石油勘探仪器总厂	林　峰	5265999	3051	710061
江西凤凰光学仪器总厂	王朝根	8260533		334000
河南平原光学电子仪器厂	戈德伟	2623896	6090	454001
哈尔滨电表仪器厂	关立民	6666293	534	150080
爱普生技术(深圳)有限公司	中村菽明	2260991	304	518029
辽宁华兴精密机械厂	邹宝胜	4187611		121017
辽宁手表厂	吴营海	2125031		118000
宁夏仪表集团有限公司	赵广生	2013611	2354	751100
宝源(新会)光学有限公司	陈蕉琴	6672002		529100
重庆华渝电气仪表总厂	陈继久	67610402		400021
奥林巴斯(深圳)工业有限公司	小坂信也	6631118	6224	518052
天津手表厂	王德明	23352683	327	300007
甘肃光学仪器工业公司	张永华	6212810		731100
九江仪表厂	万林凤	8252911	6526	332007
佳能珠海有限公司	北原文夫	8888101	2112	519020
重庆钟表工业公司	娄文友	68611804		400039
湖南华南光电仪器厂	薜海舟	7292579		415105
上海精密科学仪器有限公司	郁建福	64379470	8406	200031
河南川光电子光学仪器厂	郭召山	3551921	2109	473006
成都前锋电子股份有限公司	张献	3251301	282	610051
贵阳仪器仪表工业公司	钟明春	5798059		550007
国营燎原仪器厂	理国良	7050680		043801
济南试金集团有限公司	李培三	7967641		250022
海鹰企业集团有限责任公司	乔镒生	5807234		214061
东莞石龙东瓷光学有限公司	河西等则	6611080		511721
南京手表厂	彭本樵	4431178		210014
南京江南光电(集团)股份有限公司	陈万春	5504285		210037
国营汉光机械厂	柴文生	7024803		056028
深圳(飞亚达)集团股份有限公司	李志正	3217888		518041
西安亚西光电仪器厂	郭海生	3271055		710025
洛阳手表厂	朱青山	3938201	621	471009
开封仪表厂	邵增诏	2925988	18877	475002
杭州西子(集团)公司	王生根	8087651		310012

企业名录一览表

企业所在地区	企业详细地址	主要产品（或主要业务活动）
上海市市区长宁区	长宁区延安西路1599号	自动化仪表及系 电工仪器仪表 仪表元件
陕西省西安市新城区	万寿北路2号	红外测温仪
山东省烟台市芝罘区	北马路240号	钟 表
陕西省西安市莲湖区	大庆路13号	
陕西省西安市雁塔区	红砖南路8号	石油专用改装车 石油专用仪器仪表
江西省上饶地区上饶市	光学路1号	照相机
河南省焦作市解放区	友谊路8 号	自产机电产品 生产用材料.设备.仪器
黑龙江省哈尔滨市南岗区	南岗区学府路1号	电工仪器仪表
广东省深圳市福田区	八卦岭工业区八卦路101	打印机 步进马达
辽宁省锦州市凌河区	锦义路139号	温度控制器
辽宁省丹东市振兴区	表厂路138号	手表
宁夏银南地区吴忠市	利通街67号	
广东省江门市新会市	今古洲工业开发区	照相机及器材制造
重庆市江北区	江北区南桥寺石马河	导航制导仪器仪表 船用家用空调器
广东省深圳市南山区	南头第五工业区	照相机及零部件
天津市市区南开区	复康路11号	手表
甘肃省临夏回族自治州临夏市	临夏市民主西路49号	照相机 放映机 投影器
江西省九江市庐山区	十里大道146号	导航仪表 交直流电机 单相电度表
广东省珠海市香洲区	北岭工业区A-1号	照相机 激光打印机 传真机
重庆市九龙坡区	兰花村1号	手表 闹钟
湖南省常德市武陵区	河伏镇	电风扇 眼镜片 ccd摄像机
上海市市区徐汇区	徐汇区汾阳路77号	电化学仪器 物理光学仪器 称量天平
河南省南阳市宛城区	百里溪居委会	双目望远镜 机械程序锁 正三轮摩托车
四川省成都市成华区	府青路二段2号	电子测量仪器 燃气用具 保安器械
贵州省贵阳市南明区	花溪大道北段400号	电工仪器仪表
山西省运城地区闻喜县	蔡薛	系列阀门减速器 系列电动车
山东省济南市槐荫区	济微路24号	试验机 光学仪器
江苏省无锡市郊区	梁溪路20号	B超诊断议 电子清纱器 传感器
广东省东莞市	新桥路7号	照相机
江苏省南京市玄武区	四方城1号	手表及机芯
江苏省南京市下关区	黄家圩8号	生物显微镜 体视显微镜 金相显微镜
河北省邯郸市邯郸市直属	联纺路32号	复印机 包装机械
广东省深圳市福田区	深南中路中航苑飞亚达	指针式钟表及零配件 各种计时仪器
陕西省西安市灞桥区	灞桥	低压断路器 中调式望远镜
河南省洛阳市西工区	纱厂南路31号	手表
河南省开封市顺河回族区	汴京路38号	
浙江省杭州市西湖区	西湖区学院路28号	电度表 三相电度表 仪器仪表成套

续42

企业名称	法人代表	电 话	分 机	邮政编码
威海东华工业集团公司	周德昆	5817111		264200
国营庆华仪器厂	刘明碧	8294710	8079	741000
青岛新国际集团	江崇志			266200
北京手表厂	刘冀虎	69742336	2216	102249
鞍山热工仪表集团	曲金凯	8848455		114012
天水红山试验机厂	邓树森	8212951		741001
其他制造业				
山东神龙集团武城县地毯厂	殷炳军	6311069		253304
惠安诚盛石业公司	许英铿	7681032		362131
福清市元升轻工制品有限公司	朱正	5567801		350313
醴陵市马恋出口花炮厂	颜少龙	3408217		412215
惠安县万盛石材有限公司	周立钦	7260403		362103
青岛飞龙工艺品集团公司	张希春	8280244		266316
厦门富华光学工业有限公司	黄喜三	6020403		361006
迁安市地毯总厂	郜长庚	7613587		064400
醴陵市王坊出口花炮厂	黄远金	3170156		412200
厦门好立工艺美术有限公司	谢淑娟	5962366		361009
中山市工艺总厂	梁伟坚	8835141	21312	528402
厦门金鹏人造花有限公司	戴诚	7021133		361100
福建省晋江市浔兴金属压铸有限公司	施能坑	8282453		362246
中山华泰工艺制品有限公司	周月嫦	7726286		528476
泉州富丽礼品有限公司	任芬芬	2483021		362000
临海市浙江伟星实业有限公司	胡素文	5930182		317025
海龙工艺编织厂	陈德新	8538138		535317
莒南县坪上镇石材厂	陈为亮	7553319		276624
化州市江湖镇灯饰加工总厂	叶明	7700566		525142
湖南省浏阳市大瑶出口花炮厂	刘坚	3800215		410312
泉州亚伦集团有限公司	陈芳林	2488188		362000
石狮市信德工艺品有限公司	谢景志	8981809		362700
浦北县龙门镇金龙工艺编织厂	陈耀畅	8539189		535317
泉州东凯工艺品制造有限公司	吴慧玲	6931762		362342
台福(福州)有限公司	庄福池	3662218		350009
厦门福太伞业有限公司	陈添福	6210181		361022
福建省安星藤器企业有限公司	曾星如	3239629		362400
辽宁渤海造船厂工贸总公司	王殿明	2793687		125005
泉州建文艺品有限公司	王端霄	2631686		362011
福建省长泰佳永洋伞有限公司	郭胜奎	8321476		363900

企业名录一览表

企业所在地区	企业详细地址	主要产品（或主要业务活动）
山东省菏泽地区环翠区	烟台东路4号	木钟 石英钟
甘肃省天水市秦城区	秦城区坚家河街7号	扫频仪 微波测量仪器部件 直流稳压电源
山东省青岛市即墨市	西山	电表配件
北京市郊县昌平县	松元	手表
辽宁省鞍山市铁西区	体育街20号	自动化仪表
甘肃省天水市秦城区	天水市秦城区红山路2号	试验机 衡器 传感器
山东省德州市武城县	北街	地毯制造
福建省泉州市惠安县	五峰	墓碑
福建省福州市福清市	牛宅村	波丽制品
湖南省株洲市醴陵市	塘村	烟花鞭炮
福建省泉州市惠安县	峰崎	墓碑
山东省青岛市胶州市	李哥庄	假发 球帽 皮衣
福建省厦门市市辖区	湖里大道40号	眼镜制造
河北省唐山市迁安市	唐山市迁安市迁安镇	地毯 地毯纱 服装
湖南省株洲市醴陵市	王坊	烟花鞭炮
福建省厦门市湖里区	蔡塘	树脂工艺品
广东省东莞市	石岐烟墩区步云里 9 8 号	藤制品 录音带 塑料制品
福建省厦门市同安县	大同	人造花
福建省泉州市晋江市	晋江深沪工业区	拉链配件 尼龙拉链 塑钢拉链
广东省东莞市	大涌镇华泰路	丝花 圣旦
福建省泉州市鲤城区	王宫远太工业区	树脂工艺品
浙江省丽水地区临海市	花联村	钮扣 服装 发夹
广西钦州市浦北县	龙门镇	轻工工艺品
山东省临沂市莒南县	坪上镇东南沟河	石雕
广东省茂名市化州市	江湖	灯饰加工
湖南省长沙市浏阳市	太瑶	鞭炮烟花
福建省泉州市鲤城区	东浦工业区	树脂工艺品
福建省泉州市石狮市	深埕村	陶瓷工艺品 树脂工艺品 蜡烛
广西钦州市浦北县	龙门	工艺品
福建省泉州市南安市	文斗	纸制工艺品
福建省福州市台江区		金属饰品 洋娃娃 波丽饰品
福建省厦门市杏林区	新源路37号	雨伞
福建省泉州市安溪县	美法村	竹藤工艺品
辽宁省锦西市葫芦岛区	龙港区锦葫路132号	船舶分段制作 起重机制作 玻璃钢制品
福建省泉州市洛江区	万荣街	树脂工艺品
福建省漳州市长泰县	解放路县府后91号	雨伞 伞骨

1998年部分限额以上

续43

企业名称	法人代表	电　话	分 机	邮政编码
县天堂纺织工艺制品总厂	储理政	2173430		246600
钰骐(厦门)美术工艺品有限公司	彭楷祥	5193707		361004
黑龙江省蓝艺地毯集团有限公司	孙宝库	7083258		151900
广州鑫林工艺有限公司	何永川	87980098		510925
成武县地毯厂	李文德	8622447		274200
合浦县公馆炮竹厂	彭福达	5803399		536119
淄博市博山美术琉璃厂	蒋坤	4183062	2273	255200
来明工业(厦门)有限公司	吴进家	6216191		361022
嘉祥县进士张鞭炮厂	朱自以	6971453		272400
电白县羊角烟花炮竹集团公司	陈　飞	5270207		525423
泉州丰达工艺有限公司	何俊达	2985937		362011
东莞长安坚塑胶木品厂	李安贤	5531949		511768
福建省幸源日用品有限公司	林佑政	2852111		350003
兰州雁滩工业城实业总公司	王　杰	8515188		730000
河南瑞贝卡发制品有限公司	郑有全	51376052	3829	461100
电力、蒸汽、热水的生产和供应业				
四川电力工业局	石万俭	6661888	4814	610061
上海市电力公司	顾寅章	63291010	2517	200002
甘肃省电力工业局	黄德明	2952162		730050
长春热电二厂	孙金国	4948729		130031
福建省上杭县郭车110千伏联营变电站	丁兆文	3690357		364202
重庆电力工业局	叶明	63850569	55322	400014
青海电力工业局电力公司	史天锡	6192237		810008
登封市电厂集团公司	程国贤	2950164		452477
云南省滇南发电总厂	潘金安	7123609		661600
武汉供电局	詹必川	82847057		430000
湖北省荆州市电力局	余祥国	8254891	2510	434002
大兴安岭林管局电业局	关连增	2124994		165000
广州电力工业局	吴国春	87750469	2009	510600
清河发电厂	耿东	2110211	2617	112003
石家庄电业局	王振清	7096441		050051
伊敏河华能东电煤电有限责任公司	郎成伟	8792063		021100
北京市热力公司	闻作祥	65030066	2089	100026
沈阳惠天热电股份有限公司	卢树春	22712414		110014
南京供电局	阙炳良	3301181	2505	210008
哈尔滨电业局	程里阳	4662731	273	150010
沈阳电业局	郭志贵	23122442		110003

企业名录一览表

企业所在地区	企业详细地址	主要产品（或主要业务活动）
安徽省安庆市岳西县	建西工业区	工艺被
福建省厦门市开元区	东浦	树脂工艺品
黑龙江省哈尔滨市木兰县	木兰县木兰镇人民街116	手针纯毛地毯 电枪纯毛地毯
广东省广州市从化市	江埔镇江村工业区	水晶球工艺品
山东省菏泽地区成武县	城关镇	地毯
广西北海市合浦县	解放路	烟花炮竹
山东省淄博市博山区	新坦前街53号	琉璃工艺品 药用玻璃管 全玻璃注射器
福建省厦门市杏林区	光明路6号	眼镜
山东省济宁市嘉祥县	嘉祥	鞭炮
广东省茂名市电白县	茂羊	炮竹 炮竹纸
福建省泉州市洛江区	万安万福街	树脂陶瓷工艺品
广东省东莞市	锦厦管理区	木框镜画架 胶框镜画架 木胶制工艺品
福建省福州市闽侯县	乌门村	草 铁
甘肃省兰州市城关区	小雁滩463号	蜂窝煤
河南省濮阳市魏都区	文峰路南段	工艺发条 假发
四川省成都市成华区	东风路二段十七号	电力
上海市市区黄浦区	南京东路181号	电力
甘肃省兰州市七里河区	七里河西津路708号	电力
吉林省长春市二道河子区	二道区乐群	发电
福建省龙岩市上杭县	下郭车村	电力
重庆市渝中区	渝中区中山三路两路口21	电力
青海省西宁市城西区	新宁路14号	电力
河南省郑州市登封市	东张庄村民委员会	发电
云南省红河哈尼族彝族自治州开远	田心	发电
湖北省武汉市江岸区		售电
湖北省孝感市市辖区	太岳路微波大楼	售电
黑龙江省大兴安岭地区加格达奇区	人民路	电力
广东省广州市东山区	梅花路1号	供电
辽宁省铁岭市清河区	向阳35号	发电
河北省石家庄市新华区	中华北大街18号	供电
内蒙古呼伦贝尔盟鄂温克族自治旗	伊敏	发电 原煤
北京市朝阳区	西大望路	房屋租赁 供应蒸气热水 仪器仪表
辽宁省沈阳市沈河区	八纬路29号	热水
江苏省南京市鼓楼区	中山路251号	电力
黑龙江省哈尔滨市道里区	道里区尚志大街188号	电力
辽宁省沈阳市和平区	和平区八经街94号	供电

续44

企业名称	法人代表	电　话	分 机	邮政编码
中国东北电力集团公司大连供电公司	刘宗祥	2637650		116001
西安供电局	刘肇绍	3302101		710032
盐城供电局	张怀廉	8200200	2409	224002
山西省电力公司神头第一发电厂	陈望	2042214		038505
锦州发电厂	张华	2522905		121006
苏州供电局	顾寅生	8294631	2020	215004
谏壁发电厂	罗得勇	3361090		212006
焦作电厂	付文灿	2624391		454000
徐州发电厂	董锡瑞	7182260	2040	221166
徐州电业局	骆应龙	3742136		221005
黄冈供电局	张怀艳	8356179		436100
北京大唐发电股份有限公司陡河发电厂	张荫孚	3271211	3650	063028
葛洲坝水力发电厂	姚海清	6737737	3127	443002
中国华北电力集团公司唐山供电公司	肖建元	2904022		063000
四川明珠集团有限责任公司	杜仁明	6620001		629200
宁夏大坝发电厂	郭少锋	3024272		751607
沁阳市铝电集团公司	秦瑞岐	5099702		454591
南海电力实业集团公司	冯成桂	6332168		528200
通辽发电总厂	米树华	8292729		028011
无锡供电局	张文奎	5807678	3767	214061
中国华北电力集团公司张家口供电公司	孙少平	2013695		075000
河北省邢台市兴泰发电有限责任公司	王永忠	2092472		054000
北京市郊区供电公司	张一士	63128201		100031
太原第一热电厂	王清文	6012214		030021
煤气生产和供应业				
沈阳市煤气总公司	王英民	23863378		110005
上海煤气制气(集团)有限公司	朱云龙	63222333		200001
长春市煤气公司	王振	8952644		130041
大同市煤气公司	常天喜	2033034	03048	037043
哈尔滨汽化厂	秦成光	4600881	3055	154854
大连煤气公司	谭业军	3603222	20415	116011
上海煤气销售(集团)有限公司	李龙龄	63222333	2314	200001
北京市液化石油气公司	郝宝坤	68315559	3309	100044
昆明煤气总公司	贺昆远	3138151	21017	650041
北京市煤气公司	齐寿谦	65024131		100020
南京市煤气总公司	周小云	3614413		210009
广州市煤气公司	张肃	87302178		510060

企业名录一览表

企业所在地区	企业详细地址	主要产品（或主要业务活动）
辽宁省大连市中山区	中山路102号	电
陕西省西安市新城区	环城东路159号	售电
江苏省盐城市城区	建军东路18号	电力供应
山西省朔州市朔城区	神头	发电
辽宁省锦州市太和区	兴隆南里87号	发电
江苏省苏州市金阊区	金阊区三香路154号	电力供应
江苏省镇江市市辖区	镇江市京口区谏壁镇	发电 供热
河南省焦作市解放区	建设西路30号	发电
江苏省徐州市铜山县	茅村	发电
江苏省徐州市鼓楼区	徐州解放北20	供电
湖北省黄冈市市辖区	东门路51号	电力供应
河北省唐山市开平区	河北省唐山市开平栗园	发电
湖北省宜昌市市辖区	建设路1号	发电
河北省唐山市路北区	建设北路7号	供电
重庆市遂宁市射洪县	虹桥路	水力发电
宁夏银南地区青铜峡市	大坝镇	电力
河南省焦作市沁阳市	西向三街村民委员会	火力发电
广东省佛山市南海市	太平	制糖 造纸 发电
内蒙古哲里木盟通辽市	电厂街	发电
江苏省无锡市郊区	梁溪路12号	售电
河北省张家口市桥东区	五一路131号	电力供应
河北省邢台市桥西区	电厂路-1号	发电
北京市西城区	前门西大街41号	售电
山西省太原市河西区	晋祠路三段59号	发电 供热
辽宁省沈阳市和平区	新华路8号	焦炭 煤气 粗苯
上海市市区黄浦区	黄浦区西藏中路656号	煤气 焦碳
吉林省长春市南关区	长春市	煤气 焦炭 液化石油气
山西省大同市城区	大同市	焦炭 煤气 焦油
黑龙江省哈尔滨市依兰县	达连河	城市煤气 精甲醇 发电
辽宁省大连市西岗区	黄河路221号	煤气
上海市市区黄浦区	西藏中路656号	煤气供应
北京市海淀区		液化石油气供应
云南省昆明市盘龙区	春城路17号	煤气 焦炭 化工产品
北京市朝阳区	30号	煤气销售
江苏省南京市玄武区	中央路214号	煤气 煤气供应
广东省广州市东山区	环市东路416号	煤气 煤气供应

续45

企业名称	法人代表	电　话	分 机	邮政编码
天津市天然气公司	王志新	23913098		300060
鞍山市煤气总公司	张世警	2226611		114002
兰州市煤气公司	周铁男	8460271		730030
天津市第二煤气厂	王永生	26321872		300251
北京市天然气公司	徐达	64262244	2220	100011
青岛市管道燃气公司	郑斌	5826153		266023
武汉市管道煤气公司	沈国喜	82847057		430000
重庆燃气有限责任公司	翁自庆	67850685		400020
呼和浩特市煤气化总公司	杜雄愿	6963399		010010
上海液化石油经营有限公司	施展明	65106444		200433
徐州市燃气总公司	张建宇	5738255		221006
深圳燃气集团有限公司	周新柏	2239270		518001
丹东市煤气热力总公司	瞿富智	2129894		118000
武汉煤气(集团)公司	陈子满	82847057		430000
合肥市煤气总公司	吴祥华	5521170	263	230075
山西省长治市煤气公司	闫建书	5052350		046021
吉林省四平联合化工厂天华实业总公司	孙树田	3518884	8846	136001
锦州市煤气总公司	施长智	2819641		121000
天津市第一煤气厂	胡茂杰	27392201		300112
烟台市管道煤气公司	杜丕信	6812871		264002
常州市煤气总公司	朱严	6603155		213003
杭州管道煤气公司	华梓高	8828788		310007
郑州市燃气有限公司	常宗贤	8983383	2303	450006
绵阳燃气集团公司	敬克文	2224157		621000
抚顺市煤气总公司	方正焘	2424909		113008
湖南省株洲市煤气公司	仇武栋	8631231	2069	412004
天津市液化气集团有限公司	郑宏洁	23368829		300191
南京市液化石油气公司	杜华宁	3616154		210009
淄博焦化煤气公司	冯天甲	2289439		255040
成都市煤气总公司	陶勇	7777750	271	610072
唐山市煤气总公司	王荫成	2031505	265	063000
西安市煤气公司	吴鸿全	4267261		710082
牡丹江市煤气公司	候鸿雁	6552607		157009
自来水的生产和供应业				
上海市自来水公司	徐国祥	63215577		200002
沈阳市自来水总公司	迟若岩	22824682		110002
北京市自来水公司	徐　扬	66410088	2505	100031

企业名录一览表

企业所在地区	企业详细地址	主要产品（或主要业务活动）
天津市市区河西区	河西区体院北道8号	天然气
辽宁省鞍山市铁东区	五一路30号	焦炉气 天然气
甘肃省兰州市城关区	白银路128路	煤气
天津市市区东丽区	东丽区大毕庄	煤气 焦炭 硫酸铵
北京市东城区	安外地兴居	天然气
山东省青岛市市南区	宁夏路123号	煤气生产和供应
湖北省武汉市乔口区	乡镇	城市管道煤气 焦炭 粗焦油
重庆市江北区	江北区嘉陵四村1号	燃气
内蒙古呼和浩特市新城区	艺术厅北街	煤气 机焦 轻苯
上海市市区杨浦区	扬浦区政修路270号	煤气
江苏省徐州市郊区	淮海西路214号	煤气 焦炭
广东省深圳市罗湖区	春风路75号石油气大厦	液化石油气天然气燃具
辽宁省丹东市振兴区	十纬路十号	煤气 焦炭
湖北省武汉市江汉区	乡镇	液化气销 焦炉煤气
安徽省合肥市中市区	荣事达大道155#	煤气 焦炭 焦油
山西省长治市郊区	山西省长治郊区合成路	煤气
吉林省四平市铁东区	二马路北门街171号	粉剂胆 彩印袋 水泥
辽宁省锦州市凌河区	上海路6段28号	煤气
天津市市区西青区	西青区中北斜	煤气
山东省烟台市芝罘区	化工路北首	煤气 焦炭
江苏省常州市天宁区	天宁区局前街98号	煤气 焦炭
浙江省杭州市西湖区	天目山路10号	煤气
河南省郑州市中原区	陇海西路352号	煤气
重庆市绵阳市涪城区	涪城路47号	天燃气输配 电燃 煤产
辽宁省抚顺市新抚区	凤翔路39号	煤气供应
湖南省株洲市南区	清水塘	焦炉煤气 焦炭 炼焦油
天津市市区南开区	南开区迎水道6号	液化石油气
江苏省南京市玄武区	中央路214号	液化石油气 灶具维修
山东省淄博市张店区	人民东路12号	煤气 焦炭
四川省成都市青羊区	十二桥街14号	煤气
河北省唐山市路北区	华岩北路22号	煤气
陕西省西安市莲湖区	机场内空军领航学院	焦炉煤气 液化石油气
黑龙江省七台河市爱民区	东新荣街73号	煤气 焦炭
上海市市区黄浦区	江西中路484号	自来水生产
辽宁省沈阳市和平区	和平区和平大街43号	自来水
北京市西城区	甲121号	自来水 水表 焊接钢管

续46

企业名称	法人代表	电　话	分 机	邮政编码
广州市自来水公司	蔡建中	81814951		510160
武汉市自来水公司	谢连和	82847057		430000
郑州市自来水总公司	张天全	7631688		450007
天津市自来水集团有限公司	陈连祥	23392887		300040
大连市自来水公司	程绍运	3644644		116021
长春市自来水公司	李才兴	8978370		130041
济南市自来水公司	赵玉德	6923115		250012
重庆市自来水公司	刘盈兰	63846579		400013
鞍山市自来水总公司	徐刚毅	2230685		114002
青岛自来水公司	马先海	2864210		266002
南京市自来水总公司	吴庆生	4450625		210002
哈尔滨市自来水公司	张存洧	4610522		150010
西安市自来水公司	种受命	8625044		710082
呼和浩特市自来水公司	候翌民	6923377		010020
兰州市自来水总公司	付金镒	7356954	4359	730060
福州市自来水总公司	邹一平	7522803		350001
抚顺市自来水公司	王志民	2622520		113008
石家庄市供水总公司	徐久	6013071		050021
厦门市自来水公司	叶瑛珲	2048818		360001
宜昌民福集团	张焱辉	6751099		443000
吉林市自来水公司	李林	2032778	6211	132011
锦州市自来水总公司	王燕	2129343	201	121000
包头市自来水公司	杜建国	3133179		014030
太原市自来水公司	王健雄	3030067		030009
成都市自来水总公司	林建国	7763122	3203	610072
齐齐哈尔市自来水公司	韩树权	2426691	4154	161000
杭州市自来水总公司	陈锡泉	6045101	6137	310016
丹东市自来水总公司	吴德奎	3124776		118000
阜新市自来水总公司	范垂林	2824763		123000
昆明市自来水总公司	朱　智	3161091		650051
广东省东江--深圳供水工程管理局	叶旭全	85400850	3360	518021
广东省供水工程管理总局	关宗枝	81815362		510150
本溪市自来水总公司	解志宏	3855401	451	117000
长沙市自来水公司	邱振华	5197228		410007
秦皇岛自来水总公司	张新华	3064995		066001
洛阳市自来水公司	吴汉卿	4913394		471003
牡丹江市自来水公司	卢声	6527154		157011

企业名录一览表

企业所在地区	企业详细地址	主要产品（或主要业务活动）
广东省广州市荔湾区	环市西路5号	自来水 铸铁管 水表
湖北省武汉市乔口区	湖北省武汉市	自来水
河南省郑州市中原区	中原西路67号	自来水
天津市市区和平区	和平区小白楼街建设路54	自来水
辽宁省大连市西岗区	高尔基路42号	自来水
吉林省长春市南关区	南关区67号	自来水
山东省济南市市中区	普利街107号	自来水
重庆市渝中区	渝中区七星岗金汤81号	自来水
辽宁省鞍山市铁东区	站前街27号	自来水
山东省青岛市市南区	太平路55号	自来水
江苏省南京市白下区	中山东路460号	自来水 水表
黑龙江省哈尔滨市道里区	道里区西十道街49号	自来水
陕西省西安市莲湖区	环城西路南段甲字8号	自来水
内蒙古呼和浩特市新城区	锡林南路32号	自来水
甘肃省兰州市西固区	兰州市西固化工街1号	自来水
福建省福州市市辖区	六一北路	净水
辽宁省抚顺市新抚区	自由路14号	自来水
河北省石家庄市桥东区	建设南大街136号	自来水
福建省厦门市市辖区	鹭江道海滨大厦	水
湖北省宜昌市市辖区	西陵一路30号	水 焦炭 煤气
吉林省吉林市船营区	吉林市桃源路108号	自来水
辽宁省锦州市凌河区	上海路4段16号	自来水
内蒙古包头市青山区	青山区富强路8号	自来水
山西省太原市北城区	解放路375号	自来水
四川省成都市青羊区	蜀都大道十二桥街16号	自来水
黑龙江省齐齐哈尔市建华区	龙沙路76号	自来水
浙江省杭州市江干区	清江路9号	自来水 水表 供水设备
辽宁省丹东市振兴区	青年大街	自来水
辽宁省阜新市海州区	开源路42-2号	自来水
云南省昆明市盘龙区	北京路626号	自来水
广东省广州市荔湾区	多宝路39号	供水
广东省广州市荔湾区	多宝路39号	供水
辽宁省本溪市明山区	解放北路80号	自来水
湖南省长沙市南区	人民路279#	自来水
河北省秦皇岛市市辖区	民族路北路	自来水
河南省洛阳市涧西区	延安路41号	自来水
黑龙江省七台河市爱民区	新华路21号	自来水

续47

企业名称	法人代表	电　话	分 机	邮政编码
海口市自来水公司	唐闻清	6269279		570208
唐山市自来水公司	杨连衢	2835211	3009	063000
深圳市自来水(集团)公司	梁相钦	2137888	2601	518046
湖南省株洲市自来水公司	陈新年	8221963		412000
平顶山市自来水公司	石灿	2816990		467000
土木工程建筑业				
沛县建管局	徐沛	4638041		221600
中国葛洲坝水利水电工程集团公司	乔生祥	6447448	62923	443002
金坛市建筑安装工程公司北京公司	李咬齐	63838415		100071
中国第十三冶金建设公司	陈明	3044944		030009
铁道部第十八工程局	赵广发	28343821		300222
铁道部第十六工程局	陈树林	84311177	84961	100018
中国第一冶金建设公司	王新国	86862812	2567	430081
湖北省孝感市远大建筑集团公司	张相英	63181350		100053
铁道部第十三工程局	文普津	4645305	61961	130031
中国第五冶金建设公司	殷永生	3389792		610081
中国第三冶金建设公司	杨万麟	6312671		114031
铁道部电气化工程局	侯唯一	63246550		100036
中国水利水电第八工程局	湛世明	5563840	2116	410007
金坛市第三建筑安装工程公司	李兴国	2822009		213200
南京市第六建筑安装工程公司	童方家	7314789		211300
中国第十九冶金建设公司	李安国	3332773		617000
河北省藁城市建筑公司	桑秋瑞	8042647		052160
淮南国能建设工程有限责任公司	戴焕生	7624294		232001
云南省第四建筑工程公司	张平涛	4144010		650032
胜利石油管理局基建处	宋详林	8553240		257000
仪陇县建筑总公司	林益贵	7222573		637600
邵阳市宝西建筑工程公司	马志明	5322456		422000
中国十七冶金建设公司	刘吉吉	2329492		243006
北京市第六建筑工程公司	黎声	68210010		100039
兖州矿业集团公司施工处	赵经彻	5382938		273500
中国有色金属工业第十四冶金建设公司	王惠中	5326300		650031
中国第二十二冶金建设公司	李铁柱	3273456		063022
中国第二冶金建设公司	韩芬初	2122942		014010
龙元建设集团股份有限公司	赖振元	5311027		200434
江苏省建筑安装工程股份有限公司	卞石安	7348252		225002
北京中铁建筑工程公司	范德	68211155	85737	100040

企业名录一览表

企业所在地区	企业详细地址	主要产品（或主要业务活动）
海南省海口市振东区	海甸沿江二西路22号	自来水
河北省唐山市路北区	乔屯道5号	自来水
广东省深圳市福田区	深南中路11号	自来水
湖南省株洲市北区	体育路15号	自来水
河南省平顶山市新华区	矿工路270号	自来水
江苏省徐州市沛县	东风路14号	土建
湖北省宜昌市	清波路1号	堤坝、电站、码头建筑
北京市丰台区	岳各庄371号	房屋建筑
山西省太原市北城区	北大街246号	房屋建筑
天津市市区津南区	宋庄	铁路公路桥梁建筑
北京市朝阳区	红松园北里甲2号	铁路公路隧道桥梁建筑
湖北省武汉市青山区	和平大道1096号	房屋建筑 线路管道和设备安装
北京市宣武区	宣西大街10号楼后	房屋建筑
吉林省长春市二道河子区	二道区岭东路188号	铁路 公路 桥梁 隧道 机场 码头 市政
四川省成都市金牛区	人民北路	房屋建筑
辽宁省鞍山市立山区	建工街4号	房屋建筑 机械电气设备安装 钢结构制作
北京市丰台区	金家村1号	建筑
湖南省长沙市南区	城南中路2号	堤坝电站码头建筑
江苏省常州市金坛市	金城镇北环西路51号	建筑施工
江苏省南京市高淳县	中山大街218号	房屋建筑
重庆市攀枝花市东区	人民街	房屋建筑 铁路.公路.桥梁建筑
河北省石家庄市藁城市	工业路	房屋建筑
安徽省淮南市田家庵区	洞山中路	矿山建筑 房屋建筑 设备安装
云南省昆明市五华区	弥勒寺30号	房屋建筑
山东省东营市东营区	济南路258号	土木建筑 设备安装
重庆市南充市仪陇县	下西街87#	建筑
湖南省邵阳市西区	滑石村	房屋建筑
安徽省马鞍山市雨山区	西园路21号	房屋建筑 公路桥梁建筑
北京市海淀区	复兴路32号	房屋建筑
山东省济宁市邹城市	凫山路	矿山建筑
云南省昆明市五华区	西站12号	房屋建筑 设备安装
河北省唐山市开平区	栗园	房屋建筑
内蒙古包头市昆都伦区	友谊大街	房屋建筑
浙江省宁波市象山县	新丰路165号	房屋建筑
江苏省盐城市市辖区	三元路36#	民用建筑
北京市丰台区	吴家村路1号	房屋建筑

续48

企业名称	法人代表	电　话	分　机	邮政编码
北京韩村河建筑集团总公司	田雄	63484083		100073
北京市房山城乡建筑企业集团总公司	王新成	69310254		102400
盐城市天虹建筑总公司	李爱进	8310142		224001
天祝县建筑工程公司	宋海安	5181052		733200
铜山建管局	王韦	2735581		221009
上海宝钢冶金建设公司	董文军	56646640		200941
北京市房山区建筑企业集团总公司	王会	89355013		102401
新疆第三建筑工程公司	侯兵	5853122	6240	830006
南通市第二建筑安装工程公司	陈建年	3316463		226200
新沂建安总公司	陈企	8922949		221400
中国水利水电第七工程局	张野	7886411	8075	611730
中国有色第二十三冶金建设公司	张金明	5154555	8021	410007
新疆第四建筑工程公司	李文逸	3716302	3343	830011
四川省第三建筑工程公司	杨清平	3322964		610051
包钢建筑安装工程公司	李润民	2183932		014010
中国水利水电第一工程局	林永强	7974974		130062
通州市建筑安装工程总公司	陈勇	6514538		226300
四川省第一建筑工程公司	杨斌	3388989		610081
铁道部第十九工程局	张有仁	2126576	27931	111000
北京首钢第一建设有限公司	苏显华	68873949		100043
中国水利水电第四工程局	夏忠	8149917	2331	810006
江苏省南通市第三建筑安装工程公司	杨秉法	2214597		226100
邯郸建工集团有限公司	宫克石	3022832		056001
鞍山钢铁集团公司建设公司	蔡登楼	5813040		114001
北京市朝阳田华建筑集团公司	刘振元	65984999	3001	100026
中国建筑第一攻程局第四建筑公司	袁宗旺	64376644	240	100015
中国有色金属工业第六冶金建设公司	金周秉	3932679	3028	450053
黑龙江省第一建筑工程公司	张厚	2682873		150046
四川省第四建筑工程公司	陈安泰	2601563		618000
南通苏中交通工程公司	严宝金	8815919		226600
江苏苏中建设股份公司	钱万宏	8812749		226600
贵州省公路工程总公司	谬勇	4846956		550008
成都铁路局工程总公司	李世田	3339554		610081
中煤第一建设公司	张禄基	3010915	2092	056002
江苏省南通市第七建筑安装工程公司	王京旺	8812968		226600
中煤建筑安装工程公司	王希达	3010919		056002
中国水电第五工程局	杨锡纯	8522560	2243	628003

企业名录一览表

企业所在地区	企业详细地址	主要产品（或主要业务活动）
北京市海淀区	吴家村路6号	建筑施工
北京市房山区	东关	房屋建筑
江苏省盐城市盐都县	环城西路261号	房屋建筑
甘肃省武威地区天祝藏族自治县	团结路	工程建筑
江苏省徐州市铜山县	铜山新区	土建
上海市市区宝山区	宝山区月浦宝泉路一号	建筑安装
北京市房山区	拱辰北大街1号	土木工程建筑
新疆乌鲁木齐市沙依巴克区	钱塘江路6号	房屋建筑
江苏省南通市启东市	汇龙镇人民中路683号	土木建筑
江苏省徐州市新沂市	新安镇	土建 安装
四川省成都市郫县	郫县成灌东路349号	电站建设
湖南省长沙市南区	劳动路333号	建筑安装
新疆乌鲁木齐市新市区	河北西路12号	房屋建筑
四川省成都市成华区	成都市一环路东一段162	房屋建筑
内蒙古包头市昆都伦区	钢铁大街昆河西侧	建筑施工
吉林省长春市绿园区	正阳街13号	堤坝 电站 码头
江苏省南通市通州市	新金路34号	建筑施工
四川省成都市金牛区	成都市马鞍西路1号	房屋建筑
辽宁省阜新市白塔区	和平路17号	建筑
北京市石景山区	古城南路基建大院	厂房 住宅 设备安装
青海省西宁市城东区	互助西路136号	堤坝、电站、码头建筑
江苏省南通市海门市	海门解放东路29号	建筑安装
河北省邯郸市邯郸市直属	中华南大街11号	房屋建筑
辽宁省鞍山市铁东区	园林路安乐街32号	房屋建筑
北京市朝阳区	水碓东路15号	房屋建筑
北京市朝阳区	望花路西里17号	房屋建筑
河南省郑州市金水区	石桥街9号	房屋建筑及安装
黑龙江省哈尔滨市动力区	大庆路28号	建筑施工
重庆市德阳市其它县	工农村	房屋建筑
江苏省南通市海安县	海安县海安镇江海中路42	道路等基础工程
江苏省南通市海安县	海安县海安镇海陵路25#	
贵州省贵阳市云岩区	云岩区白云大道6号	铁路公路桥梁隧道 房屋建筑
四川省成都市金牛区	一环路北二段100号	铁路公路建筑
河北省邯郸市邯郸市直属	从台东路52号	矿山建筑
江苏省南通市海安县	海安县海安镇海陵路25#	
河北省邯郸市邯郸市直属	从台东路56号	房屋建筑
重庆市广元市市中区	宝轮	水电工程建筑安装

1998年部分限额以上

续49

企业名称	法人代表	电　话	分　机	邮政编码
四川省第十二建筑工程公司	张崇生	3331486		610081
四川省泸县建筑安装工程总公司	贾登海	2508683		646100
中国第十八冶金建设公司	张进	68821333		400050
中煤第五建设公司	王得忠	5753900	335	221006
房山建工企业集团总公司	游来印	69313359		102400
上海二十冶金建设有限公司	殷学智	56783193		201900
江都市第二建筑安装工程公司	王健	6552952		225200
江苏正太建设股份有限公司北京公司	李发平	64205367		100029
浙江舜杰建筑集团股份有限公司	李华杰	2014963		312300
第十三冶金建设公司上海公司	胡凤垠	56789990		201900
湖南省公路桥梁建设总公司	陈明宪	5585394		410004
鞍山钢铁集团公司修建公司	张宝粟	6723477		114003
济南铁路局工程总公司	郑胜庆	6909748		250001
湖南省第六工程公司	蒋厚本	5149311	2227	410007
上海宝钢五冶	王世学	56604567		201900
中国华北冶金建设公司	何建昌	3010902		056034
浙江中天建设工程集团有限公司	楼永良	6622224		322100
中国建筑三局第一建筑安装工程公	任铁栓	83894623		448000
四川省第六建筑工程公司	杨佐儒	3331362		610081
沈阳铁路分局沈阳工程总公司	方永忠	22042991		110013
定州市第五建筑工程公司	郑欣儒	67212307		100077
广西建工集团第一建筑工程有限责任公司	陈天泽	2433158		530011
长春建工集团	杨云超	8527479		130021
茂名市建筑工程总公司	吴泉	2288136		525000
甘肃省第七建筑工程公司	陈立华	8417881	2039	730000
中国核工业第二四建设公司	时传清	2272132		621003
四川省建工公司	郑科鼎	63535214		100052
鞍山钢铁公司房产公司	刘庆苏	6723196		114031
线路、管道和设备安装业				
长春市吉林省火电第一工程公司	赖湘泉	4842988		130031
中国石化第四建设公司	周为民	25990102	2714	300270
四川省工业设备安装工司	谭祺福	3388310		610081
大庆石油管理局油田建设公司	戴安民	5596388		163712
抚顺石化工程公司	王列炯	2424980		113008
中国石化集团第十建筑公司	张天基	7501113	2186	255438
中国石油天然气第一建设公司	朱忠虎	5957710		471023
湖南省送变电建设公司	黄志安	5559239		410007

企业名录一览表

企业所在地区	企业详细地址	主要产品（或主要业务活动）
四川省成都市金牛区	解放路95号	房屋建筑
重庆市泸州市泸县	江二桥干道旁	建筑
重庆市九龙坡区	石坪桥正街特1号	土木建筑 机电设备安装
江苏省徐州市郊区	淮海西路241号	建筑 安装
北京市房山区	北关	房屋建筑
上海市市区宝山区	宝山区盘古路777号	房屋建筑
江苏省盐城市江都市	新区	建筑
北京市朝阳区	樱花园甲12号	房屋建筑
浙江省绍兴市上虞市	曹娥经济开发区	房屋建筑三十层以上 桥梁、公路
上海市市区宝山区	宝山区铁力路2469号	建筑安装
湖南省长沙市郊区	韶山路143号	公路桥梁建筑
辽宁省鞍山市铁东区	南建国路197号	其他土木工程建筑
山东省济南市天桥区	车站街167号	铁道线路桥涵 隧道房屋通信 电力
湖南省长沙市郊区	劳动路311号	房屋建筑
上海市市区宝山区	宝山区铁力路2501	房屋建筑 结构.设备安装
河北省邯郸市邯郸市直属	光明北大街12号	房屋建筑 矿山建筑 设备安装
浙江省金华市东阳市	吴宁东路65号	房屋建筑
湖北省荆门市市辖区	象山大道28号	建筑
四川省成都市金牛区	成都市城华街9号	房屋建筑
辽宁省沈阳市沈河区	敬宾街	隧道桥梁
北京市崇文区	永外沙子口西革新里108	土木建筑
广西南宁市兴宁区	中华路79号	房屋建筑
吉林省长春市朝阳区	安达街	建筑
广东省茂名市茂南区	迎宾路23号大院	房屋建筑
甘肃省兰州市城关区	平凉路347号	工程建筑
重庆市绵阳市游仙区	游仙路11号	建筑
北京市丰台区	成寿寺63号	房屋建筑
辽宁省鞍山市立山区	光明街44号	房屋建筑
吉林省长春市二道河子区	公平路36号	电力设备安装
天津市市区大港区	世纪大道180号	管道安装
四川省成都市青羊区	人民中路三段2号	线路安装
黑龙江省大庆市让胡路区	西静路2号	设备安装
辽宁省抚顺市新抚区	浑河南路中段18-5号	设备安装
山东省淄博市临淄区	南仇镇	线路管道安装
河南省洛阳市郊区	关林南街1号	石油化工建设 各类压力容器
湖南省长沙市南区	天心区	线路管道安装

续50

企业名称	法人代表	电　话	分 机	邮政编码
四川石油管理局油气田建设工程公司	张成伟	2103311	432224	641003
河北中国化学工程第十三建设公司	苏仁翰	3042011	2308	061000
中国化学工程第十一化建公司	陈德塘	2905513		475002
中国化学工程第九建设公司	李学武	3688514		124021
中国化学工程第四建设公司	高全志	8222211		414000
上海市工业设备安装公司	沈柏青	63246340	37	200080
中国石化第二建设公司	彭人元	5561388	219	210046
贵州电力建设第一工程公司	河卿华	3813046		550003
中国化学工程第十二建设公司	马永昌	5814921	475	050021
北京市设备安装工程公司	刘龙华	68033588		100045
训国化学工程第七建设公司	汪丽荣	4863200	2953	610100
山西省工业设备安装公司	韦光年	7073532	3059	030012
北京市第二市政工程公司	袁民音	68335903		100037
兰州化学工业公司化工建设公司	朱家琥	7557401	61429	730060
大庆石油管理局油田安装工程公司	赵守辉	5713218		163457
海门市设备安装工程公司	顾汉忠	2213291		226100
浙江省工业设备安装公司	曹后	7039169		310001
东北电业管理局第一工程公司	王清文	4604070	253	112000
江苏南化集团建设公司	张丕坚	7791561		210044
北京肥城市设备安装公司驻京处	韩振亮	64169937		100027
山东省工业设备安装总公司	朱生原	6944641	3216	250013
胜利油田油建一公司	成传印	8552830		257074
肥城市安装工程公司	王作成	3830265		271600
北京市第四市政工程公司	赵广益	68342447		100037
湖南省工业设备安装公司	苏光前	8221951		412000
北京市第三市政工程公司	王进先	68527400		100045
中国化学工程第十四建设公司	范福生	7795354		210044
沈阳市工业安装工程公司	鞠宝义	23892275		110015
山东省送变电工程公司	王维民	7957451	2122	250022
胜利油田油建二公司	崔光明	8323108		256622
中国石化第三建设公司	赵立新	6262462	3279	315207
甘肃送变电工程公司	张文异	2334425		730050
黑龙江省火电第四工程公司	赵康雄	3682431	2340	154109
甘肃火电工程公司	李振生	8412636		730000
省工业设备安装公司	张静尘	4653048		230022
浙江省火电建设公司	钟耀坤	6041400		310016
江苏省电力建设第一工程公司	沈祖德	5317450		210028

企业名录一览表

企业所在地区	企业详细地址	主要产品（或主要业务活动）
重庆市遂宁市东兴区	东风路198号	管道安装
河北省沧州市沧州市直属	北环东路2号	线路管道设备安装 土木工程建设
河南省开封市顺河回族区	大花园居委会	线路管道及设备安装
辽宁省盘锦市双台子区	红旗大街28号	设备安装 管道安装
湖南省岳阳市南区	花板桥	设备安装
上海市市区虹口区	市塘沽路390号	设备安装 压力容器制作 塔式起重机
江苏省南京市栖霞区	尧石二村100号	线路 管道安装
贵州省贵阳市南明区	南明区花溪大道北段814	设备安装
河北省石家庄市市辖区	槐北中路21号	建筑安装
北京市西城区	南礼士路15号	建筑安装 房屋建筑 设备加工
四川省成都市龙泉驿区	北干道	线路管道设备安装
山西省太原市南城区	并南47	设备安装
北京市西城区	北营房北街9号	线路管道安装
甘肃省兰州市西固区	康乐路23号	线管安装
黑龙江省大庆市让胡路区	乘北13街57号	设备安装
江苏省南通市海门市	海门人民东路45号	电力安装
浙江省杭州市上城区	开元路21号	建筑设备安装 金属一二类压力容器
辽宁省铁岭市市辖区		电力建筑安装
江苏省南京市大厂区	杨新路229号	建筑安装施工
北京市朝阳区	幸福二村2-1-1	设备安装
山东省济南市历下区	历山路70号	设备安装
山东省东营市东营区	泰山路446号	管道安装 土木建筑
山东省泰安市肥城市	马埠	设备安装
北京市西城区	百万庄东大街甲2号	线路.管道安装
湖南省株洲市北区	七一路2号	线路管道安装
北京市西城区	三里河北街1号	线路.管道安装
江苏省南京市大厂区	新华路148号	土木工程 线路管道安装
辽宁省沈阳市和平区	文艺路34号	设备安装
山东省济南市槐荫区	德兴东街29号	线路 管道安装
山东省东营市东营区	济南路258号	建筑安装
浙江省宁波市镇海区	镇骆路261号	石油化工工程建设 房屋建筑维修
甘肃省兰州市七里河区	西津西路27号	线管安装
黑龙江省佳木斯市东风区	建国路129号	设备安装
甘肃省兰州市城关区	和平新村66号	设备安装
安徽省合肥市西市区	美菱大道268#	线路管道安装 设备安装
浙江省杭州市江干区	庆春东路77号	设备安装
江苏省南京市栖霞区	迈皋桥合班村303号	火电建筑安装 电站非标构件加工

续51

企业名称	法人代表	电　话	分 机	邮政编码
北京燕山石油化工公司建筑安装工程公司	高国璋	69341512		102502
河南送变电建设公司	李俊杰	7514643	2422	450007
大庆石油管理局油田建设二公司	白贤君	5597888		163453
黑龙江省安装工程公司	刘金山	2108901		150040
重庆市第二工业设备安装公司	彭宏亮	63515482		400014
辽河油田油建一公司	李志杰	7580763		124010
辽宁省工业安装工程公司	客奉起	23866195		110006
肥城市设备安装工程公司	雷印峰	3790255		271605
黑龙江省火电第三工程公司	吴大成	7329740		150024
中国通信建设第三工程局	蔡宝生	85838049		430022
吉林省安装公司	姜涤非	8524741		130021
中国石油天然气第六建设公司	邹学绅	5813479	2433	541001
扬州市工业设备安装公司	邵文熙	7342870		225002
江汉油田管理局油田建设工程公司	张先培	6574159		433123
东北电业管理局辽阳市第四工程公司	张杰	4123792	2306	111000
中国通信建设第四工程局	苏宏盛	7446027	2058	450052
中国石油天然气第七建设公司	汪桃义	7213556		266300
河南第一火电建设公司	季新昌	4942345	2369	467031
山西电力公司电力建设二公司	杨秋来	2043211		038500
湖南省火电建设公司	谭茂春	8292431		412000
中国建筑第四工程局安装公司	邓全贵	3811237	3033	550006
鞍钢附属企业公司炼铁建筑安装工程公司	曲吉祥	6723622		114021
中国石化茂名石油化工公司建设公司	李迪星	2245659		525000
中国石油天然气总公司管道第三工程公司	林忠厚	2181561	2269	451450
河南省第二火电建设公司	刘慧君	2623861	231	454001
贵州送变电工程公司	何渝远	5818280	8220	550002
北京市第一市政工程公司	张凡	84221776		100013
中国石油天然气管道第二工程公司	李广远	3888951	2275	221008
鞍钢附属企业公司烧结安装公司	王全性	6723680		114021
中国化学工程第十六建设公司	柯象武	6738936		443000
河南省防腐蚀绝热工程公司	徐广荣	6311499		450003
华蓥市送变电工程公司	郭荣开	4821349		638600
河北省安装工程公司	张辰才	6013170		050011
湖北省电力建设第二工程公司	何求生	83624932		430030
浙江省送变电工程公司	姜肖川	6041016	3099	310016
湖北省建筑工程总公司工业设备安装公司	陈万全	87821610		430071
中国建筑第一工程局安装公司	贾国章	69243131	2146	102600

企业名录一览表

企业所在地区	企业详细地址	主要产品（或主要业务活动）
北京市房山区	双泉路3号	设备安装
河南省郑州市中原区	西站路７６号	线路管道和设备
黑龙江省大庆市让胡路区	西柳街2号	设备安装
黑龙江省哈尔滨市动力区	动源街23号	设备安装
重庆市渝中区	中山二路99号	设备安装
辽宁省盘锦市兴隆台区	于楼街69号	线路管道安装
辽宁省沈阳市和平区	宁波路39号	设备安装
山东省泰安市肥城市	安庄	设备安装
黑龙江省哈尔滨市道外区	三电街	火电设备 火电工程建筑
湖北省武汉市江汉区	解放大道784号	长途通信干线电缆 市内电话交换
吉林省长春市朝阳区	解放大路	设备安装
广西桂林市七星区	空哨西路7号	石油化工工程施工
江苏省盐城市市辖区	扬州市史可法路19#	设备安装
湖北省潜江市	建新1号	线路管道安装
辽宁省阜新市文圣区	青年大街102号	设备安装
河南省郑州市二七区	中原路102号	电信工程安装 仪表生产
山东省青岛市胶州市	胶州西路139	线路管道及设备安装
河南省平顶山市湛河区	电业新村第二居委会	火电厂变电站建筑
山西省朔州市朔城区	神头	设备安装
湖南省株洲市北区	建设中路99号	火电设备安装
贵州省贵阳市南明区	南明区四方河路39号	建筑安装
辽宁省鞍山市铁西区	鞍钢大白楼1号	设备安装
广东省茂名市茂南区	厂前西路6号	设备安装
河南省郑州市中牟县	青年路西段99号	输油(气)管道泵站油罐 油库等安装
河南省焦作市解放区	建设西路	设备安装
贵州省贵阳市南明区	南明区解放路76号	输变电工程建筑安装
北京市东城区	和平里中街1号	公路.隧道.桥梁安装
江苏省徐州市郊区	翟山	线路管道安装 设备安装 金属结构制作
辽宁省鞍山市铁西区	鞍钢大白楼1号	设备安装
湖北省宜昌市	土城路4号	大型化工、石油化装置 设备管道安装
河南省郑州市管城回族区	顺河路32号	防腐保温施工
重庆市广安地区华蓥市	明光路18号	送变电工程
河北省石家庄市市辖区	槐北路27号	设备安装
湖北省武汉市江汉区	航空路38号	设备安装
浙江省杭州市江干区	庆春东路87号	电力线路架设 变电所安装. 调试
湖北省武汉市武昌区	民主路465号	建筑安装
北京市郊县大兴县	康庄路29号	设备安装

续52

企业名称	法人代表	电　话	分 机	邮政编码
云南省送变电工程公司	陈尚礼	7172238		650216
重庆电力建设总公司	王顺富	62801827	3207	400060
四川电力建设三公司	丁国光	2441025	548379	641025
江西省工业设备安装公司	李富全	8333405		330029
广西建工集团第一建筑设备安装工程有限	卢清泉	2801169		530012
四川电力送变电建设公司	季尚炯	4331711	5221	610051
内蒙古自治区安装工程公司	郭全生	3137878		014030
肥城市通用设备安装工程公司	雷印智	3780276		271607
辽河油田油建工程二公司	张福珩	7812144		124012
湖北省电力建设第一工程公司	陈寇文	88875615	2035	430061
四川省川北电信工程公司	程福安	2221164		637000
中国石油天然气管道第一工程公司	葛书义	5977231		124103
上海石化安装检修工程公司	薛思雄	57941567	2291	201512
辽阳石化建筑安装工程公司	韩述岐	5153503		111003
齐齐哈尔市齐翔建工建筑安装有限责任公	王家兴	2427322		161000
北京电力建设公司	曲波	65762870		100024
江苏省送变电公司	丁文瑞	5502314	2236	210028
装修装饰业				
杭州金艺装饰工程有限公司	俞明华	8054222		310012
溧阳市建筑安装工程总公司	赵展明	7223576		213300
河南省防腐企业集团公司	王庆振	6226860		453400
武汉桥王装饰工程有限公司	成高翔	84833441		430050
溧阳市建筑装璜工程总公司	刘全林	7224116		213300
安徽省和县建筑安装工程总公司	方大木	64214631	2442	100013
中国建筑第八工程局	梁新向	8937231	2124	250014
常熟市新苑地建筑装饰公司	陈瑞坤	2770866		215500
河北省涿州市建筑安装工程公司	李德友	67217021		100077
上海建筑装饰(集团)总公司	张洪星	62533796		200041
武汉建工集团装饰工程有限公司	严振华	82835429		430020
番禺市艺高装璜设计安装工程公司	陈智华	84895007		511400
新乡市防腐绝热工程公司	宋世山	8796070		453400
浙江宝业建筑装饰工程有限责任公司	娄忠华	4069695	411	312028
淄博鲁港装饰工程公司	李寿山	2172686		255000
滕州雄狮装饰工程有限公司	王永胜	5583415		277500
中国建筑装饰工程公司	刘晓一	67361546		100023
深圳深港建筑公司	王应新	5101349		518002
上海沪光建装饰配套工程有限公司	范荣	62116842		200050

企业名录一览表

企业所在地区	企业详细地址	主要产品（或主要业务活动）
云南省昆明市官渡区	县小路	送电线路工程电站建筑 铁路电气化
重庆市南岸区	南坪金子村101号	电力设备安装
重庆市遂宁市市中区	司马路138号	建筑安装
江西省南昌市东湖区	北京东路427号	设备管道线路安装
广西南宁市新城区	明德街27-1号	设备安装
四川省成都市成华区	成都市崔家店北一路	线路安装
内蒙古包头市青山区	呼得木林大街	设备安装 线路管道安装
山东省泰安市肥城市	孙伯	设备安装
辽宁省盘锦市兴隆台区	渤海街117号	线路.管道安装
湖北省武汉市武昌区		设备安装
重庆市南充市顺庆区	人民中路29号	通信线路安装
辽宁省盘锦市兴隆台区	石油街79号	管道安装 容器制作 土石方工程
上海市上海市金山区	金山区龙胜路1070号	核工程设备安装 化工及民用设备
辽宁省阜新市宏伟区	新村街11-3号	设备管道安装 土木工程建筑
黑龙江省齐齐哈尔市龙沙区	南马路8号	设备安装
北京市朝阳区	定福庄西里1号	线路管道安装
江苏省南京市栖霞区	和燕路280号	送电线路变电站施工 咨询监理工程承包
浙江省杭州市西湖区	文二路28号	建筑装饰
江苏省常州市溧阳市	常州市溧阳市燕山路22号	房屋建筑.装饰装璜
河南省新乡市长垣县	西关街委会	防腐
湖北省武汉市汉阳区	建桥街汉阳大道75号	建筑装饰工程施工设计
江苏省常州市溧阳市	常州市溧阳市燕山路50号	土木工程建筑
北京市朝阳区	和平街八大公坟9号	装修装饰
山东省济南市历下区	文化东路16号	建筑
江苏省苏州市常熟市	辛峰巷	装饰
北京市丰台区	马家堡	安装
上海市市区静安区	延安中路632弄50号	房屋装饰装修 市政建设工程
湖北省武汉市江岸区	汇通路16号	建筑装饰
广东省广州市番禺市	番禺市桥镇光明北路16号	装修装饰
河南省新乡市长垣县	苗寨村	防腐建筑
浙江省绍兴市绍兴县	绍兴县杨汛桥镇	建筑装饰修理工程施工
山东省淄博市张店区	南营	装饰装修
山东省聊城地区滕州市	荆河西路68号	建筑装饰
北京市朝阳区	横街子	装饰装修
广东省深圳市罗湖区	沿河北路54	建筑安装
上海市市区长宁区	乌鲁木齐路中路4号	建筑安装

1998年部分限额以上

续53

企业名称	法人代表	电 话	分 机	邮政编码
锦州市建筑安装装饰装璜公司	卢晓阳	4567229		121001
东阳市银达建筑装饰工程有限公司	黄文彬	6629383		322100
北京市神龙装饰装璜艺术公司	倪岩林	67160522		100061
中国建筑第一攻程局第四建筑公司装饰公	陈一龙	64376644	447	100015
秦皇岛市建筑装饰工程有限公司	王旭光	330372		066000
青海省商业建筑总公司	邓明忠	8175305		810007
盐城市新兴建筑装璜公司	徐宏军	8512608		224053
河北河间市建筑装饰工程公司	尚继恒	3222661		062450
深圳市装饰工程工业总公司	赖伟强	3260106	215	518031
金坛市宏达建筑装璜工程公司	于有恒	2821042		213200
邢台市辰光装饰装修公司	仲崇峰	2056666	2173	054000
深圳市机电设备安装股份有限公司	谢光亮	3825714		518026
汕头市豪华装饰工程公司	林杭洲	8425713		515031
湖南省第六工程公司深圳公司	刘运武	6613465		518051
华鼎建筑装饰工程有限公司	施咸令	62474679		200040
杭州兴隆装饰工程公司	戴金虎	6490090		310021
上海金壁建筑装璜有限责任公司	夏雷	62526155		200050
北京港源建筑装饰工程有限公司	闫国祥	62319026		100083
遂宁市工程建设装饰艺术公司	张永华	2224813		629000
深圳市建筑装饰总公司	汪家玉	3393461		518026
苏州金螳螂建筑装饰有限公司(吴县)	朱兴良	8278363		215004
云南星耀装饰设计工程有限公司	颜　勇	3322888		650051
中山市盛幕墙有限公司	张汝成	8508068		528412
沛县建筑装潢装饰施工公司	刘林春	46333695		221600
大发装饰装修有限责任公司	王广忠	5586984		277500
河北河间振海装饰公司	胡振海	3223738		062450
北京市建筑装饰设计工程公司	陈华方	65575076		100025
铁西区钢城建筑公司	崔玉平	3920851		455004
柳州市联建工程公司	周泽仁	2863834		545001
中建三局东方装饰公司	吴成芳	2825328		230061
大连港修理工程总公司	朱承	2626783		116001
江苏苏鑫装饰集团公司(吴县)	金鑫南	5481203		215143
浙江萧峰建筑工程有限公司	应关水	2671734		311203
滕州市房屋安装装璜公司	王继宁	5582852		277500
乐山市装饰工程公司	刘加	2133188		614000
武林建筑工程有限公司	徐二华	5178604		310007
监利县建筑装饰工程有限公司	杨再银	3266404		433300

企业名录一览表

企业所在地区	企业详细地址	主要产品（或主要业务活动）
辽宁省锦州市古塔区	古塔区南敬业街士理75号	装修装饰
浙江省金华市东阳市	人民路79号	建筑装饰
北京市崇文区	龙潭路4号	装饰装修
北京市朝阳区	望花路东里1号	装饰.装修
河北省秦皇岛市市辖区	红旗路3号	建筑 装修
青海省西宁市城西区	大众街树林巷107号	建筑装潢 经营建材
江苏省盐城市城区	新兴镇60号	土木建筑
河北省沧州市河间市	河间市	装饰装修
广东省深圳市福田区	上步中路工会大厦2	室内外装饰 设计 施工
江苏省常州市金坛市	金城镇新花街17号	建筑施工
河北省邢台市桥西区	中兴路160号	建筑装饰装修
广东省深圳市福田区	福华路东山岭	大中型设备 电器 仪表 燃气 消防 空调
广东省汕头市金园区	外马路261号四楼	装修装饰
广东省深圳市南山区		建安
上海市市区静安区	延安中路1000号	装修装饰
浙江省杭州市江干区	江干区彭埠镇兴隆村	装饰装潢
上海市市区长宁区	武夷路242号	建筑装璜
北京市海淀区	清华东路20号	房屋装修
重庆市遂宁市市中区	遂州南路149号	建筑、装饰施工 水电安装 土木工程建设
广东省深圳市福田区	福华村	室内外装饰 设计 施工
江苏省苏州市吴县市	三香路体育中心南侧	承接涉外宾馆
云南省昆明市盘龙区	环城东路255号	装饰施工设计
广东省东莞市	东二马路10号	承接玻璃金属幕墙
江苏省徐州市沛县	沛县	装潢装饰 建筑安装
山东省聊城地区滕州市	善国中路9号	装饰装修
河北省沧州市河间市	河间市	装饰装修
北京市朝阳区	甘露园甲3号	建筑装饰工程和设计和 施工
河南省安阳市铁西区	焦邵村村民委员会	建筑安装
广西柳州市柳北区	八一路77号	上木工程建筑施工
安徽省合肥市西市区	金寨路328#	装饰工程
辽宁省大连市中山区	港湾街1号	二级土木建筑
江苏省苏州市吴县市	埭南大桥	建筑物装饰
浙江省杭州市萧山市	城厢镇人民路47号	安装 施工
山东省聊城地区滕州市	荆河路163号	线路管道安装
重庆市乐山市市中区	人民南路48号	装饰
浙江省杭州市西湖区	体育场路596号4楼	装修装饰
湖北省孝感市监利县	建设东路20号	装修装饰

续54

企业名称	法人代表	电 话	分 机	邮政编码
上海天兴建筑装潢有限公司	王鹤	53960220		200023
上海华方建筑装饰工程公司	史定方	64252300		200237
中信(秦皇岛)有限公司	陈小平	3100888	8507	066001
洛阳市涧西鸿业建筑安装公司	梁松旺	4313671		471003
江苏港宁装璜有限公司	刘安平	3716298	3108	210009
扬州日模邗沟装饰工程有限公司	李德田	7613451		225002
南京金陵装饰工程公司	王俊义	6503114		210029
上海市南建筑装潢公司	王巍	63085462		200010
浙江亚厦装饰集团有限公司	丁欣欣	2096888		312363
福建省惠安建设工程发展公司深圳分公司	黄秀山	3609520		518055
市建设安装防腐保温工程公司	王明银	3031697		235000
番禺市建筑安装工程公司深圳分公司	曾庆坤	3606455		518010
鄂州市中房开发装饰工程公司	柳仕道	3221998		436000
深圳方大装饰工程公司	朱卫平	6903340		518055
山东东岳建筑安装工程公司	乔刚	7924504		250021
济南双鲁建筑装饰有限责任公司	段好东	7392510		250300
深圳市洪涛装饰工程公司	刘年新	2264147		518029
浙江省南建筑装饰工程公司	吴建荣	6624508		310052
汕头市建安装饰工程公司	薛学耀	8223679		515021
昆明天和实业发展公司	史佩欣	5168708		650051
高淳县腾达建筑安装工程公司	刘强	7311225		211300
横店集团建筑装潢工程公司	金永辉	6653001		322118
温州市云艺企业集团	周锦云	8258403		325000
中国建筑第八工程局装饰公司	刘昆仑	8951254		250014
丹东画院装饰工程公司	于兵	3146121		118000
北京燕佳建筑工程有限公司	唐军	65229112		100006
濮阳市市区建筑装饰工程公司	宋庆本	4491401		457001
中国建筑一局装饰公司	白玉章	63811087		100073
长沙北山安装公司	李建湘	4481974		410008
长清县凌云电力装饰工程公司	房泽强	7224513		250300
沈阳黎东幕墙装饰有限公司	赵铁利	88422525		110161
长沙新科建筑安装有限公司	毛邦俊	4392194		410152
通州市通西建筑装璜公司	沈志平	6574523		226361
新疆银河集团建筑装饰工程有限公司	奚江	2622724		830002
武进市装璜工程总公司	钱明伟	6647548		213001
东阳市建银建筑装璜有限公司	朱加福	681397		322100
江西南方建潢配套公司	粟立民	6818318		330006

企业名录一览表

企业所在地区	企业详细地址	主要产品（或主要业务活动）
上海市市区卢湾区	打浦路1号	装饰
上海市市区徐汇区	梅陇路130号	建筑装饰
河北省秦皇岛市秦皇岛市直属	北环路	铝幕墙.门窗加工.安装 室内外装饰.装修
河南省洛阳市涧西区	珠江路办事处东侧	土建
江苏省南京市鼓楼区	江苏路59号	建筑装璜
江苏省盐城市郊区	史可法路46号	生产销售铝合金门窗 玻璃.木制品制作
江苏省南京市鼓楼区	上海路19-6号	建筑装饰工程 金属构件 铝制品
上海市市区南市区	中华路524号二楼	装修装饰
浙江省绍兴市上虞市	章镇工业新区	钢木家俱 玻璃幕墙 石材制作
广东省深圳市福田区	下步庙北区26栋	承担20层以下
安徽省淮北市相山区	安徽淮北相山路4号	防腐保温
广东省深圳市福田区	福星路福祥街楼B栋201	建筑安装
湖北省鄂州市	南塔小区	建筑装饰
广东省深圳市南山区	西丽	建筑幕墙 彩板门窗 玻璃隔墙
山东省济南市槐荫区	经四路182号	建筑装饰
山东省莱芜市长清县	段店路中段	建筑装饰
广东省深圳市罗湖区	泥岗西路5	室内装饰家私 空调 弱电 室外装饰 灯饰
浙江省杭州市滨江区	长河镇江边	建筑物品装修装饰
广东省汕头市升平区	护堤路22-24号	建筑装饰
云南省昆明市官渡区	环城北路62号	装饰设计建筑施工
江苏省南京市高淳县	通贤街30号	房屋建筑
浙江省金华市东阳市	横店镇大智街	建筑 装饰
浙江省温州市鹿城区	虞师里73号	装修装饰
山东省济南市市中区	文化东路16号	建筑装饰
辽宁省丹东市振兴区	开发区L区70号	室内外装饰装修
北京市东城区	东厂胡同	装修装饰
河南省濮阳市市区	南海新村居委会	土木建筑 室内外装饰
北京市丰台区	丰台路60号	装饰装修
湖南省长沙市北区	毛家桥24号	安装工程
山东省莱芜市长清县	宾谷街西首路南	建筑装饰
辽宁省沈阳市东陵区	新立堡东街57号	装饰装修
湖南省长沙市长沙县	蒿塘	安装
江苏省南通市通州市	通州五接镇	建筑物装修
新疆乌鲁木齐市天山区	新民路59号	装饰装修
江苏省常州市武进市	市郊区光华路	室内外装璜
浙江省金华市东阳市	望江路22	建筑装饰
江西省南昌市东湖区	二经路24号附1号	建筑装饰设计施工安装

1998年部分限额以上

续55

企业名称	法人代表	电　话	分 机	邮政编码
新乡九州防腐工程有限公司	张尊林	8892900		453400
上虞市虞通建筑装饰工程公司	胡月明	2016426		312300
昆明兴业建筑安装装璜工程公司	杨钦华	4144546		650032
长沙县装饰工程公司	周政杰	4725952		410146
武进市苏南建筑装璜工程公司	梅鹤康	8601794		213119
汕头市振侨装修工程公司	陈秋水	8628158		515041
抚顺铝厂高级建筑装饰工程公司	郭殿海	6427130		113001
食品、饮料、烟草和家庭用品批发业				
湖南华升工贸进出口(集团)公司	徐春生	4454964		410005
湖北省汉川市刁东棉花原种场	王望姣	8382985		432300
山西梅花丝麻集团有限公司	李琳光	2053400	813	048000
东方烟草集团有限公司	张永耀	8884154		261031
棉花公司	杨太贵			441100
天门市棉花总公司	龚社清	5228268		431700
宜兴市供销企业集团公司	周祖福	7902535		214200
江阴市商业集团公司	薛顺福	6883375		214400
唐河县棉麻公司	王建亭	8924770		473400
宜兴市粮油贸易总公司	戴国平	7903985		214200
玉溪红塔烟草(集团)有限责任公司	字国瑞	2968876	2968872	653100
重庆商社有限公司	严德云	63843269		400010
荆州区粮食	谢文明	8466809		434100
武汉蔬菜集团有限公司	王力	85772843		430022
无锡市朝阳(集团)公司	张海良	2755688		214026
大连水产集团公司	张传福	2541427		116011
睢宁县粮食局	余良栋	8333881		221200
公安县棉花公司	杨待文	5225161		434300
上海市医药股份有限公司	沈培达	62166666		200063
宁波中百股份有限公司	林云秀	7347797		315000
监利县棉花公司	张九华	3262717		433300
洪湖市棉花总公司	王成武	8203049		433200
贵州省烟草公司黔西复烤厂	李赤光	4222452		551521
新州区棉花公司	巴义元	86921264		431400
新野县棉麻集团公司	王书汉	6221405		473500
沈阳市第一粮库	高大秋	25875178		110025
枣阳市棉花总公司	贾群荣	6227858		441200
云南省烟草楚雄州公司	纳宗会	3122929		675000
锡山市粮油实业分公司	陈复麟	2403443		214011

企业名录一览表

企业所在地区	企业详细地址	主要产品（或主要业务活动）
河南省新乡市长垣县	西关街委会	防腐
浙江省绍兴市上虞市	曹娥开发区舜江西路	建筑物的装饰装修
云南省昆明市官渡区	西坝新村30号	室内外装饰
湖南省长沙市长沙县	马王堆八一东路478号	建筑装饰
江苏省常州市武进市	江苏省武进市横山桥镇	铝合金装潢
广东省汕头市金园区	华侨新村路一座	装修装饰
辽宁省抚顺市望花区	凤城街24号	房屋装修
湖南省长沙市东区	建湘路131号	苎麻纱线 苎麻坯布 服装
湖北省	刁东西正街10号	良种生产 良种加工 良种推广
山西省晋城市城区	太岳路80号	桑蚕丝 丝织品 纱
山东省潍坊市奎文区	东风东街181号	烟叶卷烟
湖北省襄樊市襄阳县	张湾	棉花采购
湖北省天门市	陆羽大道	棉花购销
江苏省无锡市宜兴市	太隔西路7号	烟酒副食批发
江苏省无锡市江阴市	澄江镇司马街38号	日用百货 五金交电
河南省南阳市社旗县	新安街居委会	经营经营购销棉花 加工棉花
江苏省无锡市宜兴市	解放西路50号	粮油饲料批发销售
云南省玉溪市红塔区	关索坝	卷烟批发
重庆市渝中区	青年路18号	五交化批发零售贸易
湖北省孝感市荆州区	荆中路	粮油销售
湖北省武汉市江汉区	万松园路15号	干鲜菜种子种苗
江苏省无锡市市辖区	槐古路6号	蔬菜
辽宁省大连市西岗区	兴业街8号	水产品
江苏省徐州市睢宁县	新市街2号	粮油购入购销
湖北省孝感市公安县	斗湖堤	棉花收购 棉花加工 棉花
上海市市区普陀区	曹阳路648号	药品批发
浙江省宁波市海曙区	和义路45号	日用百货批发
湖北省孝感市监利县	容城镇	棉麻批发
湖北省孝感市洪湖市	茅江办事处	棉花短绒
贵州省毕节地区黔西县	岔白村	烟草批发
湖北省武汉市新洲县	翻身街15号	棉麻土畜产品
河南省南阳市唐河县	书院路9号	棉麻批发
辽宁省沈阳市铁西区	保工北街20号	粮油批发
湖北省襄樊市枣阳市	大西街	棉花购销
云南省楚雄彝族自治州楚雄市	鹿城东路	烟草及其制品
江苏省无锡市锡山市	野花园32号	批零粮油饲料

续56

企业名称	法人代表	电　话	分 机	邮政编码
潜江市棉花总公司	吕仁伦	6241383		433100
广州食品企业集团有限公司	谢榕三	81816454		510170
随州市棉花公司	周三宝	3242524		441300
重庆市涪陵榨菜(集团)有限公司	陈长军	72244804		408000
仙桃市棉花总公司	颜帮栋	3222836		433000
兰州市糖酒公司	马少敏	8463285		730000
湖南省商业集团总公司	吴必	4442765		410011
高州市供销社基层	任明新	6662780		525200
舟山市百货总公司	郑建生	2025985		316000
郑州市医药总公司	王学斌	6967471		450000
毕节地区烟叶复烤厂	邓大均	8224449		551700
云南省烟草鹤庆县公司	陈银天	4122443		671500
湖北省松滋市棉花贸易总公司	沈继华	6222515		434200
广西甲天下烟草(集团)有限责任公司	韦建生	3837841		545001
鞍山市第五粮库	汤纲	8812430		114014
南京市食品公司	张正平	8805191	5017	210015
兰考县棉麻公司	闫进功	6997125		475300
宁波华联集团股份有限公司	王家兴	7361088		315000
西安飞龙医药股份有限公司	林华振	7218508		710001
哈尔滨工百集团公司	郑传兴	8322703		150020
通许县棉麻公司	马凤清	4976751		475400
南昌市食品公司	闫建平	8451417	220	330001
宜城市棉花公司	刘德明	4212232		441400
昆明百货采购供应站昆明市百货公司	李太安	3314883		650041
洛阳市蔬菜副食品总公司	薛国胜	3936890		471000
云南省烟草公司曲靖地区烟草公司	李万兴	3141001		655001
深圳市健安医药公司	陈香谱	2241886		518027
本溪富佳粮油食品集团公司	王立岩	4835888	7750	117022
温州菜蓝子集团有限公司	应国权	8525402		325028
无锡天鹏集团公司(江苏省无锡市食品公司	周永兴	3111169		214041
浙江嘉兴丝绸集团公司	周国建	2085568		314000
上海市石化地区商业贸易总公司	范德龙	57940623		200540
江苏省烟草公司淮阴分公司	蒋兴喜	3934676		223002
武汉医药集团股份有限公司	刘明森	82831664		430014
湖北省粮油食品进出口公司	潘国明	82904414		430010
苏州食品总公司	左大龙	5239325		215005
广元女皇茧业股份有限公司	奉跃军	3222328		628017

企业名录一览表

企业所在地区	企业详细地址	主要产品　或主要业务活动
湖北省潜江市	园林路9号	棉产品批发
广东省广州市荔湾区	小梅大街7号	肉禽蛋及其制品
湖北省随州市	龙门街	棉花经销
重庆市涪陵区	涪陵区公园路19#	榨菜销售
湖北省恩施土家族苗族自治州仙桃	勉阳大道	棉花经营
甘肃省兰州市城关区	酒泉路300	糖酒副食
湖南省长沙市东区	五一中路125号	日用
广东省茂名市高州市	环城路	食品批发
浙江省舟山市定海区	东海东路29号	针.纺织品 百货.文教用品
河南省郑州市二七区	德化街1号	化学药剂药品医疗
贵州省毕节地区毕节市	头步桥村	烟叶批发
云南省大理白族自治州鹤庆县	东升街	烟草及其制品
湖北省荆州市松滋市	民主街	棉花批发
广西柳州市柳北区	屏山大道185号	卷烟制造 卷烟购销
辽宁省鞍山市铁西区	一道街50号	粮油批发
江苏省南京市下关区	宝塔桥西街168号	鲜冻畜肉 畜肉制品
河南省开封市兰考县	黄河路南段65号	棉花购销
浙江省宁波市海曙区	江厦街21号	五交化商品批发 百货 针纺织品 副食
陕西省西安市碑林区	东柳巷8#	药品批发零售贸易
黑龙江省哈尔滨市道外区	新马路78号	百货批发
河南省开封市通许县	新建路	棉花购销
江西省南昌市青云谱区	井岗山大道639号	肉食品批发零售 冷饮
湖北省襄樊市宜城市	襄沙路56号	棉花经营
云南省昆明市盘龙区	民航路22号	日用百货批兼零 代购代销 进出口贸易
河南省洛阳市西工区	解放路南路98号	蔬菜果品批发 副食品零售 副食品
云南省曲靖市麒麟区	麒麟北路	烟草及其制品
广东省深圳市福田区	上步中路1016	西药
辽宁省本溪市明山区	地工路4号	面粉
浙江省温州市鹿城区	市十七中路31弄15号	蔬菜果品
江苏省无锡市市辖区	锡澄-支路3号	肉禽蛋批发
浙江省嘉兴市城区	中山路22号	服装批发 纺织品
上海市上海市金山区	石化地区三村371号	批发零售贸易
江苏省淮阴市市辖区	大庆路32号	烟草及其制品
湖北省武汉市江岸区	胜利街122号	中西药
湖北省武汉市江岸区	赵家条319号	粮油
江苏省苏州市平江区	观前街246号	肉禽蛋食品
重庆市广元市市中区	商业街9号	蚕茧销售

续57

企业名称	法人代表	电　话	分 机	邮政编码
重庆百货集团公司	陈松柏	63843676		400010
广州市医药公司	冯赞胜	81822115		510140
宣威市烟草公司	夏乔友	7123466		655400
云南省烟草镇雄县公司	张淑春	3122447		657200
枝江市棉花公司	黄会明	4212264		443200
哈尔滨市八区粮食仓库	扬志祥	8327920		150020
上海市果品有限公司	陈树培	63264250		200010
南宁康迈商业有限责任公司	覃童新	2420175		530011
西宁市百货总公司	卫亚莉	8232814		810000
新疆百货总公司	仝绪河	281572		830002
青岛市肉类食品集团公司青岛肉类联合加	王青敏	4633265		266041
锡山市商业集团公司	俞仲华	2442982		214011
杭州金龙集团公司	颜阿龙	7227888		310004
嘉兴市食品肉类中心	钱正浓	2089961		314000
安丘市粮食局[基层]	李志华	4221845		262100
鞍山市第二粮库	周宗敏	2311959		114041
沙雅县棉麻公司	艾买尔乃吉			842200
重庆医药股份有限公司	唐宪华	63842684		400010
湖南省国际经济开发(集团)公司	梁锦仁	5559333		410011
黄梅县棉花公司	董德超	3321667		436500
鞍山市第四粮库	于斌	2225709		114001
北京市医药公司	曲延泰	67234508		100077
营口卷烟厂销售公司	杜胜利	3835313		115000
浙江雄城商贸股份有限公司	王舒美	7012034		311800
石首市棉花总公司	夏守炎	7273659		434400
云南省烟草红河州公司	邱建康	6122739		652300
郑州市食品公司	马二海	6965071		450000
灌云县棉麻集团有限公司	孙广刚	8816614		222200
阳泉市粮油购销总公司	高晋明	2034986		045000
南京市果品食品集团公司	高坚杰	2243364		210001
广西柳州中百股份有限公司	高志峰	2811335		545001
郑州百文股份有限公司	李福乾	3935993	3021	450053
渠县食品总公司	罗华	7320098		635200
沈阳卷烟供销经理部	孙奇	22827274		110003
能源、材料和机械电子设备批发业				
江苏汇华集团公司	冯南华	2408888		214007
肥城矿务局多种经营管理处	王德法	3127714		271608

企业名录一览表

企业所在地区	企业详细地址	主要产品（或主要业务活动）
重庆市渝中区	八一路168号	百货文化商品
广东省广州市荔湾区	黄沙	药品批发零售
云南省曲靖市宣威市	建设西街12号	烤烟批发 卷烟
云南省昭通地区镇雄县	白果村	烤烟购销 卷烟购销
湖北省宜昌市枝江县	沿江大道12号	棉花
黑龙江省哈尔滨市道外区	北马路29号	粮油储藏 议价粮油购销 库房道线租赁
上海市市区南市区	南市区龙潭路１２号	水果
广西南宁市永新区	华西路19号	百货批发
青海省西宁市城中区	东大街53号	批发
新疆乌鲁木齐市天山区	中山路103号	百货批发
山东省青岛市李沧区	四流中支路３号	肉类批发
江苏省无锡市锡山市	广瑞路46号	百货批零
浙江省杭州市下城区	庆春路38号	百货纺织品日用杂品五
浙江省嘉兴市城区	城东路157号	肉禽蛋批发 冷饮制品
山东省潍坊市安丘市	潍安路	粮食储存 贸易
辽宁省鞍山市旧堡区	日新街14号	粮食油批发
新疆阿克苏地区沙雅县	人民路	棉花收购调拨 扎花
重庆市渝中区	民权路28号	西药制剂 麻醉药品 医疗器材 医疗仪器
湖南省长沙市郊区	梓园路417号	经销政策允许的商品 国内贸易三来一补
湖北省黄冈市黄梅县	东街	棉花购销
辽宁省鞍山市铁东区	南建国路24号	粮油批发
北京市崇文区	永外三元西巷甲12号	西药
辽宁省营口市站前区	惠和里108号	卷烟
浙江省绍兴市诸暨市	城关镇艮塔路105号	五金交电批发
湖北省孝感市石首市	建设路160号	棉花.生活资料销售
云南省红河哈尼族彝族自治州弥勒	桃园路50号	烟草及其制品批发
河南省郑州市二七区	福寿街96号	猪 羊 水产品 家禽蛋
江苏省连云港市灌云县	朝阳	棉麻批发
山西省阳泉市城区	北大街35号	粮油商品购销存调
江苏省南京市秦淮区	平江府19号	干鲜果批发
广西柳州市柳北区	北站路14号	百货批发
河南省郑州市金水区	金水路88号	百货用品 文化用品 五金交电
重庆市南充市渠县	八一街	肉食品批发
辽宁省沈阳市和平区	和平北大街26号	卷烟 烟叶 丝束
江苏省无锡市锡山市	长泽路54号	批发零售
山东省泰安市肥城市	王瓜店	煤炭 化工

续58

企业名称	法人代表	电　话	分 机	邮政编码
巨龙通讯设备有限责任公司	邬江兴	64984393		100101
广州钢铁集团有限公司以外单位	陈明德	81891212	3190	510380
重庆石油(集团)有限公司	邝正平	63841021		400010
沈阳市物资回收总公司	李盛丰	22915348		110014
沈阳燃料集团总公司	马运通	22708831		110002
上海建筑工程材料公司	张克文	63607939		200002
上海木材总公司	于德政	63230138		200002
上海市燃料总公司	陈伟宝	63215086		200002
武汉石油集团股份有限公司	戴治成	85792060		430022
洛阳物产集团股份有限公司	卜道广	3951697		471002
西安市燃料总公司	张惠安	7314149		710002
江苏省物资集团总公司	吴炳裔	3423478		210003
中国石化销售中南公司	寇湘辉	85795250		430022
山西煤炭运销公司阳泉分公司盂县公司	王巨福	8083503		045100
济南燃料集团总公司	闫忠民	2016082		250021
上海市机电设备总公司	黄雨德	63224200		200001
石家庄市燃料总公司	马保全	6678417		050011
天津市建筑材料供应总公司	杜瑞新	24314730		300040
锡山市物资集团公司	华文豪	2441486	835	214007
长春市物资回收总公司	关键	8961855		130061
长春市燃料公司	塔慷新	5632394		130021
中国物资储运总公司湖北分公司	卢维耀	82728446		430017
福建省石油总公司福州分公司	郑木泉	7817494		350003
中国五金矿产进出口总公司	苗耕书	64916666	1617	100101
荆州市汽车运输总公司	江连舟	8212263		434000
上海市土产物资总公司	杨正雄	63135739		200011
衡阳市飞龙实业有限公司	尹书龙	8393710		421001
福州燃料总公司	陈容	7550150		350011
深圳市燃气集团有限公司	周新柏	2239270		518001
内蒙古包头物资回收集团股份有限公司	马福	4171241		014040
中国轻骑集团销售总公司	张家岭	8918414		250100
长沙市物资集团公司	熊晓青	4442726		410005
武汉石油集团金狮石化有限责任公司	李峰松	85877266		430020
上海住总集团总公司	张伟	63230546		200002
上海神龙农工商集团公司	孙金康	64121353		201100
四川汽车工业集团销售公司	杨腾芳	5075667	225	610041
青岛市燃料总公司	徐桂法	2826887		266011

企业名录一览表

企业所在地区	企业详细地址	主要产品（或主要业务活动）
北京市朝阳区	北苑路169号	生产销售程控交换机 通信设备
广东省广州市芳村区	芳村大道1号	黑色金属材料
重庆市渝中区	五四路46#	石油制品
辽宁省沈阳市沈河区	风雨坛街138号	废旧物资金属材料
辽宁省沈阳市大东区	岐山东路八号	煤炭.重油
上海市市区黄浦区	江西中路406号	建筑材料
上海市市区黄浦区	四川北路200号	木材
上海市市区黄浦区	天津路50号	装卸储运服务
湖北省武汉市江汉区	万松小区18栋	石油制品销售
河南省洛阳市老城区	中州东路404号	汽车批发
陕西省西安市莲湖区	北马道	煤炭 焦炭 煤制品 煤具 建筑材料
江苏省南京市鼓楼区	中山北路283号	钢材 建材
湖北省武汉市江汉区	精武路39号	石油成品油
山西省阳泉市盂县	新建西街	代运代销煤炭
山东省济南市市中区	小梁庄街257号	煤炭及制品
上海市市区黄浦区	浙江中路400号	机械电子设备批 汽车摩托车
河北省石家庄市桥东区	建设北大街130号	煤炭 煤炭及制品
天津市市区和平区	和平区小白楼街解放北路	建筑材料
江苏省无锡市锡山市	长泾路15号	黑色金属批发
吉林省长春市朝阳区	崇智路17号	废旧物资收购 经销用废旧金属材料
吉林省长春市朝阳区	明德路11号	煤炭 油料 公铁运输
湖北省武汉市江岸区	胜利街295号	金属材料机电产品
福建省福州市市辖区	古屏路47	成品油
北京市朝阳区	安慧里四区15楼	矿产品批发
湖北省孝感市市辖区	北京路190号	客货运输
上海市市区南市区	中山南路891号9楼	化工材料
湖南省衡阳市江东区	安居里371号	再生资源 建材
福建省福州市市辖区	六一北路450号	批发煤炭.煤炉具
广东省深圳市罗湖区	春风路75号石油气大厦	液化石油气天然气燃具
内蒙古包头市东河区	南门外大街23#	废旧物资 废钢铁
山东省济南市历城区	花园路75号	摩托车
湖南省长沙市南区	小吴门八一桥西611号	金属材料机电设备 化工轻工产品
湖北省武汉市江汉区	马场角44号	石油制品
上海市市区黄浦区	四川中路670号4楼	建筑材料
上海市市区闵行区	沪闵路6558号	金属材料
四川省成都市武侯区	高升桥	汽车
山东省青岛市市南区	冠县路141号	煤炭及制品

续59

企业名称	法人代表	电　话	分　机	邮政编码
中国重型汽车销售公司	刘培民	6942689	2408	250013
中国煤炭工业进出口集团公司	王长春	64287201		100011
南京市物资回收公司	屠念时	4587125		210016
武汉市金属材料总公司	叶寿保	82323443		430012
徐州市物资回收公司	汤宜党	3722856		221003
中油华东兴能实业有限公司	王立学	6807725		214431
无锡市燃料总公司	陈一鸣	2709045		214031
湖北天发股份有限公司	龚家龙	8560813		434000
浙江省金属材料公司	董明生	5152979		310006
徐州市燃料公司	王波	3732829		221003
上海华美药房	高敏芝	63615169		200001
吉林省汽车工业贸易集团股份有限公司	赵东明	8744338		130041
武汉市机电设备总公司	陈寄川	82418693		430010
重庆市渝中实业总公司	朱可思	63856624		400015
中国石化销售华北公司	孟庆湘	27124717		300041
南京市木材总公司	刘金山	6624709		210004
安徽省淮南石油分公司	芮继强	2676236		232019
成都市煤建公司	蒋忠南	6622436		610017
吉林省石油总公司长春分公司	董明福	8919106		130041
新疆兵团农六师准噶尔物资集团公司	李华金	4843347		830011
北京市建筑材料供应公司	罗远东	63047248		100053
江苏苏州物贸中心(集团)有限公司	何汉强	8274624		215004
哈尔滨市木材总公司	宋德民	2737635		150010
常德市物资工贸集团总公司	何英望	7225860		415000
上海市市政工程材料公司	刘国英	64372632		200020
哈尔滨市机电设备总公司	蔡铁石	4611053		150010
吉林市物华集团股份有限公司	张郡华	2453770		132001
昆明赫威实业(集团)有限责任公司	李开新	5143739		650051
中化山东进出口集团公司	王福君	5021711		266071
四川省石油总公司	杨顺成	6752776		610017
河南省石油总公司郑州分公司	万德泉	6323617		450009
营口市燃料总公司	孙中林	2833370		115000
永州市物资产业集团总公司	李平	8416368		425000
郑州铁路分局煤炭运销公司	汪保如	6974786		450052
京山县校办产业总公司	杨师中	7221451		431800
大连石油集团公司	钟玉振	02307139		116001
北京市机电设备总公司	许国恩	65250161		100006

企业名录一览表

企业所在地区	企业详细地址	主要产品（或主要业务活动）
山东省济南市历下区	东关大街35号	汽车销售批发 汽车配件
北京市东城区	安定门外大街乙88号	煤炭及制品批发
江苏省南京市白下区	解放路101号	再生物资回收批发
湖北省武汉市江岸区	百步亭7号	黑色金属材料 有色金属材料
江苏省徐州市云龙区	彭城路55号	再生物资回收
江苏省无锡市江阴市	公园路99号	石油及制品
江苏省无锡市市辖区	打铣巷34号	煤炭燃料油成品油
湖北省孝感市市辖区	江汉北路12号	批零
浙江省杭州市下城区	体育场路426号	金属材料及压延加工
江苏省徐州市云龙区	黄河西路30号	煤炭及制品批发
上海市市区黄浦区	福州路356号	化学试剂
吉林省长春市南关区	西长春大街	汽车 汽车配件 摩托车及配件
湖北省武汉市江岸区	永清路3号	汽车 机电产品
重庆市渝中区	中山四路1号	化工钢材 房地产开发
天津市市区和平区	建设路2号	石油制品
江苏省南京市建邺区	升州路380号	木材
安徽省淮南市市辖区	田家庵区	石油产品批发 石油产品批发 石油产品
四川省成都市青羊区	正府街173号	煤炭及制品批发
吉林省长春市南关区	大经路81号	汽油柴油煤油 石油产品及包装物
新疆乌鲁木齐市新市区	红星路	黑色金属材料 机电产品化工
北京市宣武区	西便门西里10号	钢材建材 汽运修理 仓储
江苏省苏州市沧浪区	三香路120号	物资供销 对外贸易
黑龙江省哈尔滨市道里区	前进路71号	木材批发 建筑材料
湖南省常德市武陵区	人民中路40号	汽车配件 金属材料 化工
上海市市区卢湾区	陕西南路327号	建筑材料批发
黑龙江省哈尔滨市道里区	经纬街17号	经营汽车、工具 经营配件、机械、电工
吉林省吉林市昌邑区	光华路6号	物资回收
云南省昆明市盘龙区	鼓楼路98号	煤炭
山东省青岛市市南区	东海路38号	化工产品
四川省成都市青羊区	鼓楼北二街24号	石油及制品
河南省郑州市管城回族区	魏庄东里2号	石油及石化产品
辽宁省营口市站前区	渤海大街中段少年宫南里	煤炭 燃料油
湖南省永州市冷水山区	潇湘西路46号	金属材料 化工建材
河南省郑州市二七区	西中和路6号	煤炭批发
湖北省荆门市京山县	城中路162号	综合服务
辽宁省大连市中山区	昆明街200号	石油及制品
北京市东城区	南池子弟大街102号	机电产品 汽车

续60

企业名称	法人代表	电　话	分 机	邮政编码
蜀都大厦股份有限公司	程高潮	6753888		610016
北京市煤炭总公司三厂	魏克勤	68217361	3006	100089
河北石油集团唐山石油有限责任公司	李仲诚	2326248		063000
郑州市煤建总公司	许自荣	6246047		450000
济南市再生资源总公司	毕德亮	8907054		250100
广东佛陶集团物资工贸有限公司	何志武	2271500		528031
天津市煤业建筑器材二公司	邹德宽	27323326	3005	300122
天津市煤业建筑器材一公司	杨子川	24315021		300170
天津市煤业建筑器材五公司	张辉	24391241		300180
天津市煤业建筑器材三公司	季汉松	88357260		300061
哈尔滨物资回收调剂贸易中心	胡宝森	4673989		150010
辽宁省石油公司盘锦分公司	扬晓春	3582837		124000
中国石油销售东北公司大庆分公司	张录田	6243201		163711
桂林市煤建总公司	干正春	2601061		541001
内蒙古自治区石油总公司赤峰分公司	陈国芳	8335484		024000
江西金威集团有限公司	晏广保	6612991	222	330008
甘肃省木材总公司	刘正春	2335181		730050
中国铁路物资天津公司	于立	24211822		300171
重庆金属材料股份有限公司	李智	63866336		400015
湖南省物资建材(集团)总公司	许汉辉	4449888	839	410005
大连市物资回收总公司	王凌云	4418958		116021
中国航空油料华北公司	郎加明	64567834		100621
上海市汽车配件总公司	徐冬元	62564400		200031
桂林能源开发集团公司	吴治生	3844103		541002
其他批发业				
上海市供销合作总社	宋振东	63815110		200070
随州市生产资料总公司	罗元东	3313364		441300
区供销社系统	王景明	7251685		261100
长沙市供销经贸发展总公司	黄勇	5586094		410004
上海中亚商业(集团)有限公司	冯培昌	56654635		200072
徐闻县供销合作社	张宗洪	4852473		524100
上海市工艺品进出口公司	戚盛达	65222888	2024	200081
安丘市供销合作社联合社[基层]	周寿清	4221856		262100
福建省农业生产资料公司	傅文良	7550070		350001
广东省食品进出口集团公司	施逸伦	83854888		510100
新华书总店	邓耘	68321100	1103	100044
黑龙江省农垦总局九三分局物资总公司	李杰	7563504		161439

企业名录一览表

企业所在地区	企业详细地址	主要产品（或主要业务活动）
四川省成都市锦江区	暑袜北三街20号	生产资料生活资料 电子产品
北京市海淀区	五棵松路20号	煤炭及制品
河北省唐山市路北区	学院路18号	石油产品及制品
河南省郑州市金水区	杜岭中街29号	煤 炭
山东省济南市历城区	山大路26号	废旧物资批发
广东省佛山市城区	佛山石湾和平路5号3-4楼	批发化工原料
天津市市区红桥区	红桥区西青道121号	煤炭 煤制品
天津市市区河东区	天河东区大桥道36号	煤炭 煤制品 焦炭
天津市市区河东区	河东区二号桥津塘公路14	煤炭及煤制品
天津市市区河西区	河西区紫金山路南端	煤炭 煤制品
黑龙江省哈尔滨市道里区	田地街2号	购销各类废旧物资
辽宁省盘锦市双台子区	朝阳街	石油产品批发
黑龙江省大庆市龙凤区	凤阳路50号	石油制品批发 化工产品
广西桂林市叠彩区	中山北路驿前横里38号	煤炭批发
内蒙古赤峰市红山区		成品油批发
江西省南昌市东湖区	子固路9号	金属材料批发
甘肃省兰州市七里河区	七里河区西津西路42号	木材建材 金属材料
天津市市区河东区	河东区津塘公路21号	金属非金属材料 机电产品 代储代运
重庆市渝中区	上清寺路112号	黑色金属材料
湖南省长沙市北区	展览馆路11号	批发建筑材料 黑色金属.机电 化工等
辽宁省大连市西岗区	海防街25号	再生物资回收批发
北京市朝阳区	首都机场	石油制品零售
上海市市区卢湾区	茂名南路1号	经营汽车 经营摩托车 汽车摩托车配件
广西桂林市象山区	安新洲126栋	原煤 锌矿 焦炭
上海市市区闸北区	恒丰路1号1312	各种
湖北省随州市	交通大道八里岔1号	农资
山东省潍坊市寒亭区	民主街35号	化肥
湖南省长沙市郊区	韶山路新塘冲32号	化学肥料、化学农药 农药械 农地膜
上海市市区闸北区	闸北区共和新路2750号	各种批发
广东省湛江市徐闻县	红旗二路87号	化肥 农药 农具
上海市市区虹口区	四平路273号	手套帽子 玩具礼品 首饰服装
山东省潍坊市安丘市	潍安路217号	
福建省福州市市辖区	尚宾路32号	经营化肥农药等 化工其他副食品
广东省广州市东山区	东湖西路2号金湖大厦	其他类未包括的批发
北京市西城区	北礼士路54号	图书 音像制品
黑龙江省黑河市嫩江县	九三局	物资配件(农机配件) 木材、煤炭

续61

企业名称	法人代表	电　话	分 机	邮政编码
海南省农垦金龙物资实业总公司	黄良平	6774372		570206
广东省工艺品进出口(集团)公司	李德和	83193388		510120
上海新华书店	哈九如	63212599		200002
海南省农垦金环物资实业总公司	符茂炎	8916511		570206
南宁市郊区供销联社	李春华	3132265		530001
宝泉岭分局商业生产资料总公司	张京平	3762612		154211
北京工艺进出口集团公司	崔景林	65004662		100022
深圳市特区报业发行有限公司	刘叶城	3902688	8235	518009
大连兴业物产有限公司	顾崇元	3634225		116021
广东省汕头工艺品进出口公司	邹玉国	8319889	3608	515041
中国图书进出口总公司	甘师俊	65063058		100020
湖北农机集团总公司	柳望春	82312419		430012
新疆维吾尔自治区农资集团公司	徐振淮	283025		830002
中国轻工业进出口总公司	徐烈均	67766688	2206	100021
天津工艺品进出口集团有限公司	赵宝平	23310080		300040
温宿县供销社	高光栋	4532287		843100
绥化市农业生产资料公司	何振起	8223569		152000
扶余县农业生产资料公司	李连友	5867559		131200
寿光市城区供销总公司	王时国	5221392		262700
中国北方工业公司	李德	63529988	11308	100053
高州市食品公司基层	黎瑞强	6662490		525200
黄陂县棉花公司	程贞华	85932856		432200
厦门国贸集团股份有限公司	苏春成	5161888	1757	361004
酒泉巨龙供销集团股份有限公司	马建邦	2615580		735000
内蒙古满洲里市东方国际贸易股份有限公	张石泉	6222406		021400
河南省开封市农业生产资料总公司	刘文	2925700	0000	475002
梅河口市农业生产资料公司	迟贵新	4223040		135000
拜城县供销合作社	刘长青	8622482		842300
中国国际图书贸易总公司	刘质斌	68414284		100044
上海北翼集团批发配售中心	刘天陆	56863134		201908
南县生资总公司	李雨湘	5223337		413200
哈尔滨市农业生产资料总公司	侯绍贤	8303424		150020
天津轻工业品进出口公司	白文彬	28372580		300061
河南省洛阳市农业机械供应公司	马令斌	3941225	815	471000
新和县供销社联社	闫波			842100
四川省新华书店	王庆	6627757		610017
四川省新华书店发行有限责任公司	王庆	6925882		610017

企业名录一览表

企业所在地区	企业详细地址	主要产品（或主要业务活动）
海南省海口市	海秀路71号	农资批发
广东省广州市越秀区	大德路318号	工艺美术品批发
上海市市区黄浦区	四川中路133号	图书报刊批发
海南省海口市	海秀路100号	橡胶贸易
广西南宁市兴宁区	友爱北路23号	农资批发
黑龙江省鹤岗市萝北县	宝泉岭农场局直	化肥、农药、农模 医药、土特产
北京市朝阳区	建国门外大街10号楼	工艺品
广东省深圳市福田区	深南大道	自办报刊的发行批发零
辽宁省大连市西岗区	风光街31号	农副产品批发
广东省汕头市金园区	东厦南路25号	进出口贸易
北京市朝阳区	工人体育场东路16号	图书报刊音像 中外合作出版
湖北省武汉市江岸区	解放大道2613	农资
新疆乌鲁木齐市天山区	中山路180号	化肥 农药
北京市朝阳区	劲松九区910号	批发
天津市市区和平区	和平区河北路200号	进出口
新疆阿克苏地区温宿县	西大街	批发 生活资料零售 农副产品
黑龙江省绥化地区绥化市	北二东路144号	批发农药
吉林省松原市扶余区	兴华路	农资批发
山东省潍坊市寿光市	石马街58号	农资批发 日用百货零售
北京市宣武区	广安门南街甲12号	商品和技术进出口 转口贸易
广东省茂名市高州市	府前路	食品销售
湖北省武汉市黄陂县	向阳大道	棉花购销
福建省厦门市开元区	湖滨南路388号国贸大厦8	经营进出口及代理贸易
甘肃省酒泉地区酒泉市	酒泉市城关镇南环西路12	土特产 批发
内蒙古呼伦贝尔盟满州里市	一道街15号	进出口
河南省开封市顺河回族区	宋门外大北后街18号	化肥农药农膜
吉林省通化市梅河口市	中心街39号	农资批发
新疆阿克苏地区拜城县	胜利路73号	农资批发
北京市海淀区	车公庄西路35号	批发图书
上海市市区宝山区	宝山区友谊支路70号	其他批发
湖南省益阳市南县	南洲	生资批零
黑龙江省哈尔滨市道外区	沟沿街58号	化肥 农药
天津市市区河西区	宾水道9号	进出口批兼零 服务 咨询
河南省洛阳市西工区	中州中路455号	农资批发
新疆阿克苏地区新和县	团结路	其它日用百货零售
四川省成都市锦江区	东玉龙街52号	图书 音像制品
四川省成都市青羊区	玉沙路123号	图书报刊批发

续62

企业名称	法人代表	电　话	分　机	邮政编码
新疆农业机械总公司	董志凡	282323		830000
苍山县生资外贸集团总公司	付增民	5215001		277700
中国航空技术进出口总公司	杨春澍	64940320		100101
江西省农业生产资料公司丰城市公司	龚根宝	6423834		331100
中国抽纱山东进出口公司	张辉	2733879		266012
厦门建发股份有限公司	王宪榕	2033404		361001
黑龙江省海伦市农业生产资料公司	白永敏	5763078		152300
监利县农业生产资料公司	杨定垓	3275034		433300
中国印刷物资总公司	曹法耀	63442908		100055
山东省工艺品进出口集团股份有限公司	张建华	5021158		266071
湖北省洪湖市沙口供销合作社	蔡华斌	8752247		433205
天津五金矿产进出口集团有限公司	陈玉昆	28242148		300210
洪湖市农业生产资料总公司	兰剑	8203277		433200
黑龙江省牡丹江农垦分局物质石油总公司	孙爱国	5068388		158300
天津外总集团有限公司	周绍先	23316551		300050
新洲县农机公司	童刚明	86921235		431400
仙桃市农资集团公司	余忠明	3223047		433000
川西南矿区劳司	罗孝玉	4611427		643000
北京市首饰进出口公司	全恩如	68036475		100037
徐州市农业生产资料总公司	程汝桐	3736093		221003
绵阳市邮政局	颜华	2365665		621000
射洪县供销社联合社农业生产资料公司	宋兴华	6624919		629200
北安农垦物资总公司	李广志	6400587		164095
福建省宏智科技发展有限公司	胡盛益	7855195	00023	350000
重庆市农业生产资料总公司	胡启能	67868938		400011
湖南省新华书店	颜长庚	44321424	43105	410005
广东省农业生产资料总公司	郑楚东	87773051		510080
南京市农资公司	许成明	6612677		210004
天津市宁河县对外贸易公司	王鼎义	25593049		301500
寿光市农机总公司	刘金山	5221469		262700
监利县尺八镇供销合作社	滕华山	3522441		433328
江苏省新华书店	张佩清	7713234		210009
长春市双阳区农业生产资料公司	高兴学	4223186		130600
深圳市土产日杂公司	黎平通	2229119		518001
阿城市农业生产资料公司	王君	3722970		150300
邯郸市供销社农业生产资料总公司	贾慧敏	3023426		056001
中国包装进出口广东公司	李炎标	83341702		510116

企业名录一览表

企业所在地区	企业详细地址	主要产品（或主要业务活动）
新疆乌鲁木齐市天山区	新华南路48号	大中型拖拉机 农用运输车
山东省临沂市苍山县	中兴路57号	化肥农药
北京市朝阳区	北辰东路18号中航技大厦	航空
江西省宜春地区丰城市	解放南路108号	生产资料批发
山东省青岛市市北区	登州路22号	抽纱品批发
福建省厦门市思明区	鹭江道52号海滨大厦6楼	轻工产品
黑龙江省绥化地区海伦市	向阳大街108号	
湖北省孝感市监利县	容城镇	化肥农药农膜 农机具
北京市宣武区	广外马连道16号	印刷物资
山东省青岛市市南区	香港中路20号	工艺品、草制品
湖北省孝感市洪湖市	沙口	
天津市市区和平区	相江道47号	进出口贸易
湖北省孝感市洪湖市	茅江办事处	化学肥料 化学农药
黑龙江省鸡西市虎林市	连珠山镇	农机 石油及制品批发 机电黑色金属
天津市市区和平区	南京路59号	国际.国内贸易
湖北省武汉市新洲县	城关	农资批发
湖北省恩施土家族苗族自治州仙桃	仙下河北路10号	化学肥料 农药
重庆市自贡市自流井区	东街67#	复合肥 服装.编织袋
北京市西城区	22号	进出口
江苏省徐州市云龙区	淮海路54号	农资批发
重庆市绵阳市涪城区	临园路西段36号	报刊杂志
重庆市遂宁市射洪县	虹桥路118号	农资批发
黑龙江省黑河市北安市	北安局	农资批发
福建省福州市市辖区	西环北路10号	软件开发 批发计算机设备
重庆市渝中区	民族路117号	
湖南省长沙市东区	南阳街39号	图书
广东省广州市东山区	东风东路709号	经营农
江苏省南京市建邺区	莫愁路267号	农药 化肥 农膜
天津市郊县宁河县	宁河县芦台镇芦汉路20号	批发零售贸易
山东省潍坊市寿光市	圣城路182号	农用车批发
湖北省孝感市监利县	尺八镇	批发零售生活资料
江苏省南京市玄武区	百子亭34号	图书批发
吉林省长春市双阳区	长春路	化学肥料批发
广东省深圳市罗湖区	东门中路18号江南大厦	其他类未包括的批发
黑龙江省哈尔滨市阿城市	延川南大街双石碑胡同	生产资料批发
河北省邯郸市邯山区	浴新南大街160号	化肥 农药 农具
广东省广州市越秀区	侨光路2号5楼	包装材料进出口

1998年部分限额以上

续63

企业名称	法人代表	电 话	分 机	邮政编码
黑龙江农垦佳木斯物资物资供应站	马立民	8395000		154005
新民市种子总公司	靳朋友	87852260		110300
平南县环城供销合作社	黄克云	78222169		537300
开原市农业生产资料公司	晋长峰	3825427		112300
零售业				
襄樊商城股份有限公司	喻志辉	3442382		441001
上海联家超市有限公司	王宗南	62271122	217	200060
上海三百(集团)有限公司	刘天祥	65130641		200092
南宁农工商集团有限责任公司	宋福添	5867347		530022
联华超市有限公司	王宗南	63763280		200023
平煤集团天力有限责任公司	张立江	4942690		467000
武汉中商集团股份有限公司	严规方	87822939		430071
上海豫园旅游商城股份有限公司	程秉海	63559999		200010
长春市粮油食品供应总公司	朱铁军	2956639		130052
上海家家乐商业发展有限公司	徐雪鑫	68764046		200122
成都市人民商场股份有限公司	吕根旭	6665075		610011
北京市朝阳副食品总公司	李爱	64688233		100027
武汉武商集团股份有限公司	毛冬声	85865465		430022
北京王府井百货大楼(集团)股份有限公司	郭传周	65126590		100006
昆明百货大楼(集团)股份有限公司	吴新元	3613480		650021
重庆百货大楼股份有限公司	龚小力	63843197		400010
大连天百集团有限公司	李贵	2500100		116001
甘肃省天天商城	匡超英	8811646	00017	730000
北京市西单商场股份有限公司	刘秀玲	66020894		100031
内蒙古民族实业集团股份有限公司	云文广	6968822		010020
沈阳东亚商业广场股份有限公司	齐永贵	24848555	8501	110011
西安民生集团股份有限公司	詹军道	7481983		710005
长沙友谊(集团)有限公司	胡子敬	4464159		410011
武汉市汉商集团股份有限公司	张宪华	84844950		430050
上海友谊华侨股份有限公司	黄真诚	58794602		200120
中兴--沈阳商业大厦(集团)股份有限公司	刘芝旭	23833643		110001
北京蓝岛大厦	黄豪	65044422	2715	100020
哈尔滨秋林股份有限公司	赵廷阁	3600588	3814	150001
河南省平顶山市中原(集团)公司	张建平	2925333		467000
无锡市商业大厦集团有限公司	潘霄燕	2700978		214001
大连商场股份有限公司	牛钢	3635457		116001
沈阳商业城	张殿华	24848876		110011

企业名录一览表

企业所在地区	企业详细地址	主要产品（或主要业务活动）
黑龙江省佳木斯市东风区	胜利路69号	农产品、机电设备 汽车、配件
辽宁省沈阳市新民市	辽河大街145号	种子
广西贵港市平南县	杏花畲	零售
辽宁省铁岭市开原市	孙台10号	农药化肥
湖北省襄樊市市辖区	襄樊市区	百货零售
上海市市区普陀区	武宁路20号6楼	百货零售
上海市市区杨浦区	鞍山路111号	百货
广西南宁市新城区	古城路8号	百货零售
上海市市区卢湾区	制造局路228号	一般食品 主副食品 日用百货
河南省平顶山市新华区	光明路17号	煤炭运销 批零矿产品
湖北省武汉市武昌区	中南街	零售
上海市市区南市区	上海市文昌路19号	百货零售
吉林省长春市宽城区	长白路5号	粮油 盐
上海市郊县浦东新区	浦东福山路307号	副食品 百货
四川省成都市锦江区	东御街19号	百货零售 五金交电
北京市朝阳区	新源街45楼	副食品零售
湖北省武汉市江汉区	解放大道358号	批发零售
北京市东城区	王府井大街255号	百货零售 房地产
云南省昆明市盘龙区	东风西路99号	
重庆市渝中区	重庆市渝中区	百货五金交电日用 计量衡器具劳保用品
辽宁省大连市中山区	天津街299号	百货零售
甘肃省兰州市城关区	城关区东岗西路393号	糖酒副食 农副产品
北京市西城区	西单北大街120号	主营购销针纺织品百货 家具
内蒙古呼和浩特市回民区	中山西路69号	家用电器 服装鞋帽 日用百货
辽宁省沈阳市沈河区	中街路115号	百货 五金交电 针织服装鞋帽
陕西省西安市新城区	解放路103#	百货零售
湖南省长沙市东区	五一东路278号	服装针纺 鞋帽百货副食 五交化音像
湖北省武汉市汉阳区	134号	百货零售
上海市郊县浦东新区	商城路518号8楼	百货零售
辽宁省沈阳市和平区	太原北街86号	百货
北京市朝阳区	朝阳门外大街8号	百货零售
黑龙江省哈尔滨市南岗区	东大直街319号	零售百货
河南省平顶山市卫东区	开源路中段20号	百货零售
江苏省无锡市市辖区	无锡市中山路343号	百货零售
辽宁省大连市中山区	青三街1号	百货零售
辽宁省沈阳市沈河区	中街路212号	百货

续64

企业名称	法人代表	电　话	分 机	邮政编码
石家庄北国商城	史新民	6974448	6706	050011
哈尔滨市中央商城集团公司	栾芳	4654757		150010
郑州亚细亚五彩购物广场有限公司	朱志鸿	6235994		450000
秦皇岛市华联商城股份有限公司	孙志浩	3048584		066000
上海市长江口商城股份有限公司	刘健	56678866	61263	200940
新疆友好(集团)股份有限公司	马雍全	484078		830000
唐山百货大楼集团有限责任公司	解仁义	2825164		063000
南京中央商场股份有限公司	彭正志	4408288		210005
北京翠微集团	栾茂茹	68167750		100036
南京市新街口百货商店股份有限公司	黄树森	4519044		210005
石家庄东方城市广场有限公司	王连生	8611866		050000
湖北省江陵县供销社	郑平	8738392		434040
北京超市发连锁经营公司	李秀珍	62545297		100086
长春百货大楼集团股份有限公司	范士良	8922310	2323	130061
济南人民商场股份有限公司	郭连海	6919888	8801	250001
信宜市供销社	何世锋	8882108		525300
百大集团股份有限公司(杭州)	董伟平	5158800		310006
淄博商厦	炅向远	2182790	8612	255020
哈尔滨市第一百货商店股份有限公司	计勇凯	4615588	7018	150010
西南商业大厦股份有限公司	李太安	3127390		650021
天津百货大楼股份有限公司	郭淑芬	27225916		300020
黄石市东方商业集团有限责任公司	许清明	6222375		435000
北京市隆福大厦	刘子杰	64013111		100010
上海市第一百货商店	张引琪	63223344	52622	200001
天津劝业场(集团)股份有限公司	韩文彬	27302378		300022
长沙阿波罗实业集团	胡子敬	2292443		410001
武汉市六渡桥百货集团股份有限公司	赵从刊	85683718	1914	430021
长沙中山集团股份有限公司	郑文立	4429071		410005
广州市广州百货大夏	房向前	83322348	6222	510030
五峰商业(个体)	吕学东	5821312		443400
上海华联超市公司	华洲	65201818		200090
上海东方超值连锁有限公司	朱宏宪	63574943		200071
桂林百货大楼股份有限公司	王泰琪	2824051		541002
南宁百货大楼股份有限公司	覃本车	2828313	6097	530012
北京城乡贸易中心股份有限公司	周和平	68298225		100036
北京双安商场	郭凯	62171298		100086
杭州解放路百货商店股份有限公司	胡崇杏	7080499		310001

企业名录一览表

企业所在地区	企业详细地址	主要产品（或主要业务活动）
河北省石家庄市长安区	中山东路188号	日用百货
黑龙江省哈尔滨市道里区	道里中央大街100号	百货五金交电针纺服装
河南省郑州市二七区	民主路3号	日用百货
河北省秦皇岛市海港区	河北大街152号	日用百货、五金等
上海市市区宝山区	宝山区淞滨路1号	百货零售
新疆乌鲁木齐市沙依巴克区	友好北路14号	零售百货 零售食品 零售
河北省唐山市路北区	新华东道125号	百货 纺织服装和鞋帽 五金交电化工
江苏省南京市白下区	中山南路79号	百货
北京市海淀区	复兴路33号	百货
江苏省南京市白下区	中山南路3号	百货
河北省石家庄市新华区	中山西路83号	日用百货零售
湖北省孝感市江陵区	荆洪路210号	生产资料
北京市海淀区	双榆树东里15号	
吉林省长春市朝阳区	斯大林大街59号	百货
山东省济南市市中区	经四路13号	百货零售
广东省茂名市信宜市	红旗路35号	百货零售
浙江省杭州市下城区	延安路260号	百货
山东省淄博市张店区	张店区中心路125号	百货零售
黑龙江省哈尔滨市道里区	石头道街118号	百货零售
云南省昆明市盘龙区	长春路	百货零售 五金
天津市市区和平区	和平路172号	百货零售
湖北省黄石市黄石港区	交通路29号	百货 副食零售
北京市东城区	95号	百货零售
上海市市区黄浦区	南京东路800--830号	百货零售
天津市市区和平区	和平区和平路290号	百货 五金交电 文化用品
湖南省长沙市东区	八一西路1号	百货副食 五金
湖北省武汉市江汉区	满春街	
湖南省长沙市西区	黄兴中路69号	百货针棉 五金交电 金银首饰
广东省广州市越秀区	北京路295号	百货零售
湖北省宜昌市五峰土家族自治县	西北路35号	百货零售 日用品零售 纺织品零售
上海市市区杨浦区	上海市隆昌路609号	食品百货零售
上海市市区闸北区	河南北路441-461号	百货零售
广西桂林市象山区	中山中路122号	百货零售
广西南宁市兴宁区	朝阳路39-41 45号	百货零售
北京市海淀区	复兴路甲23号	零售兼批发 物资供销
北京市海淀区	北三环西路38号	日用百货 家用电器 服装
浙江省杭州市上城区	解放路211号	百货 针织 日用杂品零 食品 五交化

续65

企业名称	法人代表	电　话	分机	邮政编码
广州友谊商店股份有限公司	郭振球	83576628		510095
大连友谊集团股份有限公司大连友谊集团	徐学敏	2634121		116001
包头百货大楼	赵继昌	2122205		014010
北京亿客隆商业股份有限公司	于晋鲁	63461489		100073
北京东安集团公司长安商场	郭凯	68024147		100045
天津市和平区滨江商厦	岳增世	27117880		300022
上海浦东北区综合批发市场	杜永法	58656477		201208
南京友谊华联(集团)有限责任公司	李家明	4701382		210005
武汉黄鹤集团股份有限公司	杨光明	88047950		430060
无锡市第一百货(集团)有限公司	陈建安	2701818		214002
徐州蓝天商业集团总公司	邵世洪	3724893	3642	221003
上海市霍德中汇超市有限公司	德来尔	64681230		200030
成都百货股份有限公司	王筑生	6666775		610016
北京燕莎友谊商城	蒋丽芸	64651188	625	100016
南京商厦股份有限公司	廖建生	5502407		210037
三联商社	张岩	6863516	6221	250011
上海不夜城股份有限公司	徐仁羽	63172836		200070
成都华联商厦股份有限公司	陈炜	4333575		610051
北京物美商城有限责任公司	张文中	68284533		100039
沈阳市联营公司	高军	23877959		110001
长春欧亚集团股份有限公司	曹和平	5620053		130021
北京市东城区奥士凯连锁经营公司	陈鸿图	64239691		100011
郑州华联商厦	张淑云	6229656		450000
石家庄人民商场股份有限公司	王鸿瑞	7023677	3034	050000
天津华联商厦股份有限公司	杜安华	27302096		300022
罗定市供销企业集团公司	张沛明	3822317		527200
上海华联商厦	蒋国泉	63224466		200001
常州百货大楼股份有限公司	魏震	8105373		213003
柳州市五交化股份有限公司	周毅	3830343		545001
山东济南百货大楼集团股份有限公司	李增起	6913442		250011
沈阳银泰百货有限公司	张伟	86271778	527	110031
餐饮业				
上海钻石楼大酒店有限公司	何松鹤	63299888	109	200002
北京麦当劳食品有限公司	赖林胜	65281188		100005
上海小绍兴总公司	梅安生	63730279		200021
广东广信麦当劳食品有限公司	张永林	81362868		510180
四川省成都市饮食公司	肖崇阳	6765489		610017

企业名录一览表

企业所在地区	企业详细地址	主要产品（或主要业务活动）
广东省广州市东山区	环市东路369号	百货零售
辽宁省大连市中山区	人民路91号	百货零售
内蒙古包头市昆都伦区	钢铁大街６７号	针纺织品服装 日用杂品 五金交电化工
北京市丰台区	西三环南路12号	食品.百货零售 五金电器零售
北京市西城区	复兴门外大街15号	日用百货 家用电器 服装
天津市市区和平区	滨江道193号	批发零售贸易
上海市郊县浦东新区	浦东新区杨高北路3681号	贸易
江苏省南京市建邺区	汉中路27号	百货零售
湖北省武汉市武昌区	中山路481号	百货零售
江苏省无锡市市辖区	中山路670号	百货零售
江苏省徐州市云龙区	天桥	综合性百货
上海市市区徐汇区	裕德路45弄2号三楼	副食品零售
四川省成都市锦江区	大慈寺路83号	日用百货
北京市朝阳区	亮马桥路５２号	百货零售
江苏省南京市玄武区	龙蟠路2号	百货零售
山东省济南市历下区	趵突泉北路12号	家用电器零售 办公设备零售
上海市市区闸北区	梅园路360号	百货零售
四川省成都市成华区	建设路55号	百货零售
北京市石景山区	玉泉大厦11层	副食品零售
辽宁省沈阳市和平区	中华路63号	百货
吉林省长春市朝阳区	红旗街工农大路14号	百货
北京市东城区	安定门外东河沿7号楼	食品.饮料.烟草零售
河南省郑州市二七区	二七路230号	纺织服装 日用百货 五金交电
河北省石家庄市桥西区	中山西路139号	百货针纺零售
天津市市区和平区	和平区滨江道200号	百货零售
广东省云浮市罗定市	罗城镇	日用百货零售
上海市市区黄浦区	南京东路635号	百货零售
江苏省常州市天宁区	延陵西路1号	百货零售
广西柳州市柳北区	屏山大道19.21号	批发零售五金交电
山东省济南市历下区	泉城路264号	百货零售
辽宁省沈阳市皇姑区	长江街99号	日用百货、五交化 食品、饮料、烟酒
上海市市区黄浦区	中山东二路127-153号	正餐
北京市东城区	王府井大街200号	麦当劳餐馆 麦当劳食品饮料
上海市市区黄浦区	云南南路75号	正餐
广东省广州市越秀区	洪桥	麦当劳食品饮料
四川省成都市青羊区	人民中路	餐饮

续66

企业名称	法人代表	电　话	分 机	邮政编码
上海宝隆集团股份有限公司	郑昌盛	56673210	3623	200940
广州酒店企业集团有限公司	温祈福	81380985		510140
青岛饭店集团股份有限公司	陈淑贞	2828602		266001
南京金都饮服(集团)总公司	王顺宝	4504528		210002
南京肯德基有限公司	苏敬轼	2233888	265	210006
北京肯德基有限公司	唐惠良	65545888		100027
重庆小洞天饮食(集团)有限公司	陈异	63824732		400010
杭州肯德基有限公司	戴宁	5190010	3019	310004
五峰商业(餐饮)	陈　义	5821512		443400
珠江饮食有限公司	李亮	2287512		528000
郑州市饮食总公司	杨万泉	3811233		450053
衡阳市饮食服务总公司	周宏达	8225741		421001
苏州市饮食服务总公司	姜宗泽	7270741		215005
麦当劳餐厅(深圳)有限公司	邓普熹	3220226	309	518041
天河区登峰饮食服务公司	陈志泉	83597924		510091
广州市荔湾区清平饭店集团有限公司	陈树楷	81814469		510140
昆明市饮食公司	马占欣	5111208		650051
桂林市饮食服务总公司	雷成	2822683	2823417	541002
上海乔家栅有限公司	万国和	63775456		200011
山东三联金三杯股份有限公司	张继升	2950890	3009	250002
北京华天饮食集团公司	朱玉岭	62024640		100088
海南东方娱乐城有限公司	肖清强	6799193		570206
天津肯德基有限公司	王国俊	27283933		300100
北京全聚德烤鸭股份有限公司	姜俊贤	63181478		100051
花都市新世纪酒店	冯伟军	86833213		510800
佛山市机关第二招待所	巫汉强	3331580		528000
广西南宁饭店	李援朝	2618138	56868	530012
河南省安阳市饮食服务公司	王留栓	5924520		455000
杭州市饮食服务公司	戴宁	7818719		310001
温州市中亚企业集团公司	黄宣松	8182131		325000
昆明诺仕达企业集团有限公司	任怀灿	4176898	20106	650028
东莞银城酒店	袁柱容	2818888		511716
浙江经发实业集团有限公司	钟浙晓	7011922	3076	311800
深圳南光(集团)股份有限公司	李志正	3363698	13218	518041
上海食品集团酒店管理有限公司	张纬	63806393	5404	200070
上海老城隍庙饮食公司	方国和	63559999	1404	200010
潍坊鸢飞大酒店有限公司	尹军	8236901		261031

企业名录一览表

企业所在地区	企业详细地址	主要产品（或主要业务活动）
上海市市区宝山区	淞兴路381号	正餐
广东省广州市荔湾区	文昌路二号	正餐
山东省青岛市市南区	保定路12号	餐饮 住宿 浴池
江苏省南京市白下区	延龄巷38号	餐饮 住宿
江苏省南京市秦淮区	中华路518号	家乡鸡快餐 相关服务
北京市东城区	北大街8号	炸鸡快餐
重庆市渝中区	民权路	饮食
浙江省杭州市下城区	宝善桥仓河下36号	餐饮
湖北省宜昌市五峰土家族自治县	西北路35号	正餐
广东省佛山市城区	亲仁路1号	餐饮
河南省郑州市金水区	海滩街3号	饮食服务
湖南省衡阳市城南区	解放路	餐饮、旅馆
江苏省苏州市平江区	观前街58号	提供饮食服务
广东省深圳市福田区	振华路航苑大厦裙楼3层	麦当劳
广东省广州市天河区	登峰村南约立广25号	餐饮
广东省广州市荔湾区	宝华路90号	中餐
云南省昆明市盘龙区	环城东路席子营159号	正餐
广西桂林市象山区	中山中路25号	餐饮 旅店 摄影 美容美发
上海市市区南市区	上海市陆家浜路809弄1号	正餐
山东省济南市市中区	玉函路4号	餐饮
北京市西城区	德外大街新明胡同甲8号	公共饮食
海南省海口市新华区	龙昆南路24号	饮食服务
天津市市区南开区	服装街116号	炸鸡类产品
北京市宣武区	前门西河沿街217号	餐饮.服务
广东省广州市花都市	新华镇	餐饮
广东省佛山市城区	佛山市卫国路39号	饮食
广西南宁市兴宁区	民生路38号	餐饮
河南省安阳市北关区	红旗路28号	餐饮
浙江省杭州市上城区	国货路1号	饮食旅游住宿 工艺美术品 洗染美术品
浙江省温州市鹿城区	望江东路1号	餐饮 印刷茶室珠宝美容美发 酒吧浴洗
云南省昆明市官渡区	杨家	正餐
广东省东莞市	胜和管理区	餐饮服务 旅馆
浙江省绍兴市诸暨市	城关镇南屏路28号	餐 饮 批发 贸易
广东省深圳市福田区	深南中路68	旅游餐饮服务
上海市市区闸北区	国庆路50号	餐饮客房
上海市市区南市区	南市区文昌路8号	正餐
山东省潍坊市奎文区	四平路	餐饮

续67

企业名称	法人代表	电　话	分 机	邮政编码
上海杏花楼集团新大陆广场美食有限公司	郁为泽	58314613		200120
海口金海岸罗顿国际旅业公司	李维	6259821		570208
绵阳市饮食服务有限公司	汪承仁	2332565		621000
惠州国际金融大厦(天悦大酒店)	廖寿章	2270678		516001
广西南宁明园饭店	陈晓为	2808923	28003	530012
深圳肯德基有限公司	苏敬轼	3217546	138	518031
云南省曲靖市旅游饮食服务公司	马金才	3128872		655000
沈阳市沈阳饭店有限责任公司	孙炳群	23835823		110001
佛山金城大酒店	谢木佳	3357228	5005	528000
平顶山市饮食服务公司	杨界平	2925451	8228	467000
南阳市卧龙区饮食服务总公司	白献民	3165141		473004
柳州市饮食总公司	谭国忠	2821724		545001
阳泉市饮食服务公司	王学银	2033395		045000
邯郸市邯郸大厦	王玉良	3029991		056001
重庆饮食服务股份有限公司	喻文波	63841447		400011
宜昌市旅游饮食服务公司	张晓萍	6224051		443000
内江市饮食服务公司	魏和袭	2023539		641000
随州市饮食服务公司	冷明纯	3223586		441300
无锡市肯德基有限公司	刘茂坤	2726742		214001
佛山市城区饮食公司	朱方文	2299539		528000
成都新通惠实业有限责任公司	李朝亮	6121662		610072
宜昌县金叶工贸有限责任公司	宋华忠	7821736		443100
北京兴华美食总公司	韩文海	65253852		100010
广州市泮溪酒家	李鸿钧	81815718	3032	510150
阳江市饮食服务公司	吴光典	3222004		529500
武汉肯德基有限公司	陈东辉	82844403		430014
沈阳肯德基有限公司	施逢年	22926847		110013
海口市饮食公司	张祥堂	6224347		570101
花都市天王酒家	刘少珊	86823868		510800
许昌亚西亚大酒店有限公司	袁桂宝	2629999	622	461000
宣化区惠友集团公司	王贺利	3012515	2130	075100
贵阳雅园饮食娱乐有限公司	郑建美	6820329		550004
北京顺峰饮食娱乐有限公司	林锐均	65912879		100026
开封饮食总公司	黄俊林	5989766		475000
鞍山市环球大酒店餐饮部	盛利	2215188	8828	114001
成都肯德基有限公司	陈浩权	6677886		610016
深圳石化商业有限公司	朱梓贤	2411973		518029

企业名录一览表

企业所在地区	企业详细地址	主要产品（或主要业务活动）
上海市郊县浦东新区	崂山西路588号	餐饮
海南省海口市振东区	海甸五西路西沙园18号	旅游
重庆市绵阳市涪城区	剑南路西段30号	餐饮
广东省惠州市惠城区	麦地路22号	酒店服务
广西南宁市新城区	新民路38号	餐饮
广东省深圳市福田区	华强北路华联发工业大厦	经营肯德基食品 冷热饮料 促销用品
云南省曲靖市麒麟区	麒麟南路153号	正餐 其他居民服务
辽宁省沈阳市和平区	中华路2号	正餐
广东省佛山市城区	汾江南路48号	饮食 商场
河南省平顶山市新华区	中兴路北55号	饮食
河南省南阳市宛城区	八一路271号	饮食住宿
广西柳州市城中区	培新路47号	餐饮
山西省阳泉市城区	桃南东路43号	正餐 旅馆 摄影及扩印
河北省邯郸市邯山区	和平路1号	餐饮服务
重庆市九龙坡区	节约街21号	餐饮.旅店
湖北省宜昌市市辖区	中山路2号	餐饮、住宿、洗染 旅游、摄影
重庆市遂宁市市中区	交通路19号	餐饮
湖北省随州市	烈山大道214号	餐饮
江苏省无锡市市辖区	人民路129号	快餐
广东省佛山市城区	莲花路3号	餐饮
四川省成都市青羊区	琴台路10号	正餐
湖北省宜昌市宜昌县	夷陵大道	正餐
北京市东城区	灯市口本司胡同甲7号	餐饮
广东省广州市荔湾区	龙津西路151号	饮食
广东省阳江市江城区	东风一路34号	房地产经营
湖北省武汉市江汉区	江汉路47号	快餐
辽宁省沈阳市和平区	中华路2号	快餐
海南省海口市新华区	新华北88号	餐饮
广东省广州市花都市	新华镇	餐饮
河南省濮阳市魏都区	颖昌大道50号	住宿饮食
河北省张家口市宣化区	南大街93号	餐饮
贵州省贵阳市云岩区	云岩区北京路138号	餐饮
北京市朝阳区	东三环北路	餐饮
河南省开封市鼓楼区	寺后街居委会	餐饮
辽宁省鞍山市市辖区	文化街民丰巷1号	正餐
四川省成都市锦江区	大慈寺路83号成百大厦7	生产销售炸鸡
广东省深圳市福田区	八卦二路545栋首层	餐饮

1998年部分限额以上

续68

企业名称	法人代表	电　话	分机	邮政编码
广州市海珠区成珠酒家	梁兆荣	84447355		510235
莲香楼酒家	彭学成	81391191		510140
东莞市怡景渡假村有限公司	吴树其	3375888	219	511732
潍坊富华大酒店	尹军	8881988	2083	261031
东莞市金湖酒店	刘根生	7721000		511752
上海市徐汇区你我他快餐食品有限公司	孙鸿亮	64682465		200030
济南玉泉森信大酒店	常金月	6938888	5836	250011
北京比萨饼有限公司	蔡士亮	63045585		100050
乌鲁木市饮食服务公司	张志华	281688		830002
衢州市饮食服务公司	郑志平	3024015		324000
广州市荔湾区荣华饮食服务有限公司	陈树楷	81390210		510140